Running with Lydiard

1st reprint 2018 of the 2nd revised edition 2017

© 2018 by Meyer & Meyer Sport (UK) Ltd.

All rights reserved.

Korean language edition © 2024 by HumanComedy Publishing Co.

Korean translation rights arranged with Meyer & Meyer Sport (UK) Ltd.

Aachen, Auckland, Beirut, Budapest, Cairo, Cape Town, Dubai, Hägendorf,

Indianapolis,maidenhead, Singapore, Sydney, Tehran, Vienna

역사상 가장 위대한 코치의 달리기 수업

러닝 위드 리디아드

Running with Lydiard

아서 리디아드 · 가스 길모어 지음

이중현 옮김

인간희극

"우리들의 러닝화에는 마법이 들어 있습니다.
나쁜 날을 좋은 날로, 좌절을 스피드로,
자기 의심을 자신감으로, 초콜릿 케이크를
근육으로 바꾸는 힘입니다."

"Our running shoes have magic in them.
The power to transform a bad day into a good day; frustration into speed;
self-doubt into confidence; chocolate cake into muscle."
—Mina Samuels

일러두기

1. 본서는 다방면으로 심도 깊게 연구한 내용을 바탕으로 하고 있지만 실제 훈련은 각자의 책임 아래 실시해야 한다. 무리한 운동은 부상으로 직결될 수 있음을 항상 염두에 두어야 한다.

2. 본 한국어판에서 역자의 주는 두 가지로 구분된다. 첫째, 가독성을 위해 바로 살필 필요가 있는 정보는 본문 내에 서체를 달리하여 수록하였다. 둘째, 추후에 살펴보면 도움이 될 심화된 정보는 각 장의 끝에 미주로 모아두었다. 별도의 표시가 없는 추가 설명은 원서의 내용을 번역한 것이거나 용어해설 같은 단순 정보들이다.

3. 본서의 12장에 수록된 다양한 훈련 프로그램은 A~Z까지(I 제외)의 약어로 표기된다. 처음엔 다소 어색하더라도 한번 익숙해지면 훨씬 더 직관적으로 훈련 내용을 숙지할 수 있을 것이다.

   예: (**O** 100m×4) + (**X** 30m×6)
   풀이: (**O**=패스트 릴렉스 스트라이딩) 100미터씩 4회 실시 후,
        (**X**=스타트 연습) 30미터씩 6회

4. 원서의 "race"를 본 한국어판에서는 "레이스", 혹은 "대회"로 표기하였다. 대회 참가를 훈련의 하나로 설정하여 프로그램에 추가하는 경우, 참여할 대회가 많지 않은 우리나라 상황에 비춰 볼 때 몇몇 동료들과 함께하는 경쟁적인 러닝이나 혼자 실시하는 기록주(time trial)를 이 race에 대응시켜도 큰 무리는 없으리라 생각된다.

목차

한국어판 출간에 부쳐

옮긴이

1940년대 중반, 뉴질랜드 오클랜드의 브리젠스 앤드 컴퍼니Bridgens & Company라는 신발 공장에서 일하던 과체중의 청년이 삶에 변화를 주고 싶은 마음에 달리기를 시작했습니다. 그의 이름은 아서 리디아드Arthur Lydiard. 당시 클럽 동료와 함께 8km를 뛰다가 숨이 턱 끝까지 차오르는 경험을 한 그는 그때 이후 건강에 대해 경각심을 가집니다.

"인간은 얼마나 달릴 수 있을까?"라는 궁금증을 해소하기 위해 매일 신발 끈을 조여 매고 밖으로 뛰러 나간 리디아드였지만, 당시에는 육상 전문 잡지에서조차 일주일에 50km 이상 뛰면 심장에 좋지 않다고 말한 시기였습니다. 그럼에도 그는 밤낮을 가리지 않고 훈련하면서 일주일에 250km까지 뜁니다. 달리면 달릴수록 피로가 쌓이기는커녕 몸에 힘이 넘치는 것을 느끼면서 불혹에 가까운 나이에 중거리 육상 종목에서 개인 신기록을 경신하고, 1950년 오클랜드에서 열린 영연방 대회 마라톤 종목에서는 뉴질랜드 대표로 출전하기도 하지요. 이를 유심히 지켜본 지역 청년들이 그를 찾아옵니다. 그 후 그의 집 반경 20km 이내에서 6명의 청년으로 구성된 오와이라카 클럽Owairaka Athletic Club이 결성되죠. 그리고 수년 후, 이 오와이라카에서

5명의 선수가 올림픽 대표로 뽑히고 1960년 로마 올림픽에서 금메달 2개와 동메달 1개를 따는 이변을 연출합니다. '세상에 이런 일이'에 나올 법한 리디아드의 성공 신화입니다.

리디아드가 확립한 훈련 방식은 오늘날 지구력을 요하는 모든 운동의 토대가 되었습니다. 이 책 『러닝 위드 리디아드』안에는 유산소 달리기를 통한 기초 체력 쌓기부터 대회 전 최고의 몸 상태를 갖추는 방법, 대회 당일 전략, 부상 방지, 식단 등 대회를 준비하는 데 필요한 사항이 충실하게 담겨 있습니다. 다년간의 경험과 운동생리학을 접목한 그의 이론은 운동선수뿐 아니라 평범한 일반인에게도 적용할 수 있는 보편성을 갖췄지요. 덕분에 전 세계 수많은 아마추어 주자가 스스로에게 맞는 방식으로 훈련하고 대회를 나갈 수 있게 되었습니다.

옆 나라 일본에서는 다카하시 나오코(2000년 시드니 올림픽 마라톤 금메달리스트)를 가르친 故 고이데 요시오 감독, 재일 한국인 3세 출신의 김철언(전 육상선수, 마라톤 개인 최고 기록 2시간 11분 48초) 감독을 비롯해 다수의 육상 경기 관계자가 리디아드에게 크고 작은 영향을 받은 것으로 알려졌습니다. 현재도 리디아드 이론에 뿌리를 둔 책이 다수 출간되고 있지요. 일본의 중장거리 육상이 세계 무대에서 존재감을 발휘하는 이유 중 하나는 리디아드를 비롯한 다양한 이론을 흡수하고 개개인에게 맞는 방식으로 발전시켜 온 데 있지 않나 헤아려 봅니다.

사실 리디아드는 우리나라와도 인연이 있습니다. 대한육상경기연맹은 1988년 서울 올림픽을 준비하는 과정에서 대한민국의 마라톤을 부흥시키기 위해 부단히 노력했습니다. 1982년 코오롱 그룹과 함께 제1회 전국 고교 구간마라톤 대회를 열어 유망주를 배출하고, 마라톤 연구 장려금 지급 제도를 마련했으며, 정봉수 감독과 코치진은 늘 선수 곁을 함께하면서 독려했지요. 그리고 1980년대 중반부터 해외의 내로라하는 지도자를 초빙해 강습회를 가지기도 했습니다. 이 과정에서 초대받은 사람이 리디아드와 그의 제자들입니다. 1990년대에 들어 대한민국 마라톤이 제2의 전성기를 맞이한 요인은 대한육상경기연맹과 그 관계자가 물심양면으로 지원을 아끼지 않은 점 외에도 리디아드의 이론이 우리나라 육상계에 긍정적인 영향을 미쳤지 않았나 생각해 봅니다.

요즘은 'ㅇㅇ를 책으로 배웠어요'라는 말이 농담처럼 쓰이곤 합니다. 뭔가를 배우려고 할 때 직관적으로 접할 수 있는 동영상도 많고 몸소 체험할 수 있는 경로도 많은 시대에 책이란 존재의 효용성에 대한 어떤 조소 같은 느낌도 듭니다. 그런데 이렇게 생각해 보면 어떨까요. 우리 몸을 구성하는 근육은 크게 속근과 지근으로 이뤄졌습니다. 속근은 순간적으로 강한 힘을 낼 때 사용하는 근육이며, 지근은 오랜 시간 힘을 유지할 때 사용하는 근육입니다. TV를 비롯한 즉각적으로 정보를 얻는 영상 매체가 속근이라면, 한 문장 한 문장 읽으면서 내게 필요한 정보를 습득하는 독서는 지근으로 비유할 수 있지 않을까요? 빠른 시간 내 정보가 필요할 때는 영상 매체로 내용을 먼저 확인하고 그 후 시간을 들여 책을 읽으면서 한층 깊게 파보는, 두 가지 방식 모두 바쁘게 살아가는 현대인에게 필수적인 요소라 할 수 있습니다. 어디까지나 달리기를 좋아하는 책방지기의 개인적인 생각이지만요.

『러닝 위드 리디아드』는 중장거리 종목을 준비하는 데 따른 리디아드 자신의 경험과 함께 운동생리학의 내용을 인용해 만든 책입니다. 책 안에는 리디아드의 뛰어난 식견과 그 이론을 뒷받침하는 과학적 지식이 풍부하게 담겨 있습니다. 언뜻 보기에 일반인들이 따라 하기 힘들어 보일 수 있으나, 리디아드는 "내 훈련 스케줄은 어디까지나 참고 사항일 뿐, 개개인의 기량에 맞춰 훈련을 소화하면 충분하다"고 조언해 줍니다. 수치화된 훈련 강도보다 개인이 느끼는 훈련 강도를 기준으로 삼으라고 하며, 과부하를 피하기 위해 거리보다는 시간을 중시하라고 말합니다. 무엇보다 '열심히 훈련하되 무리하지 말 것Train, Don't Strain'이라는 구절은 책을 읽는 이로 하여금 많은 위안을 가져다줍니다. 왜냐하면 저를 포함해 대회를 준비하는 많은 사람이 필요 이상으로 과하게 훈련하기 때문입니다.

　'마라톤 컨디셔닝'에 기반한 리디아드식 훈련을 성실히 수행하면 연령, 성별, 실력과 관계없이 동일한 생리학적 효과를 얻을 수 있습니다. 엘리트 선수도, 서브4의 주자도, 심지어 60세 이상 고령의 주자도 말이지요. 수십 년의 세월이 지나도 여전히 많은 사람이 리디아드를 찾는 이유는, 그의 이론이 특정 조건을 갖춘 선수에게만 해당하는 게 아닌 달리기를 하는 모든 이에게 적용할 수 있는 보편성 덕분이지 않을까요? 부디 달리기를 좋아하는 사람들이 리디아드식 훈련을 통해 원하는 바 목표를 이루시길 희망합니다.

2024년 9월

책방러너 이중현

주요 용어 미리보기

유산소 최대 안정상태 maximum steady state

유산소 운동과 무산소 운동의 경계에 있는 상태를 말한다. 1분간 소비할 수 있는 최대 산소섭취량을 넘지 않는 선에서 계속 유산소 운동을 지속할 수 있는 상태로, 리디아드식 훈련에서 가장 큰 비중을 차지하는 장거리 유산소 달리기의 바탕이 된다. 젖산을 기준으로 유산소와 무산소 운동을 나누는 역치(LT; Lactate Threhold)와 비슷한 개념이지만 더 자세한 내용은 이 책의 1~2장을 참고하기 바란다. 리디아드 훈련의 기본 철학은 그리 애를 쓰지 않으면서 안정적이고 일정한 속도로 달리고, 훈련을 마친 후에는 피곤함을 느끼긴 해도 마음먹는다면 더 빠르게 뛸 수 있을 만큼 힘을 남기는 수준에서 훈련을 진행하는 것이다.

유산소 능력 aerobic capacity

유산소 최대 안정상태를 오래 유지하는 능력.

산소 부채 oxygen debt

무산소 운동을 지속할 때 몸에서 필요한 산소요구량이 점점 쌓이는 현상.

무산소 능력 anaerobic capacity

유산소 최대 안정상태를 넘어서서 무산소 운동으로 진입했을 때 이를 계속 지속할 수 있는 능력. 산소 부채가 얼마나 쌓이느냐에 그 지속 시간이 달려있다.

마라톤 컨디셔닝 Marathon Conditioning

리디아드가 독자적으로 만든 용어. 마라톤처럼 긴 거리를 달리면서 기초 체력을 쌓는 훈련을 뜻한다. 리디아드식 훈련의 핵심 요소이면서 총칭하는 용어로도 쓰이긴 하나, 엄밀히 말하면 유산소 기초 체력을 쌓기 위한 훈련 단계로 한정된다. 핵심은 정교하게 짜여진 훈련 프로그램을 통해 피로는 최소화하고, 유산소 달리기 지속 기간은 최대화하는 것이다.

기초 스피드 basic speed

200m 전력 질주로 판단하는 각 개인의 타고난 스피드 능력.

도약 단계 대회 development race

경쟁이나 수상이 목표가 아니라 자신의 지구력과 스피드를 시험해 보고자 참가하는 모의고사 같은 대회.

초과회복 Supercompensation

회복 중 신체가 이전보다 더 높은 수준으로 기능이 향상되는 과정을 가리킨다. 이 책에서는 우리 몸에 글리코겐이 평상시보다 더 비축되는 과정을 이야기하면서 이 용어를 사용하였다.

타임 트라이얼 Time trials

용어 그대로 자신의 기록을 측정해 보는 달리기다. 기록주라고도 한다.

레피티션 Repetitions

특정 거리를 반복해서 달리는 훈련으로 질주와 회복을 번갈아 가며 하는 세트로 구성된다. 특히 회복 구간을 초 단위로 세세하게 실시하는 방식을 놓고 인터벌 훈련이라고 부르기도 한다.

파틀렉 fartlek

스웨덴어로 '스피드 게임', '스피드 트레이닝'이라는 의미를 담고 있는 파틀렉은 속도, 거리, 지형 등을 정해놓지 않고 몸이 가는 대로 자연스럽게 변속을 주며 달리는 훈련을 총칭한다.

일정하게 속도를 유지하는 지속주의 대척점에 있는 개념으로 생각하면 쉽다.

신 스프린트 shin splints

정강이뼈와 안쪽 근육 사이 근막이 손상되어 통증을 느끼는 부상. 달리기 훈련 중 가장 흔하게 찾아오는 부상이며 통증이 사라지는 데 꽤 시간이 걸린다.

샤프너 shapener

50~100m 정도의 짧은 거리를 반복해서 전력질주하는 훈련. 질주와 회복을 번갈아 가며 하는 세트로 구성된다. 몸 전체의 피로감은 줄이면서 다리에 운동 자극을 최대한 주는 효과가 있다.

스프린트 트레이닝 sprint training

100~150m 정도의 거리를 힘을 뺀 상태로 가능한 한 빨리 질주하는 훈련. 질주 사이에 최소 3분의 회복 조깅을 넣어 질주 속도를 유지한 채 반복 진행한다. 스피드 향상에 가장 효과적이다.

윈드 스프린트 wind sprints

단거리 질주 훈련의 일종. 진행 방식은 스프린트 트레이닝과 거의 비슷하다.

힐 스프링잉 Hill springing

발목의 탄성으로 무릎을 높이 들어올리며 천천히 언덕을 뛰어 오르는 훈련. 유연성과 근력 향상에 초점을 둔다.

러닝 톨 Running tall

상체를 곧게 세우고 뒤꿈치가 엉덩이 부근까지 올라오도록 경쾌하고 자연스러운 자세로 지속하는 달리기.

스트라이딩 striding

뒷발을 강하게 밀어내며 보폭을 넓게 가져가는 달리기의 총칭. 릴렉스 스트라이딩, 롱 스트라이딩 등등이 있다.

스킵핑 Skipping

주로 줄넘기를 의미하지만 껑충껑충 뛰면서 진행하는 유산소 운동을 통칭한다.

하이-니 high-knee lift

무릎을 가슴에 닿을 것처럼 높이 들어올리며 전진하는 운동. 러닝 자세를 개선하는 데 효과적이다.

주요 훈련 미리보기

* 이 책의 12장에 소개된 다양한 훈련 프로그램들은 A~Z까지의 약어로 표기되어 있으며 그 내용은 다음과 같다.

A : 장거리 유산소 달리기

기분 좋은 속도로 뛰고, 훈련을 마친 후에는 가벼운 피로감을 느낄 정도의 강도이다. 이때 달리는 속도는 조깅보다는 빠르지만, 대회 때처럼 몰아붙여서는 안 된다. 이론적으로는 개인의 유산소 능력의 70~100% 수준으로 뛰는 게 좋다(제2장 참고).

B : 저강도 파틀렉(스피드 플레이)

가능하면 산길처럼 오르막과 내리막이 있는 곳에서 지형을 활용해 스트라이딩, 스프린트, 또는 빠른 지속주(1~2분 정도) 등을 기분이나 몸 상태에 따라 자유롭게 넣어주면서 달리는 훈련. 단, 피로가 많이 쌓일 정도로 진행하지는 말 것. 빠르게 뛴 후에는 호흡을 가다듬을 때까지 가벼운 조깅으로 회복해야 한다(제4장 참고).

F : 레그 스피드

보폭은 평소와 같이 유지하면서 대퇴부와 복근을 써서 다리를 가능한 빠르게 들어올려 회전하는 데 의식을 집중한다. 100m 정도의 거리를 빠르게 뛴 다음, 300m 정도 천천히 조깅하는 과정을 반복하는 훈련이다. 바람이 불 경우, 바람을 등진 상태로 진행하자(제3장 참고).

H : 샤프너 1

100m마다 45m 구간은 질주하고 55m 구간은 힘을 뺀 달리기를 반복해서 행하는 훈련이다(힘을 뺀 구간은 질주 때보다 속도는 줄어들지만 여전히 빠른 상태이므로 인터벌에서 사용하는 조깅과는 구분된다). 직선 구간에서 진행할 경우 출발 지점에서 25m, 70m, 95m 지점에 눈에 띌 만한 표시를 해 놓은 다음, 처음 25m는 서서히 속도를 올려 뛰고 25m부터 70m는 질주, 70m부터

95m 사이는 힘을 뺀 채 뛴다. 조깅으로 100m에 다다르면 다시 되돌아서 동일한 방법으로 출발 지점으로 돌아간다(이를 반복해서 진행한다). 트랙에서 진행할 경우 45m 구간을 질주한 후 55m 구간은 속도는 되도록 유지하면서 힘을 뺀 채 달린다. 그 후 다시 45m를 질주하는 요령이다(제4장 참고).

J : 샤프너 2

200m마다 100m 질주와 100m 힘을 뺀 달리기를 반복한다. 요령은 샤프너 1과 동일하나, 거리가 긴 만큼 무산소 능력에 가하는 자극 정도가 더 세다. 트랙에서 진행할 경우 직선 구간에서 질주하고, 곡선 구간에서 힘을 뺀 채 달린다.

K : 레피티션

일정 거리를 빠른 속도로 뛴 후 천천히 조깅하면서 회복하는 시간을 갖고, 다시 빠르게 뛰기를 반복하는 훈련. 무산소 능력 향상을 목적으로 한다.

L : 타임 트라이얼

정해진 거리를 최대 속력의 90%의 힘으로 유지하며 달리는 훈련이다. 단, 일정한 속도를 유지하는 게 중요하므로 라스트 스퍼트를 내서는 안 된다. 마라톤 컨디셔닝 트레이닝 기간 중 진행하는 타임 트라이얼은 지속주에 가까운 성격을 띤다. 하지만 트랙 훈련의 후반부에 진행하는 타임 트라이얼은 목표 시간을 설정해서 달리게 되므로, 더 세세하게 기록을 재야할 필요가 있다.

M : 페이스 저지먼트 러닝

대회에서 목표한 기록을 내기 위해 필요한 속도로 400m를 4~6회를 달리는 훈련. 한 회 한 회 집중해서 뛰며, 가급적 동일한 시간으로 달리는 게 중요하다. 초기 설정한 시간보다 빨라도 느려도 안 된다. 그렇기 때문에 회복할 때는 필요한 만큼 충분한 시간을 설정해 두어야 한다.

N : 릴렉스 스트라이딩

상체에 힘을 빼는 데 특히 의식하면서 정자세로 100~300m를 달린다. 이 훈련은 대회에서 몸에 힘을 뺀 채 뛰기 위해 실행하는 훈련으로, 이를 훈련 프로그램에 틈틈이 넣어주면 에너지를 효율적으로 쓸 수 있게 되어 동일한 몸 상태에서도 전보다 빨라지게 된다.

O : 패스트 릴렉스 스트라이딩

방법은 릴렉스 스트라이딩과 동일하다. 차이점이라면 속도를 전속력에 가깝게 뛰는 것이다.

S : 보강 운동

복근 훈련이나 팔 굽혀 펴기 등 스스로가 필요하다고 생각하는 운동을 진행한다.

X : 스타트 연습

주자의 반사신경을 갈고 닦아 출발 시 동작을 민첩하게 가져가는 훈련. 본인이 나가는 종목의 출발 방식으로 출발한 후 30~50m까지 뛴다(제4장 참고).

리디아드식 훈련 5단계

* 리디아드식 훈련은 유산소 능력 향상을 기초로 두고 있으며, 아래와 같이 다섯 단계를 거쳐 경기 감각을 최고조로 끌어올린다.

		총 소요 기간 13~24주
훈련량 줄여가며 대회 준비하기	**테이퍼링** (릴렉스 러닝)	1~2주 / 1~2주
대회 페이스 감각 익히기	**코디네이션** (협응력 트레이닝)	4~5주 / 3~4주
스피드 강화	**무산소 트레이닝**	4주 / 2~4주
근력 강화	**힐 트레이닝**	4~6주 / 2~4주
기초체력 강화	**마라톤 컨디셔닝** (유산소 트레이닝)	가급적 오랜 기간 / 5~10주

대회

추천의 글

테리 크로퍼드
미국 육상 종목 코칭 디렉터

지금으로부터 40년 전, 코치로서 처음 일을 시작한 나는 막 현역에서 은퇴한 상태였다. 그래서인지 내가 선수로서 열망했었던 목표에 도달할 수 있는 최고의 기회를 나의 선수들에게 제공하려는 열정으로 넘쳤다. 하지만 당시에는 전문적인 러닝 코칭 프로그램은 물론이거니와 지식을 쌓을 만한 디지털 정보도 거의 없었다. 자신이 지도한 선수들의 성공 사례를 중심으로 한, 이름난 코치들의 글귀 정도뿐이었다. 아서 리디아드는 그가 지도한 피터 스넬과 머레이 할버그 같은 선수들이 1960년 열린 로마 올림픽에서 금메달을 따는 등 엄청난 성과를 올리며 유명해지기 시작했다. 다른 종목과 마찬가지로 나는 그 전설적인 선수들의 코치이자 멘토인 리디아드의 훈련법과 훈련 철학을 배우고 싶었다. 그래서 아서 리디아드의 지도 철학에 관한 서적을 연구하고 수집하기 시작했다. 무릇 코치란 올바른 지도 철학을 갖기 위해 평생 배우는 자세로 새로운 지식을 쌓아야 한다고 생각한다.

아서 리디아드의 책들은 학문적 배경과 상관없이 모든 코치가 "코치로서 내가 하고 있는 일들은 왜 해야만 하는 일인가"에 대해 스스로 이해할 수 있도록 과학적인 지식을 제공한다. 모든 코치는 인체의 고유한 특성에 의해 발현하는 신체 능력의 생리학적 요소를 이해할 필요가 있다. 아서 리디아드는 이에 대한 검증된 지식을 본인의 훈련 프로그램에 적용할 뿐만 아니라, 스스로의 훈련법에 대한 확신을 원하는 베테랑 코치나 코치 지망생, 심지어 평범한 주자도 이해할 수 있도록 쉬운 용어로 알려준다.

21세기의 코치들이 이 개정판을 통해 리디아드의 지혜와 실용적인 지식을 머릿속에 넣을 수 있게 된 것은 얼마나 큰 행운인가! 훌륭한 작품은 시간이 흐를수록 가치가 더해지기 마련이다. 『러닝 위드 리디아드』에는 모든 코치 또는 중장거리 주자가 바로 적용할 수 있는 리디아드의 방법론과 훈련 프로그램이 담겨있다.

기록을 깨기 위해서든 여가와 신체 건강을 위해서든, 이 책은 21세기를 사는 우리들에게도 이상적인 달리기를 계속 추구할 수 있도록 영감을 줄 것이다. 지도 경력에 관계없이 모든 코치와 러너들이 이 책을 필독하길 바란다.

시작하며

2017년 오클랜드에서
가스 길모어
공동 저자

1961년에 아서 리디아드와 함께 쓴 첫 번째 책『Running to The Top』 서문에서, 나는 그가 역사상 가장 뛰어난 육상 코치 중 한 명이라고 썼다.

그로부터 21년 후, 후속작『러닝 위드 리디아드』에서는 다음과 같이 썼다. "리디아드는 어떤 스포츠 분야에서든 성공하기 위한 전제조건이 되는 신체 단련, 그리고 달리기를 즐기는 수백만 명의 행복한 러너들의 삶의 방식에 막대한 영향을 끼쳤다. 앞으로 그의 업적에 필적하는 코치가 나타날지 의문이다"라고.

56년이 지난 지금, 리디아드에 대한 평가는 의심할 여지없는 사실이 되었다. 리디아드의 훈련 및 컨디셔닝 방법은 예전과 다름 없다. 선수들은 각기 다른 신체적 능력과 특성을 가졌지만, 리디아드의 방식은 어떤 형태로든 성공하는 거의 모든 운동선수의 훈련 기반으로 자리 잡았다. 그리고 그 방식을 더 완벽하게 채택할수록 성공 가능성도 더 높아졌다.

1960년 로마 올림픽에서 그의 제자들이 3개의 메달을 따면서 전 세계를 놀라게 했을 때, 당시까지 무명이었던 머레이 할버그(Murray halberg, 5000m 금메달)[1], 피터 스넬(Peter Snell, 800m 금메달)[2], 그리고 배리 매기(Barry magee, 마라톤 동메달)[3]는 세계적인 육상 선수이자 괴물 같은 체력의 상징으로 손색없었다.

리디아드는 자신의 선수가 최고의 기량을 발휘하도록 이끄는 데 탁월했으며, 최고의 전문성을 갖춘 동시에 선수들을 심리적으로 이해하고 격려하는 섬세함을 갖고 있었다. 이 마법 같은 조합 덕분에 어떠한 선수라도 그의 말을 받아들였으며 상호 간의 두터운 신뢰를 토대로 스포츠계에서 뛰어난 업적을 쌓을 수 있었다.

리디아드의 훈련법은 원하는 사람은 누구나 자유롭게 사용할 수 있었다. 그의 시스템은 축구, 사이클, 카누, 카약, 스쿼시, 미식축구, 철인3종 선수와 듀애슬론, 근대 5종, 테니스 등 다양한 분야의 선수들에게 성공적으로 적용되었고 그 목록은 계속 늘어나고 있다. 리디아드식 훈련의 근본적인 목표는 높은 수준의 기초 체력을 구축하여 각 스포츠 분야에서 사용하는 특정 기술을 골고루 쓰게 하는 데 있다. 그렇기 때문에 모든 스포츠 활동의 토대로 자리잡게 된 것이다.

1962년 뉴질랜드에서 리디아드와 친구들이 시작한 조깅은 전 세계적으로 폭발적인 관심을 모았다. 수백만 명의 사람들이 증언하고 있듯이 조깅을 통해 구축된 체력 기반은 업무 성과 향상, 수면 패턴 개선, 삶을 긍정적으로 바라보는 마음을 이끌었으며, 나이가 들면 가만히 죽기만을 기다리던 과거의 노년들에게 인생 후반의 즐거움을 선사했다.

리디아드가 그의 혁신적인 훈련법을 어떻게 발전시켰는지는 그동안 여러 번 전해진 바 있지만 그 핵심을 반복하는 것은 그의 연구가 얼마나 치밀

했는지를 알려주기 때문에 언제나 다시 언급할 가치가 있다. 처음에 그는 스스로 챔피언이 될 생각도, 챔피언을 키워 낼 계획도 없었다. 달리기 훈련법에 대한 기존의 접근법을 바꿀 의도도 없었다. 1945년, 그는 단지 자신이 럭비 선수로서 기대만큼 체력을 갖추지 못한 점을 걱정할 뿐이었고 이따금 좋은 성적을 내는 도깨비같은 주자일 뿐이었다. 그러다가 그는 불규칙적이고 임시방편적인 훈련법을 바꾸지 않고, 체력이 변변치 않다는 것을 알면서도 계속해서 스스로를 속일 경우, 10~20년 후에 자신이 어떤 모습으로 변할지 생각해 보기 시작했다.

그때부터 자신의 체력 수준을 높이기 위한 실험은 10년 동안 이어졌다. 그는 자신의 기량을 측정하기 위해 현역 육상 선수로 복귀하여 다른 모든 사람들이 너무 늦었다며 고개를 젓는 나이에 3마일 종목에서 최고령 선수가 되었다. 그리고 지역 크로스컨트리 대표로 뉴질랜드 선수권 대회에 출전한 그는 초기 대회에서는 별다른 성과를 내지 못했다. 그의 훈련에 결함이 있음이 드러났기 때문이다. 하지만 좌절하지 않고 점진적으로 발달하는 운동 패턴을 확립해 나가면서 끊임없이 자신을 채찍질했다.

점차 지금의 기본 이론이 모습을 드러냈다. 즉, 힘 있는 속도로 길고 균일하게 달리면 근력과 지구력이 증가한다는 사실이다. 이런 훈련은 거의 쓰러질 지경까지 오래 지속되더라도 훗날 빠른 속도 훈련과 근력 훈련을 쉽게 소화하도록 도와주기 때문에 정규 대회에 도움이 된다고 판단했다.

강박은 그를 더욱 날카롭게 다듬어 주었다. 그는 지구력의 한계와 경쟁적인 달리기에서 이기는 공식을 찾기로 결심하고, 50km에 이르는 가파른 시골길을 달리면서 자신을 채찍질했다. 그는 나이를 먹어가고 있었지만, 체력은 점점 더 좋아졌다. 그 때문인지 마라톤으로 눈을 돌렸고, 마라톤 훈련을 통해 트랙에서 훨씬 더 빨리 달릴 수 있음을 깨달았다. 해답은 그의 손에 있었다.

그 과정에서 리디아드는 이웃에 사는 젊은 주자들에게서 관심과 굳건한 존경심을 얻었고, 그들은 리디아드의 열정을 공유하며 그의 강렬함과 신념에서 영감을 받았다. 초기 학생 중 한 명이 2년 동안 리디아드의 가르침을 받은 후 출전한 지방 대회에서 80m 차이로—그가 첫 바퀴에서 설정한 격차—우승한 것이 계기가 되어 리디아드는 비로소 코치로서 입지를 확립하게 된다. 그때 우승했던 소년, 로리 킹Lawrie King은 그 후 뉴질랜드 크로스컨트리 챔피언, 6마일 기록 보유자이자 1954년에 영연방 및 대영 제국 선수권 대표로 발돋움했다.

그때쯤 리디아드는 뉴질랜드에서 최고의 마라톤 선수로 자리잡았고, 오랫동안 정신적으로 결핍된 사람들의 전유물이라고 치부되던 이 종목에 정교함과 도전정신을 불어넣으며 많은 사람들의 주목을 받기 시작했다.

1957년, 그가 현역에서 은퇴할 당시 그를 따르는 젊은이들 중 한 명이 바로 머레이 할버그였다. 리디아드는 1953년에 이미 그가 잭 러브록Jack Lovelock[4]과 더불어 뉴질랜드 최고의 중거리 주자가 될 것이라고 내다봤다. 당시 그 말을 믿는 사람은 거의 없었고, 심지어 비웃는 이도 많았지만 결국 그의 말은 옳았다. 리디아드가 예측한 지 7년 째 되는 해, 할버그는 1마일을 4분 이내로 달리는 동시에 세계 신기록을 세우면서 올림픽 5,000m 종목에서 우승했다. 할버그와 스넬, 그리고 매기는 엄청난 명예를 거머쥐었으며, 그들의 코치는 불후의 명성을 얻었다.

그때부터 리디아드에게 세계 각지로부터 문의가 쇄도했다. 80대에 이르러서도 여전히 코칭 세미나의 주요 인물이자 모든 스포츠 분야에서 남성, 여성 및 어린이들의 동기부여자이자 멘토였다. 그가 더 이상 선수를 직접 지도하지 않게 되었을 때도, 유망한 젊은이들이 도움을 요청하러 오면 내치는 법이 없었고, 그들 중 많은 수가 국내 및 국제 대회에서 성과를 올렸다.

다시 처음에 말한 내용으로 돌아가도록 하자. 아서 리디아드는 지금껏 의심할 여지없이 세계 최고의 중장거리 코치로 남아 있으며, 앞으로 그 어떤 뛰어난 코치가 나타난다 하더라도 그 명성은 결코 퇴색되지 않으리라고 자신한다.

1. **머레이 할버그:** 1960년 로마 올림픽 5000m 금메달리스트이다. 5000m 개인 최고 기록은 13분 35초 2. 럭비 도중 큰 부상을 입은 후로 왼팔을 거의 사용하지 못하게 되었다. 하지만, 그 같은 핸디캡에도 불구하고 1961년 열린 2마일(3.2km) 경기에서 8분 30초 00, 같은 해 열린 3마일(4.8km) 경기에서 13분 10초 00을 기록하며 세계 신기록을 수립했다.

2. **피터 스넬:** 1960년 로마 올림픽 800m, 1964년 도쿄 올림픽 800m 및 1500m 금메달리스트이다. 800m 개인 최고 기록은 1962년에 세운 1분 44초 3이며, 1마일(1.6km) 개인 최고 기록은 1964년에 세운 3분 54초 1. 둘 다 당시 세계 신기록이었다.

3. **배리 매기:** 1960년 로마 올림픽 마라톤의 동메달리스트이다. 마라톤 개인 최고 기록은 2시간 17분 18초.

4. **잭 러브록:** 1936년 베를린 올림픽 1500m 금메달리스트이다. 1936년에 1500m 3분 47초 08, 1933년에 1마일(1.6km) 4분 7초 6의 개인 최고 기록을 세웠으며, 둘 다 당시 세계 신기록이었다.

리디아드가 말하는
운동 생리학

길모어와 함께 『Running to The Top』(1961년)을 집필할 당시 전 세계 달리기 시장은 비교적 작았다. 하지만 얼마 안 가 조깅이라는 운동이 선풍적인 인기를 끌면서 수백만 명이 달리기 시작했다. 당시 나는 운동 수행에 적용하는 생리학에 대해 아는 바가 없었다. 생리학이 경기 성적을 올리는 데 도움을 준다는 설명이나 지침으로서의 중요성이 알려진 적도 없었거니와, 실제로 그러한 연구를 실행 중인 것도 아니었기 때문이다.

그 후 수년간 나는 실무자의 입장에서 생리학자 및 스포츠 의학 연구자와 함께 생리학을 배웠으며, 그 내용은 나 자신이 48년 동안 현역 선수 활동 및 코치직을 맡으면서 현장에서 습득한 경험에 과학적인 증거를 뒷받침해주었다. 고강도 훈련으로 인한 선수들의 생리적 반응을 명확하게 규정짓는 것은 여전히 불가능하다. 우리의 연구 대상이 누구이든, 아무리 많은 사람들을 연구하든 간에 모든 운동선수는 제각기 다른 반응을 보이기 때문이다. 하지만 현재까지 축적된 연구 성과 덕분에, 선수가 목표로 하는 시합을 향해 효율성을 극대화하는 데 도움되는 훈련 매개변수나 지침에 관해 상당히 정확한 방향을 제시할 수 있게 되었다.

기본적으로 내 훈련 방식의 기초는 유산소 달리기와 무산소 달리기를 적절하게 조합하는 데 있다. 유산소 달리기는 몸 안으로 들이마시는 산소를 활용해 달리는 것을 의미한다. 개인의 체력 수준에 따라 유산소 능력의 한계는 존재하나 누구나 적절한 훈련을 통해 그 능력을 높일 수 있다.

우리가 1분 동안 숨을 들이마시고, 운반하고, 산소를 사용하는 능력의 한계치(최근에는 흔히 VO_2max로 표기되는 최대 산소섭취량을 의미함―옮긴이), 즉 상한선을 넘지 않

는 아슬아슬한 선에서 산소를 이용해 달리는 것을 '유산소 최대 안정상태'[1]
라고 부르고 싶다. 이때 주자의 체내에서는 산소를 호흡하고 운반하며, 사
용하는 기능 전부가 그 사람 능력치의 한계값 가까이에서 작용한다. 만약
당신이 유산소 최대 안정상태를 넘어선 채 운동한다면, 그때부터 당신의 달
리기는 무산소 영역으로 바뀐다. 우리 몸은 산소를 대체할 만한 것을 공급
하기 위해 움직이며, 체내 신진대사에서는 다양한 화학적 변화가 발생한다.

이는 엄연히 한계가 존재하는 재전환 과정이며, 적절한 운동을 꾸준히
하면 최대치까지 늘릴 수는 있다. 하지만 기본적으로 우리 몸의 무산소 능
력은 항상 제한을 받는다.

무산소 달리기를 지속할 때 일어나는 신체 반응을 '산소 부채oxygen debt'
라고 부른다. 산소 부채가 늘어날수록 혈액 속에 젖산을 포함한 노폐물이
쌓이기 시작한다. 그로 인해 근육은 피로해 지며 점차 몸을 마음대로 움직
일 수 없게 된다. 무산소 운동을 하면 산소 부채는 보통 분당 15~18ℓ의 절
대 한계값을 갖는다. 그러나 이 수치는 운동선수가 오랜 시간 충분히 운동
했을 때 도달 가능한 수치이다.

산소 부채의 한 가지 특징은, 한번 무산소 운동을 시작하면 산소 부채의
양이 2배, 4배, 8배로 커진다는 것이다. 달리는 속도가 빨라질수록 산소 요
구량도 급격하게 증가한다.

모어하우스와 밀러는 1967년에 쓴 『운동생리학』에서 다음과 같이 수치
를 기록했으며 그 효과를 입증했다.

yd/초		ℓ/분	
5.56 ↓ 6.45	초당 0.89yd 달리는 속도 증가	5.08 ↓ 8.75	분당 3.67ℓ 산소 요구량 증가
9.10 ↓ 9.23	초당 0.13yd 달리는 속도 증가	28.46 ↓ 33.96	분당 5.5ℓ의 산소 요구량 증가

1야드(yd)=0.914m

(* 빠른 속도에서는 속도가 살짝 더 올라가도 산소 요구량 증가 폭이 더 크다는 것을 보여줌—옮긴이)

모어 하우스와 밀러는 유산소 운동이 무산소 운동보다 19배 더 효율적이라는 사실을 보여주었다.[2] 운동 강도가 올라갈수록 체내에 축적한 연료가 더 빠르고 비효율적으로 소진되며, 그로 인해 젖산 생성 속도가 빨라지는 것이다.

내 훈련 시스템의 기본 원리를 설명했으니, 다음으로 달리는 몸에 관해 이야기해 보고자 한다. 달리기는 단순히 근육만 움직인다고 할 수 있는 운동이 아니다. 달리기 위해서는 호흡, 대사 반응, 순환계, 온도 조절 메커니즘, 신장 기능 등을 끊임없이 제어해야 한다. 달리는 행위 하나에 몸 전체가 관여하고 영향을 받는 셈이다. 달리기 자체가 몸을 위한 훌륭한 제어 장치인 이유 중 하나이다.

혈액 내 젖산이 쌓이면 혈액의 산성이나 알칼리성 척도를 나타내는 혈중 pH에 영향을 끼친다. 둘 사이에 중성은 7.0이며, 평상시 우리 몸의 혈중 pH는 7.46~7.48이다. 즉 약알칼리성을 띈다. 그러나 격한 신체 운동 또는 고강도 무산소 운동을 하면 혈액 내 수소 이온 농도가 증가하면서 산성화가 진행된다. 극단적인 경우 pH가 6.8~6.9까지 낮아질 수 있으며, 이 상태에 오랫동안 머물면 몸에 이상 현상이 생긴다. 예를 들면, 영양 체계가 망가지면서 비타민과 미네랄 같은 효소의 움직임이 느려지고 체내 기능에 문제가 생기는 식이다. 비타민은 혈액 pH 수치에 영향을 많이 받기 때문에, 수치가 낮은 상태에 머물러 있으면 파괴될 수 있다. 이는 효소 기능에도 악영향을 미치기 때문에 훈련을 마친 후에도 회복이 더디며, 훈련을 지속하는 데도 어려움을 겪는다. 게다가 pH 수치가 오랜 시간 낮은 상태에 있으면 중추신경계에도 영향을 미친다. 수면 부족과 과민 반응을 유발해 결과적으로 훈련과 경쟁에 대한 의욕이 사라지게 만든다. 이와 같은 생리적 반응은 심각한 심리적 문제로 이어질 수 있다. 혈소판 수가 감소하고 면역력이 약해진 운동선수는 부상과 질병에 더 취약함을 보인다.

일반적으로 달리기의 효율성과 그를 통한 궁극적인 결과는 공기 중 산소를 흡수하고, 이를 체내 다양한 근육과 기관으로 운반한 후 사용하는 능력에 따라 달라진다. 대부분의 사람은 폐로 들이 마시는 산소가 사용하는 양보다 훨씬 더 많다. 왜냐하면 심장에서 폐로 가는 혈액 양이 부족하기 때문이다. 이러한 결핍의 원인은 일반적으로 산소와 결합해 혈액을 운반하는 적혈구 색소, 즉 헤모글로빈에 있다.

내 훈련 시스템에서 유산소 운동은 이 같은 요소들의 효율성을 향상시키는 데 중점을 둔다. 유산소 운동을 통해 커지고 그 능력이 향상된 심장근육은 한 번의 수축으로 더 많은 혈액을 뿜어내면서 더 효율적으로 펌프질할 수 있게 된다. 예를 들어 평소 심장이 분당 약 4ℓ의 피를 뿜어낸다 하면, 운동 시 심박출량이 8~10배로 증가한다. 매일 오랜 시간을 달리는 운동선수는 혈액 순환계에 높은 부하가 가해져도 견딜 수 있으며, 그로 인해 혈액 순환이 더 좋아짐으로써 몸 구석구석까지 더 많은 양의 혈액을 운반하는 몸으로 거듭난다.

이와 같이 순환계에 지속적으로 부하를 가하면 폐환기, 즉 폐 안으로 들어오는 공기 양이 점진적으로 늘어난다. 그에 따라 폐 모세혈관이 발달하며, 혈관을 통해 흐르는 헤모글로빈 양이 많아지면서 더 많은 산소를 쉽고 빠르게 흡수할 수 있게 된다. 이전보다 폐가 효율적으로 변하는 것이다. 이처럼 폐 기능의 발달과 함께 증가한 혈류 압력은 동맥을 포함한 몸 전체 혈관에 적절하게 압력을 가하면서 우리 몸의 혈관계를 확장시킨다. 실제로 거의 운동을 안 하는 회사원, 그리고 운동선수 및 육체 노동자의 근육 상태를 사진으로 찍어 비교해 보니, 전자는 혈액 순환이 원활하지 않았으며 발달도 제한적이었다. 그에 반해, 후자의 근섬유는 실로 잘 발달돼 있음을 확인했다.

장시간 근육을 사용하면 근육 내 새로운 모세혈관이 생성된다. 이로 인해 산소를 근육까지 더 효율적으로 운반하며, 노폐물 제거를 위한 효율성이 증가한다. 이러한 요소들은 우리가 유산소 운동을 통해 얻으려는 지구력 향상으로 이어진다.

이 같은 발달 과정의 결과 중 하나는 심장에 가해지는 부담이 적어지는 것이며, 이는 심박수의 점진적인 감소를 통해 알 수 있다. 심박수는 자세, 체온, 운동 강도, 피로도, 심리 상태 등 다양한 요소에 영향을 받는다. 그 때문에 안정 시 심박수 만으로 지구력 수준을 판단하기는 어렵다. 안정 시 심박수는 분당 50~90회까지 다양할 수 있기 때문에 운동선수 간 심박수를 비교하는 것은 오해의 소지를 낳을 수 있다.

그러나 항상 동일한 조건에서 심박수를 측정하면 지구력 향상과 함께 그 수치가 점진적으로 감소하는 모습을 관찰할 수 있다. 그중에는 유산소 훈련을 통해 심박수가 분당 25회까지 감소하는 사람도 있다.

유산소 운동을 통한 지구력 향상을 잘 보여주는 예가 14~15세 및 그보다 어린 아이들의 수영 훈련이다. 그들은 유산소 수영을 장시간, 느린 속도로 많이 하며 그로 인해 성인을 앞지르기도 하는데, 청소년의 가벼운 몸이 물의 부력과 결합해서 거의 무중력 상태가 되기 때문이다. 그들은 자신들의 근육을 오로지 앞으로 나아가기 위해서만 사용한다. 그들이 점점 성장하여 중력의 저항을 무시 못 할 만큼 몸무게가 늘어나면 지금처럼 매번 새로운 기록을 갱신하지는 못할 것이다. 청소년기에는 성인보다 가볍기 때문에 산소를 효율적으로 사용한다는 장점도 있다. 그들은 무거운 역기를 들어올림으로써 강해지는 게 아닌 근육 피로를 최소화함으로써 오랜 시간 비교적 빠른 속도로 수영을 지속할 수 있는 것이다.

수십 년 전, 내가 지구력을 쌓기 위해 매일 24km 훈련을 할 때였다. 하루는 32km, 다음 날은 16km를 뛰는 식으로 훈련에 변화를 주면, 총 주행 거리를 늘리지 않고도 더 좋은 생리적 반응을 얻을 수 있음을 깨달았다. 간단하게 말하자면 장거리 달리기는 근지구력을 크게 발달시켰으며, 상대적으로 짧은 거리를 달릴 때는 피로 회복과 함께 근력이 강화되었다.

독일 쾰른 대학교의 생리학자들은 장거리 선수를 대상으로 한 실험에서 어떤 근육군을 장시간, 특히 2시간 이상 지속해서 운동시키면 모세혈관이 확장하면서 지구력이 향상된다는 사실을 증명했다. 즉, 지금까지 막혀 있던 모세혈관을 혈류의 압력을 통해 열리게 만들고, 산소 운반 및 효율을 높이기 위해 새로운 모세혈관을 생성시키는 것이 지구력 향상의 직접적인 요인이라는 점을 발견한 것이다.

하루에 2시간주 훈련을 실행하는 선수들은 종종 2시간주를 1시간씩 2차례에 걸쳐 뛰어도 괜찮은지 묻는다. 그 질문에 대한 내 대답은 이렇다. "누누히 말하지만 끊지 않고 지속하는 운동이 중요하므로, 짧은 거리를 두 번에 나눠 뛴다 해도 한 번 장거리를 뛰는 것만큼 효과적이지 않다."

이는 LSD^{Long Slow Distance}[3]를 선호하는 주자들이 본인의 훈련 방식을 뒷받침하기 위해 자주 내세우는 주장이며, 나 역시 몇 시간이고 천천히 달리는 훈련을 통해 유산소 능력을 향상시킬 수 있다는 생각에 동의한다. 하지만 최상의 결과를 얻기는 어려울 것이다. 유산소 운동 부하는 '유산소 최대 안정상태'에 근접한 수준에서 뛰어야 하기 때문이다. 꾸준한 훈련으로 지구력이 향상되면 유산소 최대 안정상태 수준도 높아지므로 그에 따른 운동 부하도 높일 필요가 있다. 달리는 시간을 고려해 최대 안정상태 70~100%의 강도로 훈련하는 게 가장 좋다. 이는 LSD 방식만으로는 도달하기 어려운 훈련 효과를 가져다 준다.

장시간 유산소 운동을 하면 심폐 기능을 발달시키고 VO_2max를 높이는 데 도움되는 유산소 최대 안정상태가 향상된다. 하지만 신체 능력을 강화하기 위해서는 무산소 운동 능력으로 '산소 부채'의 최대치를 늘리는 작업도 필요하다. 이는 훈련으로 육체적 피로도를 높여야 우리 몸의 신진대사 가 반응한다는 사실을 의미한다.

무산소 운동 대사 활동의 경우, 우리 몸은 앞서 언급한 대로 분당 15~18 ℓ의 산소 부채를 견딜 수 있다. 다만 이렇게까지 몸을 혹사시키면 혈중 젖 산 농도가 100㎖의 혈액 중 200mg에 달하게 된다. 이럴 경우 신경근이 녹 거나 근육이 피로해 지게 되어 최악의 경우 움직이지 못할 수 있다.

예를 들어, 분당 VO₂max가 3ℓ이고 감당할 수 있는 산소 부채 양이 15ℓ 인 주자에게, 분당 4ℓ의 운동을 시킨다고 하자. 이때 그는 1분마다 1ℓ의 산 소 부채를 갖게 되므로, 해당 운동을 15분 동안 유지할 수 있다. 운동 강도 를 분당 5ℓ로 올리면 산소 부채가 분당 2ℓ로 2배가 되므로 7분 30초만 유 지하게 된다. 우리는 빠른 속도로 뛰면 천천히 달리는 데 비해 긴 거리를 뛸 수 없다는 사실을 알고 있다. 이는 유산소 능력에 따라 결정된다.

핵심은 훈련 중 피로도에 영향을 받는 정도, 운동 강도 및 꾸준함이다. 큰 테두리에서 대다수의 훈련 프로그램이 이 원칙에 기반을 둔다. 하지만 수많은 코치와 운동선수는 피로에 대한 내성을 키우기 위해, 신체를 산소 부채 상태에 빠지게 만들고 체내 신진대사를 과도하게 자극하는 등 극단적 으로 훈련한다. 그들은 성급한 나머지 무산소 운동이 훨씬 비효율적이라는 사실과 피로가 쌓이면 신체가 회복하는 시간을 가져야 한다는 점을 망각한 채 고강도 훈련에 집착한다.

유산소 최대 안정상태, 즉 유산소 운동 능력의 한계값이 낮으면 비교적 느린 속도에서도 무산소 운동 상태에 빠질 수 있다. 하지만 유산소 능력을 키우면 이제껏 산소 부채를 겪으며 뛴 속도에서도 유산소로 운동함으로써 더 효율적으로 달리게 된다. 게다가 유산소 운동이 무산소 운동보다 19배 더 효율적이라는 원리에 따라 훈련을 진행하면 유산소 운동을 통해 더 효율적이고 더 멀리, 더 빠르게 달릴 가능성이 커질 것이다.

지속적인 유산소 달리기 훈련은 올바른 호흡 및 순환계 발달에 절대적으로 필요하며, 이는 훈련 기간이 길수록 더 좋은 결과를 얻을 것이다. 만약 무산소 운동을 앞두고 있다면 그전에 먼저 유산소 능력과 유산소 최대 안정상태를 가능한 한 최고 수준으로 끌어올린 후에 시작하길 권한다. 이후 무산소 훈련을 시작하면 그동안 쌓은 유산소 능력에 걸맞는 무산소 능력을 습득하기 위해, 상당히 격한 훈련에 집중하게 된다. 신체는 큰 산소 부채 상태에 처하며 pH 수치는 떨어지면서 신진 대사를 자극시킨다. 당신은 피로에 대한 저항력을 키워야 할 것이다. 한번 무산소 능력을 최대치까지 끌어올렸다면, 그 이상 무산소 훈련을 할 필요는 없다. 몸에 무리가 많이 가는 훈련을 계속하는 것은 의미가 없을 뿐더러 심지어 위험하기 때문이다.

내 생각에 무산소 훈련에 필요한 기간은 4~5주로 충분하다. 혹은 더 적게 필요할 수도 있다. 그 기간 동안 혈중 pH 수치를 낮추는 무산소 훈련과 정상으로 되돌리는 가벼운 조깅을 하루 간격으로 적절히 넣어주면서 혈중 pH 수치에 지속적으로 변화를 주자. 만약 pH 수치를 낮은 상태로 유지할 경우 신체 시스템에 혼란을 야기한다.

내가 선수들과 코치들에게 자주 하는 말이 있다. **"열심히 훈련하되 무리하지 말 것**Train, Don't Strain.**"** 빌 바우어만Bill Bowerman[4]은 자신의 LSD 훈련 이론을 뒷받침하기 위해 이 문구를 인용했지만, 개인적으로 이 문구는 LSD보다 빠른 속도로 유산소 운동을 할 때 더 적절하다고 생각한다. 독일의 생리학자들은 내가 주장한 유산소 최대 안정상태의 70~100% 사이에서 장시간 달리기를 하는 것이 가장 효율적임을 증명했다. 저강도 유산소 운동은 조깅 또는 달리기를 즐기는 사람에게는 좋을 수는 있어도, 운동선수의 심폐 기능에 필요한 부하로는 부족하다.

그리고 바우어만은 무리한 훈련으로 의욕과 관심이 사라질 수 있다고 주장하면서 의욕 상실에 대해서는 명확하게 규정하지 않은 채, 꾸준히 대회에 참가하는 게 해결 방법이라며 권한다. 나는 선수가 의욕을 상실한 이유가 과한 무산소 운동에 의해 일어나는 생리학적 반응이라 본다. 무산소 운동에 의해 지속적으로 낮은 상태에 있는 pH 수치가 중추 신경계와 심리적인 부분에 영향을 끼치는 것이다. 앞서 설명했듯 과한 무산소 운동 자체가 의욕을 떨어뜨리므로, 경쟁을 부추기는 대회를 꾸준히 나간다고 해서 해결될 문제가 아니다.

선수들에게 다양한 코스에서 유산소 운동을 하도록 지시한 이후로 나는 달리기에 대한 열정이 식는 선수의 모습을 본 적이 없다. 마라톤 컨디셔닝(리디아드가 독자적으로 만든 용어. 마라톤처럼 긴 거리를 달리면서 기초 체력을 쌓는 훈련을 뜻한다—옮긴이)을 진행하는 동안 선수들은 일주일에 160km를 달려야 하는데, 그 거리를 소화하는 데 따른 심리적 부담을 느낀 경우도 없다. 이 단계에서 유산소 능력을 충분히 쌓아 심폐 기능을 향상시킨다면, 그 선수는 무산소 운동 단계로 넘어가서 지속적으로 변동하는 pH 수치에도 생리학적 문제 없이 거뜬히 대처할 수 있게 된다.

또 한가지 예를 들고 싶다. 분당 3ℓ의 산소를 사용하는 주자 A와 분당 5ℓ의 산소를 사용하는 주자 B가 있다고 가정하자. 그들에게 동일한 거리와 강도의 무산소 훈련을 시켰을 때, 유산소 최대 안정상태가 더 낮은 주자 A는 시간이 흐를수록 산소 부채 상태에 빠지고 페이스를 유지하기 힘들어지며 이윽고 자세가 흐트러질 것이다. 반면 주자 B는 흐트러짐 없는 자세를 유지할 것이다. 왜냐하면 후자가 산소를 더 효과적으로 오랫동안 사용할 수 있기 때문이다.

이와 같은 예로 미루어 보아 주자 A의 생리학적 요인이 어떻게 심리적 문제로 귀결되는지 쉽게 알 수 있다. 그도 다시 처음 훈련 때로 돌아가 유산소 최대 안정상태를 향상시키지 않는 한 주자 B를 이길 수 없다는 사실을 알게 된다.

만약 이 두 사람이 1,500m 경기에서 같은 기록을 목표로 뛴다고 가정해 보자. 첫 번째 바퀴는 아직 산소 부채를 겪지 않기 때문에 주자 A와 B 둘 다 무난히 달릴 것이다. 하지만 세 번째 바퀴를 돌 때쯤에는 주자 A의 유산소 사용 능력이 주자 B의 5분의 3에 불과하다는 단순한 수학적 사실에 따라 주자 A는 페이스를 유지하기 힘겨워 진다. 즉 주자 B에게 뒤쳐지지 않기 위해 용을 쓰느라 체내 산소 부채가 급격히 쌓인다. 이윽고 주자 A의 근육에는 젖산이 쌓이고 자세가 무너지면서 올바른 동작을 구사하지 못하게 된다. 주자 B가 마지막 직선 구간에서 라스트 스퍼트를 내면 주자 A는 하염없이 뒤쳐질 것이다.

만약 주자 A의 생리학적인 열세가 심리적인 열세로 이어진다면, 경기를 시작하기도 전부터 큰 고민에 빠지게 될 것이다. 당신은 둘 중 어떠한 주자가 되고 싶은가.

코치와 운동선수에게 내 훈련 방식을 권할 때 부딪히는 난관 중 하나는 대부분 인터벌 훈련 원리에 의식이 사로잡혀서 인터벌이나 레피티션 같은 무산소 운동을 가장 중요한 훈련으로 철썩같이 믿는 것이다. 내 생각에 무산소 운동은 가장 중요한 훈련이 아니다.

무산소 능력을 최대치까지 끌어올리는 방법은 간단하다. 다양한 훈련이 있지만 어떠한 방법을 써도 문제 없다. 거리와 속도 등을 엄밀하게 정하지 않아도 된다. 핵심은 선수 스스로 산소 부채를 겪을 만한 달리기로 몸을 소진시키고, 피로가 쌓이고 충분히 지쳤다고 느낄 때 멈추면 된다. 만약 전속력으로 뛴다면 135m를 못가 충분하다고 할 것이다. 그보다 천천히 달리면 부하가 줄어드므로 산소 부채의 증가 속도가 완만하게 올라간다. 즉, 더 먼 거리를 뛸 수 있다. 어느 쪽이든 선수 스스로 충분하다는 생각이 들 때까지 몸을 소진시킨다면 동일한 효과를 얻을 수 있다.

반대로 이 말은 선수에게 무산소 훈련법을 구체적으로 지시할 수 없음을 의미한다. 우리가 열성적이고 집중적으로, 그리고 꾸준히 훈련하면 혈중 pH 수치는 자연스럽게 낮아진다. 몇 미터를 몇 초에 뛰고, 휴식 시간은 몇 초로 할 것이며 몇 번 반복해야 하는지와 같이 숫자로 규격화된 훈련 계획도 필요치 않다. 차이점이 있다면 당신 스스로 훈련을 컨트롤하는지, 훈련이 당신을 컨트롤하는지에 따라 달라진다.

그래서 나는 무산소 훈련을 진행하는 데 있어 코치가 선수에게 훈련 메

뉴를 하나하나 정하는 데 반대한다. 훈련 시 환경이나 선수의 몸 상태는 매일 변하기 때문이다. 따라서 레피티션[5]으로 무산소 훈련을 진행할 경우, 빨리 뛰는 구간의 거리만 일정하게 설정해 두면, 질주 시간, 반복 횟수, 휴식 구간 조깅의 거리 및 시간 등은 일체 신경쓸 필요가 없다. 빠르게 달리는 구간을 100m에서 400m로 늘린 후, 다시 400m에서 100m로 줄이는 무산소 훈련법도 있으나, 이는 선수의 훈련 방식을 제한할 가능성이 있으므로 개인적으로 선호하지 않는다.

나는 가급적 선수들을 트랙에서 멀찍이 떨어뜨리기를 선호한다. 숲속 산책로 또는 쾌적하게 뛸 수 있는 다른 곳을 찾아 가볍게 몸을 푼 후, 나무처럼 자연에서 지표가 될 만한 곳을 향해 빠른 속도로 질주한 다음 돌아올 때는 천천히 복귀한다. 조깅하듯이 말이다. 훈련은 선수 스스로, 또는 내가 상태를 지켜본 후 충분하다는 생각이 들 때까지 계속하도록 한다. 종종 짧은 스프린트 훈련인 레피티션을 넣으면서 파틀렉 훈련으로 변환하기도 한다. 방법이 어떻든, 갇혀있는 트랙에서 묵묵히 달리는 것보다 자연 속에서 뛰는 게 훨씬 낫다. 같은 팀 안에서 서로 다른 방법을 사용해 훈련한 선수들은 다 함께 운동함으로써 오히려 피로가 가중되기도 하며, 그로 인해 모두의 혈중 pH 수치가 떨어질 수 있다. 그러니 각자 자신의 방법대로 스스로를 단련하도록 하자. 그렇게 하면 모두가 무산소 능력을 최대치까지 개발할 수 있을 것이다. 그렇다고 무작정 운동만 해서는 안된다. 중요한 것은 선수 스스로 훈련을 통해 무엇을 얻으려는지 알아야 하며, 어떠한 생리적 반응이 일어났을 때 충분히 훈련했다고 느끼며, 왜 그와 같이 느끼는지 이해하는 것이다. 그 부분만 숙지하면 오버 트레이닝할 일도 없고, 혈중 pH

수치가 과도하게 낮은 상태로 중추신경계를 교란시킬 위험도 없으며, 기절하거나 구토할 일도 없을 것이다. 다만, 무산소 능력을 끌어올리기 위해서는 오랜 기간 적어도 200m 이상의 거리를 빠른 속도로 달리게 함으로써 pH 혈중 농도를 적절히 낮게 유지하는 것이 중요하다. 그보다 짧은 거리를 빠르게 질주한다고 해서 해당 반응을 얻을 수 있는 것은 아니다. 무산소 능력을 키우기 위해서는 운동의 질뿐 아니라 양도 필요하기 때문이다.

1970년, 8개월 동안 미국 투어를 했을 때의 일이다. 텍사스주 애빌린에 있는 코치들과 이야기를 나누는 과정에서 나는 내가 가르치는 선수들이 400m 레피티션 훈련 20회를 1년에 딱 두 번 진행했다고 말했다. 그렇게 한 이유는 마침 400m 정도 크기의 트랙이 있었고, 선수들이 페이스 감각을 잡는 데 도움을 줄 것이라 생각했기 때문이다. 강의가 끝날 무렵, 어느 고등학교 육상 코치가 나를 보며 "저는 1마일 선수들을 가르치고 있습니다. 그들 중 가장 빠른 선수는 4분 17초, 그 외에도 대부분 4분 24초는 뜁니다. 매주 월요일 아침 선수들에게 400m 레피티션을 25회 진행하도록 지시하고, 다른 날에는 무산소 훈련 및 대회에 나가게 하고 있습니다. 그때 선수들은 대부분 68~69초로 레피티션을 진행했습니다." 라고 말했다.

해당 코치는 강의가 끝난 후 다른 강의에도 여러 번 얼굴을 내비쳤지만 그 이상 아무 말도 하지 않았다. 그런데 투어 마지막 날, 디모인에 있는 아이오와 주립대학교에서 강연할 때였다. 내가 무산소 훈련에 대해 말하기 시작하자 그가 손을 들며 내가 제안한 훈련 접근 방식에 자신의 경험을 접목시킬 수 있는지를 물었다. 그는 8개월 전 내 강연을 듣고 나서 내 훈련법을 채택하기로 결정했다고 한다. 그 다음 그가 가르치는 선수들에게 장거리 달리기를 적용하기 시작했다고 말했다. 마라톤 컨디셔닝으로 유산소 능력을 충분히 쌓은 다음에는, 12마일 떨어진 곳에 언덕을 발견하고 그곳에서 언덕 훈련을 진행했다.

400m 레피티션 훈련 첫날, 그전까지 1바퀴를 68~69초에 뛰던 선수들이 72~73초가 걸렸다 한다. 코치는 리디아드 때문에 훈련이 엉망진창이 됐다고 생각했다. 하지만 이제 와 돌이킬 수 없었다. 2주 후 재차 진행한 레피티션 훈련에서도 선수들은 나아질 기미가 보이지 않았다. 그는 좌절했다. "끝났어. 올해 시즌을 몽땅 망쳤어."

이제 와 다른 훈련으로 바꾸기에는 너무 늦은 상태였다. 그는 목표로 한 고등학교 릴레이 선수권까지 내 훈련 방식을 따르는 것 외에는 다른 대안이 없었다. 그는 아무 기대 없이 선수들을 출전시켰다. 그런데 대회에서 무려 우승을 차지한 것이다. 가장 빠른 주자는 4분 9초, 가장 늦게 골인한 주자도 4분 13초였다.

코치는 강연장에서 다음과 같이 털어 놓았다. "그동안 저는 400m 레피티션을 빨리 뛰는 주자는 잘 키웠으나 정작 1마일을 빨리 뛰게 하지는 못했습니다. 하지만 이제 그들은 레피티션은 빨리 못 뛰지만 1마일은 훨씬 더 빠른 속도로 달릴 수 있습니다." 그는 정말 중요한 부분을 짚어주었다.

1974년, 뉴질랜드 크라이스트처치에서 열린 영연방 대회를 앞두고 최고의 중거리 유망주 중 한 명이었던 리처드 테일러Richard Tayler는 부진에 빠져있었다. 그의 몸은 분명 어딘가 이상했다. 하지만 우리들 중 누구도 그가 강직성 척추염으로 선수 생활을 망가뜨리고 영원히 불구가 될 위험에 처해 있다는 사실을 알지 못했다(테일러는 그 후 수년간 고통에 몸부림치고 수개월 동안 병원에 입원하면서 인생의 황금기를 절망 속에서 지내야 했다. 그 후 다시 달리기를 시작했고 1980년 호놀룰루 마라톤에서 2시간 42분 43초로 78위를 기록했다).

어쨌든 나는 여기서 리처드 테일러의 예시를 들어보고자 한다. 그에게 아프리카 대륙의 선수들과 데이브 베드포드Dave Bedford 및 다른 경쟁 선수들을 상대로 10,000m 종목에서 이기기 위해, 에너지 소모가 많은 무산소 운동을 시킬 때였다. 당시 우리는 테아와무투의 어느 대학교 운동장에서 훈련을 진행했다. 한 무리의 학생이 길을 걷다가 멈춰 서 지켜보았다.

"지금 뭘 하고 있나요?" 한 학생이 물었다.

"레피티션 중이지." 내가 설명했다.

그들은 이 훈련에 대해 익히 알고 있는 듯했다.

"횟수가 얼마나 되나요?"

"글쎄, 나도 모르겠는걸."

"그렇다면 1바퀴를 몇 초에 도는 건가요?"

"딱히 시간을 안 재서 모르겠는걸."

그들은 믿을 수 없다는 표정을 지으며 서로를 쳐다봤다. 그들은 내가 뉴질랜드 최고의 선수 중 한 명을 지도 중이라는 사실을 꿈에도 모르는 듯했다. 반대로 내가 질문을 던졌다.

"너희들은 이 트랙 한 바퀴의 거리가 얼마인지 알아?"

물론 그들은 내가 신경쓰고 있지 않던 그 거리를 알고 있을 터였다. 그 후 학생들은 이번에는 훈련을 마치고 온 리처드에게 물었다.

"몇 번이나 뛰었나요?"

"음, 딱히 안 세봐서 모르겠어." 리처드가 대답했다.

"그럼 한 바퀴를 몇 초에 돌았나요?"

"글쎄 시간은 안 재서 모르겠어."

나는 학생들이 비웃으며 자리를 뜨기 전에, 그들에게 시간이라든지 횟수는 중요하지 않다는 점을 알려줄 필요가 있다고 느꼈다. 가장 중요한 사실은 선수 스스로 훈련 효과를 체감하며 진행하는 것이며, 몸이 무엇을 원하며 얼만큼 충분한 훈련을 쌓았는지 깨닫는 것이다. 그 부분은 테일러 스스로가 나보다 잘 알고 있다고 말해 주었다(이렇게 훈련을 쌓았음에도 그에게 찾아온 불행에 대해서는 불가항력적이었다고 말할 수밖에 없을 것 같다).

대회에서 좋은 성적을 거두려면 무산소 운동은 반드시 필요하다. 하지만 자칫 무리하면 우리의 가장 중요한 자산인 유산소 능력의 토대가 무너질 수도 있음을 명심해야 한다. 이 2가지가 합쳐져야 우리의 경기력을 결정한다. 즉 무산소 운동으로 능력을 끌어올리는 대가로 신체 컨디션을 무너뜨리면 그동안 쌓은 능력를 잃어 버리고 만다.

시즌 초반 좋은 성적을 거두다가 시즌 중반부터 완전히 몸 상태가 무너지는 선수들을 자주 본다. 그들 중 대부분은 올바른 무산소 운동으로 몸 상태가 최고조에 달했음에도, 계속해서 고강도 무산소 운동을 하다가 상태가 안 좋아진 선수들이다. 시즌 중에 무산소 훈련을 계속하는 것은 불필요할 뿐 아니라 애초에 생리학적으로 불가능하다.

무산소 훈련은 섬세하게 진행할 필요가 있다. 최대치까지 능력을 끌어올린 후 중단하면 금세 무산소 능력을 잃어버리기 때문이다. 반대로 필요 이상으로 과하게 할 경우 유산소 능력이라는 토대까지 잃을 수 있다. 따라서 항상 균형을 유지하면서 훈련을 진행해야 하며, 이때 샤프너, 윈드 스프린트, 킬러 딜러(killer-dillers; 고강도 단거리 훈련) 라는 훈련을 해 보기를 권한다. 이 훈련들의 장점은 달리기에 예리함을 더해준다는 점이다. 그 외에도 그동안 쌓은 유산소 능력을 갈고 닦음으로써 신체가 감당할 만한 산소 부채를 경험하게 하고, 신진대사를 적절히 자극하면서 대회에 필요한 무산소 능력을 유지하게 해 준다. 글로 설명하니 복잡하고 어려워 보이지만 실제로 해 보면 간단하다.

샤프너sharpener는 쉽게 말해 50~100m의 짧은 거리를 전력 질주하는 훈련이다. 이 훈련은 전력 질주와 평소 달리기(조깅이 아님)를 반복한다. 예를 들어 50미터를 전력 질주하고 나머지 50미터에서는 힘을 뺀 채 달린다고 하자. 이를 20회 반복하면 총 2,000m를 달리게 되는데, 이때 다리 근육에 급격하게 젖산이 쌓이고 피곤해 지면서 다리 쪽의 혈중 pH 수치가 낮아진다. 하지만 몸 전체에 해당하는 이야기는 아니다. 운동 부하는 다리 부위에만 쌓이기 때문이다. 달리는 데 사용한 다리 쪽 근육 부위만 운동을 더는 못할 정도로 피로가 쌓인 상태라고 보면 된다. 실제로 샤프너 훈련을 마친 후 다리와 귓불에서 혈액을 채취해 혈중 pH 수치를 측정했다. 그러자 두 부위에서 완전히 다른 혈중 pH 수치를 나타냈다. 샤프너는 운동한 부위에는 피로가 쌓이지만, 몸 전체에 피로감은 없다는 점에서 팔굽혀펴기와 비슷하다.

이 같은 훈련을 1주일에 한 번씩 진행하면 최대치로 끌어올린 무산소 능력을 유지하는 데 가장 효과적일 것이다. 거기다 대회를 나가거나 타임 트라이얼을 재면 오랜 기간 최고의 몸상태를 유지할 수 있다. 구체적인 스케줄은 이 책의 뒤편에서 찾아볼 수 있다.

트랙 경기의 기록이 향상된 이유는 훈련법의 발전과 훈련에 대한 이해 또는 훈련에 몰입한 덕분이라는 말이 있다. 나는 이에 전적으로 동의하지 않는다. 확실히 운동선수의 훈련법은 전반적으로 좋아졌다. 하지만 시간이 단축된 진짜 이유는 합성고무 트랙이라는 새로운 재질의 트랙이 개발되었기 때문이다. 만약 피터 스넬처럼 끝까지 최선을 다해 달리는 선수가 오늘날 경기를 펼친다고 생각해 보라. 상상만 해도 흥미로울 것이다. 그는 다른 주자들을 제칠 것이고 오늘날 깨지기 힘든 기록을 세울지도 모른다. 그는 잔디밭이나 콘크리트로 조잡하게 설치된 육상 트랙에서 800m와 1마일 세계 신기록을 세웠다. 당시 트랙은 현대식 기술로 만든 트랙보다 바퀴당 최소 1초는 더 느렸다. 1964년 당시 3분 54초 1의 1마일 세계 신기록과 1980년대 3분 47초 4를 비교해, 18년 동안 인간이 얼마나 많이, 또는 얼마나 느리게 발전했는지 스스로 판단해 보길 바란다.

1972년, 내가 덴마크 오르후스에서 지낼 때, 마침 그곳에 전 세계에서 가장 뛰어난 허들 선수 중 한 명인 호주의 팸 라이언Pam Ryan이 와 있었다. 당시 대회에서는 처음으로 합성고무 트랙을 도입했는데, 그녀는 새 트랙에서 달리는 게 처음이었다. 그녀는 첫 출전한 경기에서 첫 번째 장애물을 뛰어넘자마자 그전까지 결코 경험해 본 적 없는 감각을 느꼈다고 한다. 그녀의 말에 따르면 트랙 하나 바뀌었을 뿐인데, 예상보다 훨씬 빨라졌다는 것이다. 그녀는 경기 감각을 익히면 머지않아 세계 신기록도 세울 수 있을 것이라고 자신했다. 그로부터 3일 후, 그녀는 폴란드의 합성 고무 트랙에서 정말로 그 일을 해냈다.

합성고무 트랙이 실제 경기에 도입된 지 약 30분 만에 5,000m 세계 신기록이 수립됐다. 다수의 10,000m 주자들이 론 클라크Ron Clarke의 세계 신기록에 근접하거나 심지어 깨기 시작했다. 합성고무 상판 100m당 약 10분의 2초를 단축하는 가치가 있는 것으로 산출되었다.

더 많은 증거를 원한다면 로드 경기 기록을 확인해 보길 바란다. 코스와 날씨 등의 조건이 다양해 단순 비교는 어렵지만 예전부터 지금까지 마라톤 기록은 크게 나아지지 않았다. 많은 중장거리 선수가 훈련 거리량을 늘리면서 마라톤 선수들의 훈련 방식과 비슷해 지고 있다. 이는 마라톤 훈련에 대한 더 나은 접근 방식과 마라톤 컨디셔닝에 대한 더 많은 관심을 반영한다.

하지만 1969년 데릭 클레이턴Derek Clayton이 2시간 8분 33초를 기록한 이후 단 3명 만이 이 기록보다 몇 초 앞설 뿐이었다.[6] 그 이유는 생리적인 문제에 있다. 한 개인의 최대치에 가까운 7ℓ 또는 kg당 88ml의 산소섭취량을 가진 남자 선수는 마라톤 대회에서 약 2시간 12분 동안 유산소 달리기로 달릴 수 있다. 만약 그가 15~18ℓ의 산소 부채를 감당하고, 대부분의 거리를 유산소 상태로 달리면서 처음부터 끝까지 산소 부채를 균등하게 가져갈 수 있도록 조절한다면 그는 2시간 8~9분까지 기록을 줄일 수 있을 것이다.[7] 마라톤에서는 경쟁 상대, 날씨, 지형 등 모든 요소가 성공적으로 완주하는 데 큰 영향을 미친다. 그리고 그동안 훈련해 온 자신을 믿는 것도 마라톤 기록을 갱신하는 데 영향을 끼친다.

이것이 마라톤이 그토록 매력적인 동시에 힘든 경기인 이유다. 마라톤 대회에서 주자가 가장 먼저 판단해야 할 사람은 다른 누구도 아닌 자기 자신이다. 주자는 무산소 능력을 가장 효율적으로 사용해야 하며, 유산소 최대 안정상태를 넘지 않고 아슬아슬하게 유지할 수 있도록 속도를 조절해야 한다. 만약 너무 빠른 속도로 긴 거리를 달리면 젖산이 빨리 축적되어 속도를 유지하기가 힘들어 지며, 심한 경우 그 자리에서 멈춰설 수도 있다. 대부분의 마라톤 선수는 자기보다 실력이 뛰어난 선수들과 함께 달릴 때 그런 경우와 맞닥뜨린다. 그들은 빠른 주자와 나란히 뛰다가 큰 산소 부채에 빠지고, 그 후 속도를 유지하지 못한 채 점차 뒤로 물러난다. 하지만 정작 왜 스스로 물러나야 하는지 모른다. 그럴 경우 주자들은 실력이 뛰어난 선수들을 먼저 보내고 산소 부채를 아주 천천히 감당할 정도의 속도로 뛰는 편이 나을 것이다. 앞서 간 주자들이 속도를 잘못 판단하고 뒤쳐질 가능성에 기대면서 말이다. 마라톤에서는 무엇보다 그동안 쌓은 기량으로 대회에 임해야 하며, 그 과정에서 누구를 이기느냐는 당신이 얼마나 성공적으로 훈련을 소화했느냐에 달렸다.

---

1. **유산소 최대 안정(항정)상태:** 리디아드는 이 '유산소 최대 안정상태'로 달리는 행위에 대해 AT(무산소 역치) 속도의 달리기, 즉 유산소 달리기에서 무산소 달리기로 전환되기 직전의 속도로 달리는 것이라고 말한다. 최근 연구 논문이나 책에서는 LT를 2종류로 표시한다. LT1은 유산소에서 무산소로 넘어가는 시점을 말하는데, 이때 혈중 젖산 수치는 약 2mmol/리터이다. LT1 상태의 혈중 젖산 그래프를 보면 우상향으로 쌓이긴 하나 완만한 형태를 그린다(무산소 에너지를 조금씩만 사용하는 상태). 하지만 속도가 빨라지거나 시간이 지남에 따라 혈중 젖산 농도가 4mmol/리터까지 쌓이게 되는데, 이 시점을 LT2라고 한다. 체내 혈중 젖산이 가득 찬 상태로, 이때를 기점으로 혈중 젖산 그래프가 급격히 올라가기 시작한다. 즉, 무산소 에너지 사용 비율이 높아지며 속도를 유지하기 힘들어 진다. 이는 무산소 에너지 저장량에 한계가 존재하기 때문이다. 참고로 <다니엘스의 러닝 포뮬러>에서 말하는 LT는 여

기서 LT2에 해당한다. 또 다른 말로는 LT와 OBLA(Onset of Blood Lactate Accumulation)로 부르기도 하는데, 이때 LT1은 LT, LT2는 OBLA에 해당한다.

2. **유산소 달리기는 무산소 달리기보다 19배나 경제적이라는 말:** 이는 단순히 한 개의 글리코겐에서 얻을 수 있는 ATP 수를 비교한 것이다. 우리 몸은 근세포 안의 ATP(아데노신 삼인산)라는 물질을 화학적으로 분해하는 과정에서 P(인산) 하나를 떼어내 ADP(아데노신 이인산)로 변화시키는데, 이때 에너지가 발생한다. 우리는 이를 이용해 근육을 수축해서 달린다. 단, 근세포에 저장된 ATP의 양은 지극히 적다. 그 때문에 근세포 안에서 ATP를 분해하는 동시에 체내 축적된 글리코겐 또는 지방을 태워서 만들어낸 에너지로 ADP에 다시 P를 붙여서 ATP로 재합성하는 작업을 거친다. 이 때 한 개의 글리코겐을 태워서 얻는 ATP 수가, 유산소 달리기의 경우 38개, 무산소 달리기의 경우 2개이므로, 본문에서 19배의 효율을 가졌다고 말한 것이다.

3. **LSD:** Long Slow Distance의 줄임말로 오랜 시간 또는 긴 거리를 천천히 뛰는 훈련을 말한다. '천천히'의 정의는 조깅 속도, 즉 분당 심박수 120~130회를 기준으로 한다. 거리는 개개인마다 길다고 느끼는 시간이면 충분하다. 초보인 경우 20~30분으로 충분하며, 숙련자라면 2~3시간을 목표로 삼으면 좋다. 그중에는 4시간 이상, 혹은 하루 종일 여행을 떠난다는 감각으로 뛰는 사람도 있다.

4. **빌 바우어만:** 1949년 오리건주립대학교 육상경기부 코치로 취임. 바우어만 방식으로 불리는 중거리 주 트레이닝 방법론을 확립했으며 1950년대부터 1970년대 전반에 걸쳐 수많은 일류 선수를 배출하면서 미국에서 가장 성공한 코치 중 한 명으로 자리매김한다. 또한 <조깅>이라는 책을 직접 쓰면서 전 세계에 조깅 붐을 일으켰다.

5. **레피티션:** 일반적으로 빠른 속도로 뛴 후 천천히 조깅하면서 회복하는 시간을 갖고, 다시 빠르게 뛰기를 반복하면서 무산소 능력을 키우는 훈련. 리디아드는 회복 구간을 초 단위로 세세하게 실시하는 방식을 놓고 인터벌 훈련이라고 부르기도 했다.

6. 데릭 클레이턴이 세계 신기록을 세운 시기는 1969년이었다. 공식 기록은 2시간 8분 33초. 그 후 1981년에 2시간 8분 18초, 1984년에 2시간 8분 5초의 세계 신기록이 수립되는 등 비교적 긴 시간 2시간 8분대에 머물러 있었다. 그러다가 1985년 포루투갈의 로페스라는 선수가 2시간 7분 12초를 세우면서 마침내 8분대의 벽이 깨졌다.

7. 마라톤 기록은 훈련법 및 운동 생리학의 발달, 최첨단 기술을 적용한 신발이 선수들에게 도입되면서 점진적으로 인간의 한계점을 갱신하기 시작한다. 데릭 클레이턴이 2시간 8분 33초의 기록을 세운 지 55년이 지난 지금, 세계 신기록은 8분을 줄여 1시간대를 코 앞에 두고 있다. 리디아드의 예측과 달리 마라톤 기록은 점진적으로 향상되었다. 하지만 그가 세운 전략은 기술이 향상된 현대도 여전히 유효하다고 할 수 있다.

"자주 달리세요. 오래 달리세요.
하지만 달리는 즐거움을 결코 앞지르지 마세요."

"Run often. Run long. But never outrun your joy of running."
—Julie Isphording

2.
유산소 능력을 높이는
마라톤 컨디셔닝 트레이닝

1960년대 초반 할버그, 스넬, 매기를 가르치던 당시, 나는 거리 기준으로 마라톤 컨디셔닝을 하도록 지시했다. 하지만 얼마 안 가 거리 대신 시간을 기준으로 훈련하도록 바꿨다. 이는 내가 선수들의 연습을 직접 확인하기 힘든 환경에 처했기 때문이었는데 결과적으로 이 지침은 효율적인 접근 방법임이 증명됐다. 예를 들어 선수들이 25km를 달린다고 하자. 마라톤 컨디셔닝의 핵심 요소인 훈련 시간 면에서 보면 상대적으로 느린 선수는 25km 달리기로 충분한 훈련을 쌓을 것이다. 하지만 빠른 선수에게는 부족할 수 있다.

시간을 기준으로 하는 두 번째 이유는 정확히 계측된 코스를 달리다 보면 전보다 빨리 달리기 위해 무의식적으로 자기자신과 경쟁하고 스스로에게 압박을 주는 경향이 있기 때문이다. 선수들은 같은 코스를 달릴 경우 더 빨리 뛰고 싶은 유혹을 받는다. 만약 정해진 코스 밖으로 나가서 모든 부담감을 던져 놓고 1시간 반 정도 달린다면 더 나은 결과를 얻을지 모른다. 뒷장에서 훈련 거리와 시간에 관한 자료를 읽을 때 이 점을 명심하길 바란다.

지금까지 마라톤 컨디셔닝을 한 적이 없다면 우선 이 훈련에서 무엇을 얻고자 하는 것인지, 이 훈련을 통해 어떤 생리학적 변화가 일어나는지를 깊이 생각하고 이해하려는 노력이 필요하다. 즉 앞장에서 설명한 생리학적 변화와 당신의 훈련 목적을 연결시켜야 하며 훈련 유형마다 신체에 어떠한 영향을 주는지 충분히 숙지해야 한다. 훈련을 진행할 때는 단계별로 나누어 일정 기간 실천한다. 시즌이 다가오고 각 단계의 훈련을 마칠 즈음, 비로소 나 스스로에게 자신감이 생기면서 이제까지의 의구심은 사라진다.

각각의 단계는 궁극적으로 같은 목표를 갖는다. 하지만 모든 단계는 서로 구분되며 단계마다 다른 방식으로 훈련을 진행해야 한다. 훈련의 생리학적, 역학적 측면을 이해하는 시각을 가진다면 대회에서 성공적으로 달리기 위해 필요한 자신감을 키울 수 있을 것이다.

중장거리 훈련의 기본 원리는 간단하다. 출전하는 대회 거리를 내가 원하는 속도로 뛸 수 있을 정도로 체력을 충분히 쌓는 것이다. 그를 위해서는 훈련을 자주 반복해야 한다. 예를 들어 400m를 46초 또는 그 이하로 뛰는 선수는 전 세계에 많다. 하지만 800m를 1분 44초, 즉 400m당 52초에 달릴 만큼 지구력을 보유한 선수는 극소수이다. 이는 중장거리 훈련에서 체력이 차지하는 비중을 명확하게 보여준다. 체력은 너무나도 중요하다.

상대적으로 생각해 보면, 기초 스피드가 빠른 선수가 지구력 향상에 주 안점을 두고 장거리 달리기를 많이 할 경우 달성할 수 있는 것이 무엇인지 깨닫는 데 도움을 줄 것이다.

피터 스넬은 1960년 로마 올림픽, 1964년 도쿄 올림픽 800m 종목에 출전한 선수 가운데 타고난 스피드가 가장 느렸다. 그럼에도 그는 예선을 통과했으며, 결승전에서도 마지막 100m를 남기고 경쟁자들을 뿌리친 채 질주하면서 우승했다. 마라톤 컨디셔닝으로 쌓은 지구력 덕분이었다. 당시 다른 선수들은 피로가 급격히 쌓인 나머지 본래 지닌 스피드를 발휘하지 못했다. 스넬은 지구력을 쌓기 위해 마라톤 기록도 어느 정도 좋은 성적을 올릴 만큼 훈련을 받았지만 경쟁자들은 그렇지 않았다. 이것이 그가 이길 수 있었던 이유였다. 이는 당신도 스넬과 같은 방식으로 훈련하면 좋은 성적을 낼 수 있다는 뜻이기도 하다.

쉽게 말해 지구력을 충분히 쌓으면 피로의 원인이 되는 산소 부채의 발생 시점을 늦추는 것뿐 아니라, 신체가 빠른 회복 능력을 가지게 되므로 지칠 줄 모르는 상태가 된다. 참고로 지구력을 쌓는 데 가장 효율적인 방법은 크로스컨트리 스키, 그 다음이 달리기이다. 그리고 최고의 달리기 훈련은 일주일에 약 160km를 유산소 최대 안정상태보다 조금 느린 속도로 뛰고, 시간적 여유가 있다면 조깅처럼 가벼운 달리기를 보조적으로 실시하는 것이다.

1960년 초반, 『Running to The Top』을 집필할 때 나는 지구력 강화 단계에서 일주일에 160km 달릴 것을 권했다.[1] 하지만 많은 선수가 이 숫자에 사로잡혀서 160km보다 많이 뛰거나 적게 뛰지 않고 정확히 맞추려 했다. 내 의도는 그게 아니었다. 이와 관련해 스포츠 의학에 관심이 많은 호주의 한 의사는 훈련량으로 1주일 160km는 부족하다고 말하며, 호주 선수들은 그보다 두 배 더 많이 달린다고 했다.

내 설명이 부족했던 것 같다. 그는 내가 말한 1주일에 160km를 뛰라는 의미의 본질을 이해하지 못한 듯 보였다. 내가 말한 주 160km는 유산소 최대 안정상태에 가까운 속도로 달리라는 의미였다. 내가 가르친 선수들은 저녁 및 주말에 오랜 시간 유산소 최대 안정상태에 가까운 속도로 뛰었고, 아침 및 낮에는 호주 선수들과 마찬가지로 훨씬 더 편한 속도로 뛰었다. 천천히 달리는 훈련도 일주일에 최대 160km까지 달렸다. 당시 내 제자 중 중거리 선수인 스넬 데이비스Snell Davies와 존 데이비스John Davies가 가장 짧은 주행 거리를 훈련했으나, 그들조차 주에 250km는 뛰었다.

반대로 의사에게 물었다. "당신은 생리학자로서 선수가 유산소 최대 안정상태의 속도로 1주일에 160km 이상, 몇 달 동안 훈련하는 게 가능하다고 생각하십니까?" 그는 내 질문에 대답하지 못했다. 유산소 최대 안정상태에 가까운 속도로 160km 이상 뛰면 몸에 어떻게 되는지 몰랐기 때문이다. 물론 나는 개인적인 경험을 통해 제 아무리 뛰어난 선수도 그렇게 뛰지 못한다는 사실을 알고 있었다. 나는 수년에 걸쳐 올바른 마라톤 컨디셔닝 방법을 찾기 위해 다양한 거리를 달렸다. 한 번에 달리는 거리가 너무 길거나 혹은 너무 짧거나, 속도를 빠르게 가져가거나 반대로 느리게 뛰면서 알맞은 훈련 강도를 찾아갔다. 나는 유산소 최대 안정상태에 가까운 속도로 주에 80km에서 500km까지 뛰어 보았다. 시험해 본 결과 1주일에 160km 뛰는 것이 최고의 효과를 낸다는 결론에 다다랐다. 그리고 본 훈련 외 다른 시간에는 그보다 느린 속도로 보조적인 달리기를 넣어주면, 피로 회복을 촉진시키는 동시에 유산소 능력을 향상시킨다는 사실을 알게 되었다.

주자에게 있어 최고의 훈련은 의심할 여지 없이 달리는 것이다. 평상시 속도 조절을 잘하면 과훈련으로 이어질 이유는 없다. 일부 생리학자들은 운동선수의 심박수가 분당 150~180회에 이르지 않으면 심폐 기능은 거의 발달하지 않는다고 주장한다. 이는 완전히 잘못된 정보이다. 나는 그 이야기를 믿지 않는다. 사실 심폐 기능은 안정 시 심박이 분당 50~60회인 운동 선수가 심박을 100회까지 올리는 훈련을 하는 것만으로도 발달한다. 유산소 최대 안정상태만큼은 아니지만, 본 훈련 외 모든 보조적인 조깅은 선수의 회복을 돕는 동시에 심폐 기능에 나름의 부하를 가해 기능을 향상시킨다.

내가 '마라톤 컨디셔닝'이라고 부르는 장기간에 걸쳐 진행하는 유산소 달리기는 훈련을 마칠 때 피로보다는 기분 좋은 노곤함을 유도해 다음날 훈련에 방해가 안 되도록 고안한 것이다. 무리하지 않고 기분 좋게 마쳤기 때문에 다음날까지 피로가 남을 일도 없다.

이를 위해서는 우선 현재 내 기초 체력, 즉 유산소 최대 안정상태가 어느 지점에 있는지 찾아야 한다. 예를 들어 나만의 왕복 코스를 30분 동안 뛰고 돌아오는 방법이 있다. 최선을 다한 상태보다 조금 천천히 15분 동안 유지해 보라. 그 다음 되돌아 올 때는 속도를 유지하기 위한 어떠한 강요와 노력도 피하도록 하자. 돌아오는 데 20분이 걸렸다고 하자. 그렇다면 당신은 처음 15분을 스스로의 체력에 비해 너무 빠르게 뛰었다는 것을 의미한다. 반대로 별다른 힘을 안 들이고 15분 안으로 돌아왔다면, 처음 15분을 체력에 비해 천천히 뛴 것이다.

이 결과를 토대로 다음 훈련부터 속도를 조절하는 연습을 해 보자. 지난번보다 거리가 짧아지거나 길어져도 상관없으니, 이번에는 시간을 기준 삼아 전후반 속도가 같도록 신경을 써 보는 것이다. 이는 페이스 감각을 익히는 데 좋은 훈련이다. 앞으로 훈련을 진행해 나가는 데 필요한 능력이므로 일찍부터 습득해 놓으면 좋을 것이다.

내게 맞는 페이스 감각을 익히고 달리면 지구력이 좋아지며 그에 따라 더 멀리, 더 빨리 달릴 수 있다. 하지만 이때부터는 거리가 아닌 속도로 인해 도중에 멈춰설 수 있다는 사실을 유념해야 한다. 숨이 턱끝까지 차오르거나 속도를 유지하기 위해 몸에 힘을 잔뜩 주며 뛰는 달리기는 유산소 운동이 아닌 무산소 운동이다. 이는 반드시 피해야 한다. 너무 빠른 속도로 뛰느니 차라리 매우 천천히 뛰는 게 훨씬 낫다. 이 책을 읽는 당신이 그 중요성을 인식하고 스스로의 훈련에 적용할 수 있다면, 당신은 당신의 생각보다 더 훌륭한 주자의 길로 나아가고 있는 것이다.

특히 러닝을 처음 시작할 때는 거리보다 시간에 맞춰 훈련해야 한다. 이는 앞서 설명한 심리적 이유가 주자에게 영향을 끼치기 때문이다. 시간을 기준으로 뛰면 스스로 충분히 잘 뛰었다는 인상을 받을 수 있으며, 1마일을 4분으로 뛰는 세계 최고 수준의 선수들과 비교해서 스스로를 비관할 일도 없어진다. 남녀를 불문하고 저마다 체력 수준, 운동 경력, 생활 패턴이 다르기 때문에 누구에게나 효과적이고 보편적으로 적용할 만한 고강도 훈련 스케줄은 없다. 따라서 내가 권하는 방법은 훈련 초기에 주 3회 '장시간주'를 달리는 것이다. 이때 장시간은 개개인이 느끼기에 길다고 생각하는 시간이다. 예를 들어 어떤 주자가 하루 15분이라면 기분 좋게 뛸 수 있다고 하자. 그때 스케줄은 다음과 같다.

〈표 1〉

월요일	화요일	수요일	목요일	금요일	토요일	일요일
15분	30분	15분	30분	15분	15분	30분

이와 같은 일정을 너끈히 해낼 수준이 되면 조금씩 시간을 늘려나가 보자. 다음 스케줄은 이렇다.

〈표 2〉

월요일	화요일	수요일	목요일	금요일	토요일	일요일
1시간	1시간 30분	1시간	2시간	1시간	2~3시간	1시간 30분

이 모든 달리기는 안정적이고 일정한 속도로 이루어져야 한다. 훈련을

마친 후에는 피곤함을 느끼긴 해도, 마음먹는다면 더 빠르게 뛸 수 있을 만큼 힘을 남기는 수준에서 진행해야 한다.

대부분의 러너는 위와 같은 스케줄을 보기만 해도, 하루도 거르지 않고 긴 시간 쉬지 않고 뛰는 게 가능한지 의심할 것이다. 특히 훈련 초반, 1시간을 뛴 후 극심한 피로를 느꼈다면 더더욱 불가능하다고 생각한다. 우리 모두 그와 같은 벽과 맞닥뜨린다. 하지만 이는 발전하고 싶다면 반드시 넘어야 할 산이며, 포기하지 않고 인내하고 달리다 보면 누구나 그 산을 넘을 수 있다. 처음에는 불가능하게 느낀 훈련도 몇 주를 보내면서 점점 쉬워지고 이내 즐기는 경지에 다다른다. 그렇게 되면 스스로도 깜짝 놀랄 만큼 빠른 속도로 2번째 훈련 단계로 진입할 것이다. 그러니 초조해 하지 말고 꾸준히 나아가자. 짧은 거리를 마음 편히 뛸 정도가 되면 주 1~2회는 장시간 달리기를 해 보자. 장시간 달리기로 체력과 함께 자신감을 쌓을 수 있다. 그렇다면 앞서 설명한 한 단계 높은 수준의 일정도 쉽게 소화할 수 있을 것이다.

다음 훈련 스케줄은 시간이 아닌 거리를 기준으로 짰다. 지금까지 착실하게 훈련을 쌓아 왔다면 어느 코스이든지 거리 감각을 익혔을 것이다. 이미 알고 있는 코스를 뛰면 스스로의 이전 기록과 경쟁하기 쉽다. 이때는 흔들림 없는 자기 절제력으로 필요한 강도로만 훈련해야 한다는 사실을 명심하자.

〈표 3〉

월요일	기복 있는 코스에서 80% 힘으로 15km 달리기
화요일	비교적 평탄한 코스에서 70% 힘으로 25km 달리기
수요일	언덕이 많은 코스에서 80%의 힘으로 20km 달리기

목요일	비교적 평탄한 코스에서 70%의 힘으로 30km 달리기
금요일	평탄한 코스에서 90%의 힘으로 15km 달리기
토요일	비교적 평탄한 코스에서 70%의 힘으로 35km 달리기
일요일	모든 지형의 요소가 담긴 코스에서 70%의 힘으로 25km 달리기

<* 위 강도(%)는 유산소 최대 안정상태를 100%로 했을 때를 기준으로 함—옮긴이>

이 훈련을 위해 사전에 다양한 코스의 거리를 측정해 두자. 그렇게 하면 시계라든지 지표를 이용해 1km 단위로 거리를 파악하는 동시에 페이스도 정확히 측정할 수 있다. 하지만 거리를 측정하는 이유는 대회 때처럼 기록을 재기 위함이 아니다. 일정한 속도로 달리기 위해 스스로를 절제하기 위한 용도이다.

내 이론에 따르면 당신은 유산소 최대 안정상태를 기준으로 많이 뛰게 될 것이다. 그로 인해 심폐 및 심혈관 기능에 가급적 부담이 덜 가도록 유산소 부하를 가하고, 점진적으로 최상의 기량 향상을 이룰 것이다. 그러기 위 해서는 더 빨리 달리고 싶다는 유혹을 뿌리치고 어느 정도 선에서 멈추는 자기 절제력이 필요하다.

혹시 달리는 동안 리듬을 되찾거나 호흡을 회복하면서 페이스를 떨어뜨리면 안 된다는 생각을 한 적이 있나? 그렇다면 그 달리기는 유산소 운동에서 무산소 운동 단계로 진입했다는 경고이다. 이는 비효율적이며 바람직하지도 않다. 이 경고를 무시하고 무산소 운동을 한다 해도 며칠 동안 몸의 변화는 못 느낄 것이다. 하지만 그 영향은 점진적으로 나타나기 시작한다. 신체 균형이 조금씩 무너지면서 운동을 지속할 수 없는 상태가 되고 만다. 그와 같은 사태에 처하기 전에 몸이 보내는 신호에 주의를 기울이고 속도를 늦춰 유산소 운동 영역 안에서 달리기를 권한다.

각 코스에 맞는 최적의 유산소 운동 강도를 설정했다면 앞서 말한 대로 시간을 기준으로 달려보자. 이때 무산소 운동 영역으로 넘어가지 않도록 조절하는 훈련이 중요하다. 빠른 속도로 뛰되 과거 자기의 기록과 비교하지 말고 일정한 속도를 유지해야 한다.

내가 고안한 마라톤 컨디셔닝은 주로 천천히 뛰는 훈련이라는 인식이 있는 듯하다. 회복 조깅을 제외하고는 그렇지 않다. 내 제자 중 일류 선수들은 기초 체력을 쌓는 단계에서 조깅 대신 1km를 3분 15초~3분 45분초로 주파한다. 장거리 선수 중에는 여전히 1km를 4분 15초보다 빨리 달리면 안 된다고 생각하는 이가 있다. 평소 빨리 달리면 훈련을 통해 얻는 효과가 적으며 심지어 나쁜 결과로 이어진다고 믿기 때문이다. 거듭 말하지만 그렇지 않다. 오랜 시간 유산소 최대 안정상태 가까이에서 뛴 선수는, 그보다 느린 속도로 뛴 선수들보다 훨씬 짧은 시간 훈련했음에도 심폐 기능의 발달이 동일했다.

다만 이때 주의해야 할 사실은 우리 모두는 서로 다르다는 점이다. 지금까지 제시한 스케줄 및 뒷장에서 언급하는 훈련 일정은 어디까지나 가이드라인에 지나지 않는다. 해당 수치는 개개인의 체력 수준, 연령 및 성별에 따라 유연하게 받아들일 필요가 있다. 당신 스스로 즐기는 동시에 세심하게 훈련을 해 나간다면, 나이를 핑계로 장거리 주행을 기피할 필요는 없다.

수십 년 전, 우리는 청소년이 장거리를 달리는 것에 대해 우려하는 시선을 갖고 있었다. 하지만 청소년들은 누군가가 억지로 시키지 않고 스스로 즐기는 한, 긴 거리를 쉽게 달릴 수 있으며 그런 장거리 달리기는 그들에게 유익하다는 사실이 알려졌다. 나는 10살 또는 그 나이대 소년 소녀들이 1주일에 160km를 달리면서 훌륭한 선수로 성장하는 모습을 본다.

마찬가지로 고령층 중에서도 놀랄 만큼 장거리를 뛰는 사람이 많다. 달리는 속도는 다를지언정 긴 거리를 연습함으로써 얻는 신체 발달의 과정은 거의 동일하다. 모두 튼튼하고 착실하게 기초 지구력을 쌓아올릴 수 있는 것이다.

어느 누구도 개인의 한계가 어디까지인지 정확하게 말할 수 없다. 각자 좋아하고 편하게 달릴 수 있는 속도로 스스로의 달리기를 쌓아 나가도록 하자. 오랜 시간 유산소 운동으로 달릴수록 성장 가능성이 높아진다는 사실에 기초해서 말이다.

청소년의 달리기에 관해서는 뒷장에서 다루기로 하고 이 장에서는 아프리카 선수들에 관해 말하고 싶다. 나는 그들이 장거리 종목에서 세계를 주름잡을 만큼 성공을 거둔 이유는, 달리기가 그들의 일상에 자리잡았기 때문이라고 생각한다. 그들 중 대부분은 어느 장소를 가든 최소 수 마일은 걸어야 한다. 학교를 오갈 때도 예외는 아니다. 그들의 이동 수단 중 달리기가 가장 빠른 방법이기 때문에, 서두를 때는 항상 뛰어서 목적지까지 간다. 선진국의 청소년들이 학교를 오갈 때 자동차나 버스에 앉아 있는 동안, 아프리카의 청소년들은 두 발로 뛰었던 것이다. 그들은 자연에 가장 가깝고, 누구보다 이상적이라고 할 만한 삶을 보낸다고 할 수 있다. 물론 그와 같은 삶 속에서 속도라든지 거리에 한계를 두지 않고 자유롭게 달린다. 이는 장차 훌륭한 선수로서의 토대를 마련하는 데 중요한 역할로 작용한다. 덕분에 아프리카 선수들은 일찍부터 뛰어난 근력과 심폐기능을 발달시킬 수 있었다. 아프리카 선수들이 전 세계 장거리 종목을 석권하게 된 이유는 그들이 흑인이기 때문이 아니다. 그들은 의도하지 않았지만, 다른 선수들보다 많은 유산소 운동을 해 온 덕분이다.

1961년, 호주 빅토리아주의 크로스컨트리 팀이 뉴질랜드로 원정을 왔다. 그런데 예상 밖으로 참담한 성적을 받았기 때문일까, 그들은 내 제자들에게 다가와 자기들에게 무슨 문제가 있는지 물었다. 내 선수들은 그들에게 무산소 운동을 줄이고, 대신 마라톤식 장거리 달리기를 중심으로 훈련하라고 조언했다. 즉, 내 훈련 방식을 소개한 것이다. 호주로 돌아간 그들 중 빈센트Vincent와 쿡Cook이라는 선수가 다른 선수들과 함께 마라톤식 훈련을 시작했다. 그들 중에는 2년 전 은퇴했으나 다시 복귀를 결심한 론 클라크Ron Clarke2라는 선수가 있었다. 그전까지 그의 훈련은 주로 트랙에서 진행하는 인터벌 위주의 무산소 훈련이었다.

4년 후, 클라크는 핀란드 사리애르비에서 열린 3,000m 경기에 출전했다. 그 경기에 내 제자 중 한 명인 도쿄 올림픽(1964년) 1,500m 동메달리스트 존 데이비스도 참가했다. 데이비스는 이전까지 3,000m 경기를 나간 적이 없었다. 하지만 그도 마라톤식 훈련을 충분히 쌓았으므로, 제 아무리 우승 후보인 클라크라 해도 데이비스가 이길 가능성이 있다고 점쳤다. 나는 데이비스에게 마지막 150m까지 클라크 뒤에 따라 붙으라고 주문했다. 이는 클라크가 데이비스를 뿌리치지 못할 거라고 생각했기 때문이다. 설령 마지막 직선 구간까지 클라크가 앞선다고 해도, 그에게는 데이비스의 라스트 스퍼트에 대적할 만한 속도가 없다고 판단했다.

경기 결과는 내가 예상한 대로였다. 데이비스는 그날 열린 경기에서 7분 58초로 골인하면서 클라크에게 완승했다. 2주 후, 데이비스는 체코 슬로바키아에서 열린 3,000m 경기에 참가해, 7분 52초를 기록하며 도쿄 올림픽 5,000m 금메달리스트인 밥 슐Bob Schul도 가뿐하게 이겼다. 두 경기를 통해 알 수 있는 사실은 마라톤식으로 훈련해서 쌓은 지구력이 기초 속도의 향상과 결합했을 때 엄청난 위력을 발휘한다는 점이다. 데이비스는 이 사실을 경기를 통해 훌륭하게 입증했다.

사리애르비에서 열린 3,000m 경기가 끝난 후, 클라크는 왜 자신이 데이비스를 상대로 그토록 형편없는 경기를 펼쳤는지, 왜 자신은 데이비스의 라스트 스퍼트를 따라가지 못하고 지켜봐야만 했는지 물었다. 그렇게 나는 그동안 그가 어떤 방식으로 훈련해 왔는지 직접 들었다. 1961년, 그가 쿡과 빈센트와 함께 마라톤식 훈련을 시작했을 때 그들은 1km를 4분 15초에 달렸다고 한다. 그는 이 훈련으로 차곡차곡 체력을 쌓았으며, 쿡과 빈센트 그리고 나머지 동료들과 함께하면서 점점 더 빠른 속도로 달리기 시작했는데, 몸 상태가 꾸준히 좋아지면서 이전보다 훨씬 더 많은 거리를 달렸다. 그는 1962년 퍼스에서 열린 영연방 대회에 참가하여 머레이 할버그에 이어 3마일 종목에서 2위를 차지하는 성과를 올리기도 했다.

클라크는 자신의 유산소 최대 안정상태 수준을 향상시키면서 평균 속도를 높여왔다. 여기까지 그의 훈련 방식은 옳았다. 하지만 힘들게 토대를 쌓아 올렸음에도 그 능력을 최대치로 끌어올리기 위한 마지막 방법, 즉 적절한 훈련으로 몸 상태를 최고조로 끌어올리 데 까지는 도달하지 못했다. 확실히 그는 전보다 빨라졌다. 하지만 그에게는 훈련에 균형을 가져다 주고 경기력에 날카로움을 더하는 데 필수 요소인 무산소 및 스프린트 훈련이 부족했다.

내가 그 부분을 조언하자 그는 무산소 능력을 높이기 위해 트랙에서 레피티션 훈련을 시작했다. 그는 이미 충분한 지구력을 쌓은 상태였다. 그 때문에 유산소 능력을 토대로 진행한 무산소 훈련은 곧바로 효과를 보였다. 사르애르비 대회 이후 출전한 오슬로 대회의 6마일과 10,000m 종목에서 보란듯이 세계 신기록을 갈아 치웠던 것이다.

마라톤식 훈련을 하기 전의 클라크는 인터벌 훈련을 고집하다가 달리기 그 자체에 흥미를 잃은 전형적인 선수였다. 하지만 유산소 훈련을 시작한 후에는 다시 달리기를 즐겼을 뿐 아니라 기량 향상도 너무나 순조롭게 이뤄졌다. 그 때문이었을까. 그는 과거에 그를 실망시켰던 무산소 트레이닝을 더 이상 할 필요가 없다고 생각했다. 하지만 그는 달리기에 날카로움을 더하기 위해서는 일정량의 무산소 훈련이 필요하다는 사실을 미처 생각치 못했다.

나는 여전히 클라크가 세계 최고의 장거리 선수라고 믿는다. 하지만 그의 훈련 스케줄은 종종 한 쪽으로 치우쳐 있으며, 그로 인해 몇몇 큰 대회에서 실패의 쓴맛을 맛봤다. 그는 큰 경기에서 승리하는 선수와 당대 최고의 실력을 갖춘 선수가 반드시 일치하는 것이 아님을 몸소 알려줬다. 경기에서 승리할 수 있는 선수는 경기날에 맞춰 해야 할 훈련을 착실히 쌓아 온 선수, 바로 경기 당일 최고의 몸 상태를 준비한 사람이라는 사실을 말이다.

모든 선수는 기초 체력을 쌓는 동안 심폐 기능 및 근육 부위의 발달과 탄력의 변화를 인식해야 한다. 우리는 큰 힘을 가진 허벅지 근육과 발목을 사용해 중력에 맞서 다리를 들어올림으로써 오랜 시간 심장에 부하를 가할 수 있다. 그런 점에서 달리기 선수들은 운이 좋다. 실제로 기초 체력을 쌓는 단계에서는 운동에 필요한 모든 근육을 사용하는데, 달리기는 기회가 있을 때마다 몸 상태를 최고조로 끌어올리기 위한 긴장과 이완이 자연적으로 이뤄지므로 불필요한 시간을 소요하지 않게 한다.

마라톤 컨디셔닝에서는 달리는 지면을 잘 선택하는 것도 중요하다. 마찰력이 좋은 지면일수록 순환계와 호흡계 기능이 발달한다. 마찰력이 좋으면 더 효율적이고 균형 잡힌 달리기가 가능해 지며, 유산소 최대 안정상태에 가까운 속도로 오랜 시간 달릴 수 있다.

앞서 크로스컨트리 스키는 달리기보다 효율적으로 유산소 능력을 키울 수 있다고 했다. 이는 스키 선수가 운동을 하는 동안 더 많은 근육을 동원하기 때문이다. 하지만 스키 선수는 굳이 달리기 선수보다 유산소 최대 안정상태를 더 높이 개발할 필요는 없다. 다리 쪽 순환계 발달만 놓고 보면 크로스컨트리 스키보다 달리기가 훨씬 더 높을 것이다. 여기서 재미있는 사실은 크로스컨트리 스키 선수는 팔, 어깨, 등 근육도 많이 사용하기 때문에 에너지 소진도 달리기보다 훨씬 빠르다는 점이다. 즉 비효율적인 달리기를 하는 셈이 된다. 예를 들어 팔을 옆으로 휘두르거나 어깨를 들썩이는 등, 필요없는 근육을 사용해 달리는 것은 에너지를 쓸데없이 사용하는 행위이다. 그 에너지 소모분만큼 달리는 속도와 거리는 줄어든다.

선수들 대부분은 최고의 환경에서 훈련하기 위해 아스팔트 도로에서 훈련한다. 그 이유는 지면 마찰력이 가장 좋기 때문이다. 나는 자연 속을 1시간 달리는 거리와 아스팔트 도로에서 1시간 달리는 거리를 비교해 보았다. 그 결과, 아스팔트 도로에서는 힘을 덜 들이고도 훨씬 더 먼 거리를 이동할 수 있었다. 그 이유는 상대적으로 지면 마찰력이 좋아서 덜 피로해지고 더 효율적인 움직임이 가능해지기 때문이다.

자연 속에서도 지면 마찰력이 좋은 곳은 존재한다. 하지만 끔찍한 곳도 있기 마련이다. 미끄럽거나 젖은 곳, 오르막과 내리막이 끊임없이 이어지는 곳에서 달리면 금세 피로가 쌓인다. 지면 마찰력이 안 좋으면 근육은 빨리 지치고, 심폐 기능에 부하가 적은 상태인데도 다리 근육이 안 움직여진다. 마침내 달리기를 멈춰야 하는 지경에 이르기도 한다. 반대로 아스팔트 도로는 오르막이 있다 해도 지면 마찰력 좋아 선수 입장에서는 더 편하게 달릴 수 있다. 도로를 뛰면 몸의 피로는 더 클 수 있지만, 유산소 최대 안정상태보다 느리게 뛰는 한 크게 문제 될 일은 없다. 때문에 마라톤 컨디셔닝에서 더 효율적으로 심폐기능을 발달시키기 위해서는, 자연 속에서 달리면서 불규칙한 부하를 가하기보다 도로에서 뛰면서 일정한 부하를 가하는 게 더 좋다.

내 설명을 듣고 누군가는 도로에서 뛰면 다치기 쉽다고 생각할지도 모른다. 하지만 밑창에 쿠션이 깔린 튼튼한 러닝화를 신는다면 딱딱한 신더 트랙(석탄재를 깔아 다진 육상 트랙—옮긴이)에서 스파이크 러닝화를 신고 달리는 위험보다는 적다.

마라톤 컨디셔닝의 초기에는 특히 무릎과 정강이에 부상을 입을 가능성이 높다. 하지만 몸 상태를 신중히 살피며 훈련을 이어가면 통증은 사라진다. 그럼에도 통증이 사라지지 않을 경우 의학 전문가에게 상담을 받고 통증이 남아 있는 동안에는 다리 사용을 자제하도록 한다. 특히 내리막길을 달려 내려가는 행위는 금지하고, 복귀할 때는 가급적 부드러운 노면을 찾아 훈련하자. 환부의 체온을 유지하는 것도 중요하다.

주자들의 부상 문제는 뒷장에서 더 자세히 설명하겠지만, 보통 정강이 통증은 보폭을 너무 크게 가져가거나 내리막길을 너무 빨리 뛰어 내려가는 데 기인한다. 두 동작 모두 발끝이 지면에 세게 부딪히면서 정강이 근육에 부하를 가하고 뼈와 근육 사이의 신경과 막을 자극해 통증을 발생시킨다. 심할 때는 근막이 찢어지기도 한다.

보폭을 짧게 가져가고 내리막 속도를 줄이면 문제를 해결할 수 있지만 실상은 쉽지 않다. 일단 신 스프린트 부상이 발생하면 회복하기까지 상당히 시간이 걸리기 때문이다. 일반적으로 보폭이 긴 주자는 정강이 부상을 당하기 쉽기 때문에 신발 앞꿈치에 깔창을 하나 더 추가하면 어느 정도 지면 충격을 완화할 수 있다.

그 외 다리 부상과 관련한 대부분의 문제는 환부를 찬물에 담금으로써 일정 부분 효과를 볼 수 있다. 다른 치료법으로도 호전되지 않은 부상이 이 방법으로 나은 경우도 많다. 얼음주머니도 크게 도움된다.

달리기를 시작하다 보면 누구나 어떠한 문제에 맞닥뜨리기 마련이다. 하지만 상식적으로 생각하고 신중하게 상태를 지켜보며, 뛰어난 전문가의 조언을 잘 활용하면 어떠한 문제도 극복할 수 있다. 세계 최고의 운동선수들도 대부분 한 번씩 좌절을 겪었으며 그로부터 회복한 사람들이다.

나는 늘 여유로운 달리기를 강조해 왔다. 그 말이 무슨 의미인지 알아보도록 하자. 먼저 마라톤 컨디셔닝 중에는 항상 긴장을 푸는, 특히 상체에 힘을 빼는 게 중요하다. 그리고 머리를 포함한 상체 자세를 곧게 유지하고, 허리를 앞으로 편다. 이 자세로 훈련하면 당신의 보폭은 더욱 자연스러워지고 효율적으로 변하며 더 오래 달리게 된다.

쓸데없는 데 에너지를 소모하지 말아야 한다. 팔 동작은 낮게 유지하도록 하자. 팔을 높이 들어 뛰는 주자는 어깨에 힘이 들어간 나머지 상체가 굳어 몸통을 좌우로 흔드는 경향이 있다. 상체를 옆으로 흔들다 보면, 다리 회전을 할 때 제한된 다리 움직임으로 인해 중심이 자연스럽게 이동하지 못한다. 그럴 경우 결국 앞으로 나아가는 추진력을 잃게 된다. 그것은 에너지를 낭비하는 행위이다.

달리기를 할 때 몸의 중심이 진행 방향으로 곧게 나아가는지 확인하기 위해서는 모래 위를 뛰거나, 이슬 맺힌 잔디를 가로지르면서 자신의 발밑을 살펴보자. 당신이 균형 잡힌 자세로 뛰고 있다면 당신의 발은 일직선 혹은 그와 가까운 형태를 띨 것이다.

발끝으로 뛰지 않아야 한다. 즉, 포어풋으로 착지하지 말라는 의미이다. 유산소 달리기, 혹은 비교적 느린 속도로 무산소 달리기를 하면 무게중심이 앞발을 지나가는 속도가 느려지는 데, 이때 포어풋은 착지 시 너무 강한 지면 충격으로 인해 정지 동작이 발생하게 된다. 이는 발에 물집이 생기고

신 스프린트 부상의 원인이 될 수 있다.

　포어풋으로 달리면 종아리 근육을 부자연스럽게 사용하기 때문에 장거리 달리기에는 안 맞는 주법이다. 내가 추천하는 방법은 발바닥은 평평하게, 그중 발 뒤꿈치가 다른 부분보다 살짝 먼저 지면에 닿고 뒤꿈치 바깥 쪽에서 안으로 구르면서 무게중심이 발 앞쪽으로 이동하는 움직임이다. 포어풋으로 장거리를 잘 달리는 주자도 있긴 하나, 나는 그들의 발바닥 전체가 지면에 닿을 때 더 빨리 달릴 수 있을 것이라고 자신한다.

　물론 800m보다 짧은 거리에서는 몸을 앞으로 내밀고 다리를 빠르게 회전시켜야 하므로 포어풋으로 달리게 된다. 하지만, 설령 참가하기로 한 대회가 800m 이하일지라도 마라톤 컨디셔닝 기간 중에는 발바닥 전체로 착지하도록 하자.

　그렇다 하더라도 일부 주자들은 발바닥 힘줄이 짧고 경직돼 있기 때문인지, 천천히 뛰는데도 뒤꿈치에서 앞꿈치로 자연스럽게 중심 이동을 못하는 경우가 있다. 즉, 무게 중심이 앞발을 천천히 지나갈 때, 전진 운동량이 앞꿈치에서 저항을 받는다는 것을 의미한다. 이 유형의 주자들은 유산소 달리기 중 마찰로 인해 물집이나 중족골 부위에 부상을 입을 때가 많다. 이를 방지하기 위해서는 신발 끈을 어느 정도 단단하게 조여 신발 속에서의 움직임을 제한해야 한다. 또한 발에 바셀린을 바르는 것도 한 가지 방법이다.

1. 리디아드의 일본인 제자 하시즈메 노부야가 쓴 <리디아드 러닝 트레이닝>에서는 주간 훈련 거리와 관련해 다음과 같이 언급하고 있다. "리디아드 선생님은 1960년대까지는 '1주일에 160km 달릴 것'을 강조했으나, 1970년에 들어서면서 '1주일에 10시간 달릴 것'처럼 훈련 기준을 거리에서 시간으로 변환했습니다."

2. **론 클라크:** 1960년대 2마일(3.2km)에서 20km까지 다수의 세계 신기록을 수립했다. 1964년 도쿄 올림픽 10000m 동메달리스트. 10000m 개인 최고 기록은 27분 39초 04.

3.
스피드 및 좋은 자세를
만드는 힐 트레이닝

마라톤 컨디셔닝 다음으로 진행해야 할 훈련은 힐 트레이닝이다. 하지만 마라톤 컨디셔닝을 마친 직후 곧바로 힐 트레이닝을 진행하면 다리에 가해지는 부담이 크다. 그러니 가능하면 마라톤 컨디셔닝 기간 중 본 훈련 외 진행하는 회복 조깅을 하면서 힐 스프링잉이나 스팁 힐 러닝 같은 훈련을 보강 운동용으로 진행하도록 하자. 그러면 대퇴부 근육 및 발목 힘줄의 유연성을 미리 키울 수 있을 것이다.

마라톤 컨디셔닝 기간 중에는 의도적으로 스피드와 무산소 능력을 기르는 훈련을 피해 왔다. 하지만 마라톤 컨디셔닝을 끝마칠 무렵에는 지구력이 상당한 수준으로 쌓여 몸이 고강도 훈련을 견딜 만큼 튼튼해지므로 점진적으로 스피드 훈련으로 이행할 필요가 있다.

세상에는 무수한 노력을 쌓아야 성공할 수 있는 분야가 많다. 하지만 그중 누군가는 다른 사람보다 적은 노력을 들이는데도 탁월한 능력을 발휘하는 사람이 있다. 육상계에서는 기초 스피드가 그와 같은 재능이라 할 수 있다. 기초 스피드는 해당 선수가 자신에게 유리한 경기 종목을 정할 때 가장 중요한 요소이다. 이 점에 대해 자세히 알아보도록 하자. 이전에 당신은 스스로를 정확하게 시험해 볼 만큼 몸 상태가 올라오지 않았다. 하지만 현재는 마라톤 컨디셔닝을 진행하면서 800m, 10,000m, 그리고 마라톤 완주도 바라볼 수 있을 만큼 기초 체력을 충분히 쌓았을 것이다.

내가 말하고 싶은 점은 제 아무리 훌륭한 훈련도 태생적으로 스피드가 부족한 주자를 빠른 주자로 바꿀 수 없다는 것이다. 빠른 스피드는 근육을 단련하고 몸 상태를 회복시킨다 해도 제한된 범위 안에서 향상시킬 수 있다. 태생적으로 스피드가 부족한 주자는 그렇지 않는 주자와 비교하여 느린 상태에 머물게 되는 것이다. 따라서 해당 선수가 경기에서 이기고 싶다면 기초 스피드의 영향력이 적은 기초 체력 및 지구력으로 승리를 점칠 수 있는 종목을 선택해야 한다. 다른 선수에 비해 스피드 면에서 부족한 스넬이 800m 종목에서 뛰어난 업적을 올린 사실을 떠올려 보길 바란다.

근육에는 수많은 섬유질이 포함돼 있으며 그중 하나는 붉은색이고 다른 하나는 흰색이다. 적색근(혹은 지근) 안에는 미오글로빈(혈액 내 헤모글로빈과 화학적으로 반응해 근육으로 산소를 옮기는 역할을 하는 물질)이 다량 함유돼 있다. 적색근을 많이 포함한 근육은 속도는 느린 대신 강한 수축성을 지니며 오랫동안 지치지 않는 것이 특징이다. 백색근(혹은 속근)은 적색근에 비해 미오글로빈 양이 적으며, 백색근이 많은 근육은 수축은 빠른 대신 오래 가지 못해서 쉽게 지치는 경향이 있다.[1]

타고난 스피드를 가진 주자는 평범한 사람보다 백색근의 비율이 더 많다. 즉, 그들은 태어날 때부터 스피드 면에서 유리했으며 이 같은 이점은 앞으로도 변하지 않는다. 거기에 훈련을 더하면 그들의 근섬유는 더 굵어지고 효율적으로 수축하게 될 것이다.

근수축에는 등장성Isotonic 운동과 등척성isometric 운동 두 가지가 있다. 등장성은 근섬유를 수축해서 힘을 가하는 운동으로 물건을 들어올리거나, 움직이는 물건을 밀거나 당길 때 사용하며 근섬유를 짧게 압축해서 힘을 가한다. 한편 등척성 운동은 움직이지 않는 물체를 밀거나 당기려고 할 때 사용하며 근섬유 길이는 변하지 않은 채 힘을 가하는 수축 운동이다. 두 가지

수축 모두 훈련하는 데 있어 각각의 가치를 지니기 때문에, 코치와 선수는 두 차이를 이해하고 훈련 목적에 맞게 적용해야 한다.

나는 특정 근육을 강화할 때 실제 경기에서 사용하는 근육군이 취하는 움직임과 유사한 부하를 가하면 좋은 결과를 얻을 수 있다는 사실을 알게 되었다. 즉, 해당 부위의 근섬유를 자극하기에 충분한 반복 동작을 통해 빠르게 수축하는 운동이 필요한데, 그 말은 스피드를 향상시키고 싶다면 등장성 운동으로 백색 근섬유를 자극하는 빠른 움직임을 반복해 부하를 가하는 게 효과적이라는 의미이다. 또한 나는 달리는 데 사용하는 근육을 강화하기 가장 좋은 운동이 등장성 운동이라는 사실을 발견했다. 땅은 고정돼 있으므로 움직여야 하는 건 우리의 몸이며, 이에 기초해 만든 훈련이 힐 트레이닝인 것이다. 내가 고안한 힐 트레이닝은 대회에서 사용하는 움직임과 유사한 등장성 운동을 수행한다. 하지만 과도하게 무산소 능력을 사용할 일은 없다.

속도를 향상시키려면 보폭을 길게 가져가거나 회전수를 높여야 한다. 보폭을 넓히기 위해서는 강한 탄력을 지닌 다리 힘과 유연성이 필요하다. 회전수를 높이려면 더 빠른 반응과 균형 잡힌 자세, 힘 빼기와 기술적인 면, 그리고 유연성도 길러야 한다.

달리기는 종목을 불문하고 경기 내내 무릎을 올리며 뛸 수 있도록 대퇴사두근을 단련하는 게 중요하다. 무릎을 얼마나 들어올리는지에 따라 달리는 속도가 달라진다. 마라톤 선수는 단거리 선수처럼 무릎을 높이 들어 올릴 필요는 없다. 하지만 무릎을 높이 들면 보폭이 넓어질 뿐 아니라, 다리를 활용한 지렛대 길이도 짧아지므로 더 높은 위치에서 발을 빠르게 움직일 수 있다. 즉, 같은 몸에서 더 큰 추진력을 얻을 수 있다는 말이다.

지렛대의 원리를 알면 이해하기 쉽다. 예를 들어 손목을 이용해 10cm와 3m의 막대기를 휘두른다고 상상해 보자. 제 아무리 애를 써도 3m 막대기를 10cm 막대기처럼 빨리 휘두르지 못한다. 이처럼 무릎을 높이 들고 다리를 엉덩이 가까이까지 붙이면서 전진하면, 다리 지렛대의 길이는 발에서 무릎까지가 되므로 다리는 빠르고 효율적으로 회전하게 되며 케이던스가 빨라진다. 반대로 다리로 지면을 긁는 식으로 달리면 지렛대 길이는 발에서 엉덩이까지가 되므로 케이던스가 느려진다.

이 부분을 충분히 개발하지 않으면 어떻게 되는지는 전 세계 수많은 400m 선수들을 보면 잘 알 수 있다. 준비가 되어 있지 않은 선수들은 경기 내내 무릎을 많이 들어올리지 못하며, 마지막 50m를 남기고는 무릎을 충분히 올리기는커녕 상체가 뻣뻣해지고 다리는 비틀대기 시작한다. 그들의 대퇴사두근이 무릎을 끌어올리며 뛸 만큼 튼튼하지 못했기 때문이다. 그들 대부분은 300m에서는 뛰어나지만 400m에서는 결승선까지 50~100m 남은 구간을 비틀거리며 들어온다. 400m 종목에서 이 정도인데, 그보다 더 긴 거리에서는 어떨지는 쉬이 상상이 간다.

그러니 정기적으로 가파른 언덕을 뛰어오르면서 대퇴부 근육을 자극하도록 하자. 단, 주의할 점은 근육이 부하를 느낄 정도로 훈련하되 너무 빨리 뛰려고 하지 않아야 한다. 이 단계는 아직 무산소 능력을 본격적으로 향상시키기 위한 훈련이 아니기 때문이다.

힐 트레이닝 단계에서는 특히 발목 유연성에 신경써서 규칙적으로 수축하고 풀어주는 운동을 해야 한다. 대다수의 선수가 발목에 얼마나 거대한 힘이 숨어 있는지 모른 채 비효율적인 동작으로 달린다. 체조 선수나 발레 무용수의 발을 살펴 보면, 그들의 발목이 매우 유연하다는 사실을 알 수 있다. 발목이 유연하면 주자로서는 보폭이 넓어지는 이점을 가지므로, 그만큼 발목 단련에 공들일 가치가 있다고 하겠다.

속도를 올리는 동안에는 기술적인 면을 신경써서 살펴보길 바란다. 자세가 흐트러지지 않고 편안한 달리기를 유지하는 동시에 효율적인 보폭을 유지해야 한다.

다시, 기초 스피드를 결정하는 내용으로 되돌아 가자. 나 자신이 스피드를 타고났는지 확인하는 데 가장 좋은 방법은 200m를 전력 질주로 뛰어보는 것이다. 200m 전력 질주야말로 선수의 잠재능력을 판별하고, 해당 선수에게 맞는 경기 종목을 고르는 데 가장 적합하기 때문이다. 100m는 스타트가 기록에 크게 영향을 미치는 반면, 200m 이상의 거리는 체력이라는 요소가 부각되어 결과에 결정적인 영향을 끼칠 수 있다.

선수가 본인에게 맞는 경기 종목을 결정하는 데 영향을 미치는 요인은 체격이나 다리 길이, 체중이 아니라 기초 스피드이다. 만약 200m를 26초 안으로 뛸 수 없다면 800m 선수가 되는 것은 포기하는 게 좋다. 아무리 노력해도 800m 종목에서 우승하기란 하늘의 별따기이기 때문이다.

머레이 할버그의 200m 최고 기록은 약 24초였다. 그가 800m를 1분 52초에 뛰려고 한다면, 처음부터 끝까지 전속력에 가까운 속도를 유지해야 한다. 왜냐하면 타고난 스피드로 인해 그 이상 빨리 뛸 수 없기 때문이다. 할버그는 모든 수단과 방법을 동원해도 800m 종목에서 뛰어난 선수가 될 수 없었다. 그러나 그에게는 전속력에 가까운 속도로 800m를 뛴 직후, 다시 한번 같은 속도로 달릴 만큼의 체력이 있었다. 그렇기 때문에 그는 800m보다 12배나 긴 거리, 즉 6마일을 전속력과 비슷한 속도로 뛸 수 있었다.

그렇다면 육상 선수가 800m 올림픽 경기에서 우승하기 위해서는 200m를 몇 초에 달려야 할까. 22.5초 이내로 뛰면 충분하다. 피터 스넬의 200m 최고 기록은 22.3초로 이를 충족했다. 조지 커George Kerr는 200m를 21초로 달릴 수 있었다. 하지만 끝까지 빠른 속도를 유지할 체력이 부족했던 반면, 스넬은 시종일관 지칠 줄 몰랐다. 1960년 열린 로마 올림픽 800m 종목에서 1, 2위를 한 스넬과 로저 모엔스Roger Moens는 결승에 올라온 선수들 중에서 200m 기록이 가장 느렸다. 하지만 둘 다 강인한 체력을 무기로 예선부터 결승까지 피곤한 기색도 내비치지 않은 채 경기 내내 전속력에 가까운 속도로 뛰었다. 반면, 스피드를 무기로 삼은 선수들은 체력 부족으로 처음부터 그들의 상대가 되지 못했다.

200m 전력 질주로 타고난 스피드를 파악하고, 그를 토대로 선수에게 맞는 경기 종목을 정하는 이론은, 더는 '이론'이라 말할 필요도 없을 만큼 확실한 방법이다. 우리는 달리기 선수가 지닌 잠재력을 알게 모르게 외형으로 판단하려고 한다. 평균적으로 장거리 주자는 마르고 탄탄한 몸이며, 중거리 주자는 1930년대 400m 일류 주자의 몸처럼 듬직하며, 단거리 주자는 한눈에 봐도 다부진 근육질 몸이다. 하지만 예외가 너무 많아 외형만으로 판단하기에는 너무나도 위험하다.

한때 이름난 코치 중에 최고의 장거리주 유망주를 선별하기 위해 가늘고 긴 다리와 같은 신체적 조건을 내세운 이가 있었다. 나는 그가 스넬처럼 굵고 넓적한 다리를 보면 어떤 생각을 할지 궁금하다. 1마일 기록은 엇비슷하나 신체 조건은 정반대인 스넬과 할버그를 어떻게 평가할지도 말이다. 참고로 스넬의 체중은 76kg이며 할버그는 57kg이다.

여전히 수많은 선수와 코치가 기초 스피드의 중요성과 보편성을 인식하지 못한다. 그 결과 수많은 선수가 본인과 안 맞는 종목을 위해 헛된 노력을 쏟아붓고 빛을 보지 못한 채 실의에 빠진다. 뉴질랜드가 배출한 위대한 800m 선수 중 한 명인 더그 해리스Doug Harris도 처음에는 평범한 단거리 선수였다. 아무리 열심히 훈련해도 대회에서 승리를 거두지 못하는 상황이 지긋지긋했던 그는, 어느 순간 800m 종목으로 전향하면서 세계적인 선수로 급부상한다. 당시에는 전 세계의 내노라 하는 선수들이 1마일을 4분 이내로 주파하는 것을 목표로 삼을 때였다. 그에게는 그 꿈을 실현할 실력이 존재했다(하지만 불행하게도 그 실력을 꽃 피우고 사람들에게서 찬사를 받기 전에, 그는 경기 도중 큰 부상을 입으면서 더는 달리지 못한 채 은퇴하고 말았다).

해리스의 예에서 말하고 싶은 바는 단거리 종목 선수가 체계적으로 훈련을 쌓으면, 기본 스피드가 느린 중거리 선수보다 뛰어난 성적을 올릴 가능성이 높아진다는 사실이다.

육상 선수의 종목을 정할 때 기본 스피드의 우열 외에도 참고할 수 있는 게 하나 있다. 바로 '자세'인데, 타고난 자세가 '풀러 유형(Puller; 무릎을 들어올리는 사람)' 또는 '드라이버 유형(Driver; 지면을 세게 내딛는 사람)'인지에 따라 판별해 보는 것이다. 풀러 유형의 선수는 지면을 스쳐 지나가듯 부드럽게 뛰며, 옆에서 보기에는 하나도 힘을 안 들이는 듯한 느낌이 든다. 이 유형의 주자는 보통 이상적인 크로스컨트리 선수로 거듭난다. 한편 드라이버 유형의 달리기는 풀러 유형의 달리기에 비해 매우 열심히 뛰는 듯한 느낌이 든다. 이 유형의 주자는 주로가 울퉁불퉁하거나 부드러우면 한층 더 지면을 세게 차기 때문에 그만큼 빨리 지친다. 만약 크로스컨트리 종목을 고를 경우 낭패를 보는 경우가 많다.

전형적인 드라이버 유형의 선수로는 아일랜드의 론 델라니^{Ron Delaney}가 있다. 그는 경기 내내 편안한 기색이 느껴지지 않는, 어깨에 힘이 잔뜩 들어간 자세로 뛰었다. 반대로 전형적인 풀러 유형의 선수로는 할버그가 있다. 그는 그야말로 지면을 스치는 듯한 주법을 구사했다.

1960년 로마 올림픽 마라톤 종목에서 동메달을 딴 배리 매기^{Barry Magee}도 항상 지면을 스치는 듯한 달리기를 구사했다. 그의 달리기는 효율성의 극치였다. 나는 그가 본격적으로 마라톤을 준비하기 전부터, 그의 달리기에서 보이는 편안함과 효율적인 자세가 장차 그를 장거리 종목에서 최고로 거듭나게 할 거라는 확신을 가지고 있었다. 그는 에너지를 적게 쓰고 달리는 데 탁월한 능력을 지녔으며, 65km를 뛴 후에도 피곤함을 느끼지 않을 정도였다. 자세와 관련해 내가 가르친 것은 하나도 없었다. 그의 매끄러운 주법은 타고난 것이었다. 내가 한 일은 그의 잠재력을 눈여겨 보고, 그에게 가장 적합한 종목을 권하고, 그를 세계 정상에 올려 놓기 위한 훈련 스케줄을 짠 것이 전부였다. 만약 지속적인 다리 부상이 그를 괴롭히지 않았다면, 그는 오랫동안 왕좌에 군림했을 것이다. 그랬던 매기는 현재 마스터스에서

활약하고 있으며, 약간의 훈련만으로 마라톤을 2시간 30분으로 완주하고
있다.

나이도 경기 결과를 결정짓는 데 큰 영향을 끼친다. 그러니 어렸을 때부
터 몸을 혹사시켜서는 안 된다. 예를들어 5,000m에 천부적인 재능을 가진
선수가 22살에 세계 정상에 근접할 만한 기록이 못 나오더라고 실망할 필
요는 없다. 25살 정도에 최고의 기량을 발휘할 수 있도록 묵묵히 훈련을 쌓
으면 된다. 할버그가 정상에 우뚝 서기 한참 전부터 그의 출현을 예고한 시
기가 바로 이때였다.

스넬도 역사상 가장 위대한 선수가 될 자질을 갖고 있었으며 실제로 그
는 22세의 나이에 정상에 올랐다. 하지만 여전히 나는 그의 실력이 더 나아
질 수 있으리라 믿는다. 『Running to The Top』을 쓸 당시 나는 스넬이 세
계 무대에서 활약 중인 선수들의 기록을(1마일 3분 47초, 800m 1분 44초, 3마일 13분, 6마일
27분) 따라잡으리라 예상했다. 그로부터 2년 후, 스넬은 홀로 뛴 잔디 트랙에
서 800m 1분 44초라는 놀라운 기록을 달성했다.

스넬, 할버그, 매기는 각기 다른 기초 스피드를 갖고 있었으며, 각자에
게 맞는 종목을 고르고 부단히 훈련함으로써 최고의 결과를 얻었다. 선수
로서 성공하고 싶다면 달성 가능한 목표를 설정해야 하며, 그를 위해 타고
난 스피드를 파악해 두는 게 필요하다. 이는 다른 무엇보다 중요하다.

무산소 운동 단계로 들어가기 전 당신은 가능한 한 유산소 능력을 높여
놓아야 한다. 앞으로의 훈련 일정에는 소량의 무산소 달리기가 포함돼 있
으며, 훈련 강도와 양은 점진적으로 증가할 것이다.

힐 트레이닝은 다른 단계와 마찬가지로 충분한 시간이 필요하므로 되도록 불필요한 운동은 피해야 한다. 속도, 힘, 유연성, 기술을 개발하고 무산소 능력을 높이면 집중력이 좋아지고 다른 것에 낭비하는 시간을 줄일 수 있다.

앞서 말했듯 달리기는 최고의 운동이다. 하지만, 학생이나 직장인은 여건상 운동하는 시간이 제한적일 수밖에 없다. 따라서 달리기로 충분히 체력을 쌓고 그 외 보강 운동까지 하는 것은, 한정된 시간을 가진 현대인으로서는 대단히 힘든 일이다. 그래서 나는 달리기와 다른 모든 요소를 결합한 운동인 힐 트레이닝을 고안했다. 이 훈련을 올바르게 수행하면 시간을 효율적으로 절약할 뿐 아니라 헬스장에서 웨이트 트레이닝으로 근육에 부하를 가한 것처럼 좋은 결과를 얻을 수 있다. 그 외 스피드와 유연성을 키우기 위한 스트레칭, 자세 교정에 도움되는 동작도 익힐 수 있으며 약간의 무산소 능력 향상도 기대할 수 있다.

이처럼 내 훈련 스케줄은 각 단계마다 필요한 요소들을 수행할 수 있도록 설계되었으나 여기서 주의할 점이 있다. 본인의 나이, 운동 능력, 그리고 그날 몸 상태에 따라 적절하게 훈련하는 것이다. 그를 통해 스스로를 더 빨리 알아가고 몸 상태를 살피면서 훈련의 질과 양을 서서히 늘려 나가게 된다. 힐 트레이닝 중에 훈련 강도를 급격하게 높이거나 좋은 기록을 기대하며 대회에 나가면 당신은 분명 실망하게 될 것이다. 이를 방지하기 위해서는 스스로가 어떤 목표를 달성하고 싶은지, 지금 행하는 운동은 어떠한 효과가 있는지를 확실하게 이해할 필요가 있다.

항상 자신의 몸 상태에 귀 기울이고 스스로 가능하다고 느끼는 수준의 훈련을 한 계단씩 인내심을 갖고 묵묵히 쌓아올려야 한다. 12장의 훈련 일정은 최상의 결과를 얻기 위해 필요한 운동 강도를 숫자로 표현한 것이다. 하지만 이는 하나의 지침에 지나지 않는다. 예를 들어 힐 트레이닝을 할 경우, 책에 쓴 숫자에 얽매이지 말고 언덕 길이를 짧게 하거나 횟수를 줄여 보자. 책에 쓴 내용에 따라 한계까지 훈련하기보다, 본인에게 맞는 부하로 훈련 스케줄을 조정하는 편이 훨씬 더 좋은 효과를 얻을 것이다.

힐 트레이닝 장소는 약 5~15도로 경사진 곳이 적합하며, 적어도 300m 이상의 언덕이 좋다. 가능하면 오르막 훈련을 위한 짧고 가파른 언덕, 내리막 훈련을 위한 완만한 언덕, 그리고 언덕 위아래로 조깅과 질주 훈련을 할 수 있는 평지도 필요하다. 근처에 이 4가지 조건을 갖춘 왕복 코스가 있다면 더할나위 없을 것이다.

이와 같은 언덕 코스를 발견했다면 먼저 2km 정도 조깅하면서 몸을 풀어 준다. 워밍업을 마친 다음에는 춥지 않다고 느끼는 범위에서 불필요한 옷은 벗어 놓자. 힐 트레이닝에서는 움직이기 편한 복장으로 운동하는 것도 대단히 중요하다.

준비를 마쳤다면 우선 힐 스프링잉으로 오르막을 오른다. 힐 스프링잉은 다리의 탄력을 이용해 발끝으로 몸을 튕기는 운동이다. 체중을 이용해 다리 근육에 부하를 가하려면 몸의 무게 중심을 들어올리고 내리기를 반복해야 한다. 힐 스프링잉은 무게 중심을 위아래로 옮기면서 근육 발달과 유연성을 높이는 운동이다. 자세하게 설명하면 발끝으로 지면을 박차면서 무릎을 높이 들어올리고 체중을 위로 띄우는 느낌으로 뛰며, 이때 최대한 발목을 구부린 채 발가락을 이용해 위쪽으로 민다. 착지할 때는 뒤꿈치에 체중을 싣고 발뒤꿈치가 발끝보다 아래로 내려오도록 의식하며, 아킬레스건이 곧게 펴 지는 것을 느끼면서 다시 발끝으로 차 올린다. 이는 종아리 근육을 위아래로 최대한 늘리고 근섬유를 튼튼하게 강화하도록 부하를 가하는 동작이다.

앞서 언급한 지렛대 원리의 또 다른 예를 말하고 싶다. 팽이처럼 한 지점에서 회전하는 피겨스케이팅 선수는 팔을 펴거나 접으면서 회전 속도를 조절할 수 있다. 팔을 펴면 회전 속도는 느려지고 안으로 끌어당기면 빨라진다. 마찬가지로 다리의 회전수를 높이거나 보폭을 넓게 벌리기 위해서는 발을 가능한 한 엉덩이 가까이 위치시켜야 한다. 당연하게도 발이 엉덩이에서 멀어질수록 다리 회전수는 훨씬 느려진다. 게다가 허리가 뒤로 빠진 상태로는 높은 동작에서 발을 구르기 어렵다. 세계 최고의 단거리 선수 중 몇몇은 언뜻 보면 상체가 뒤로 젖힐 만큼 허리를 곧추 세우면서 달린다. 그 선수들처럼 동작을 크게 가져가라는 말은 아니지만, 그들이 허리를 펴는 것만으로 효율적이고 빠른 다리 동작을 가져간다는 사실을 잘 살펴보라는 의미이다.

자연스럽게 허리를 펴기 위해서는, 우선 고개를 들어 앞을 똑바로 바라보며 달리는 데 집중하자. 고개를 앞으로 숙이면 허리가 뒤로 빠지는 경향이 있는데 그럴 경우 무릎을 높이 들어올리지도, 발을 엉덩이 근처까지 가져오지도 못하게 된다.

나는 구부정한 자세로 상체를 앞으로 기울이고, 발뒤꿈치를 뒤로 높이 차 올리면서 당장에라도 지면을 향해 달려갈 것 같은 자세를 가진 선수들을 자주 본다. 이 자세로는 보폭을 넓힐 수 없을 뿐더러 빨리 달리려 해도 빨라지지 않는다. 그리고 중거리 경기에서 선두 그룹에 뒤처지지 않기 위해 필사적으로 몸부림치는 선수들을 볼 때가 있다. 그들이 허리를 약간이라도 폈다면, 손쉽게 보폭을 늘리고 더 빠른 페이스도 유지할 수 있었을 것이다. 문제는 체력 부족이나 몸 관리 소홀이 아니라 단순히 잘못된 자세로 뛰고 있는 것이다.

이는 앞서 언급한 힘을 뺀 달리기의 일부로서, 일련의 동작을 자연스럽게 가져가기 위해서는 팔과 어깨, 목, 그리고 얼굴 표정까지 힘을 뺀 상태로 뛰어야 한다는 것을 의미한다.

그러니 언덕을 뛰어 오를 때는 고개를 들어 앞을 내다보고 허리를 곧추세우며, 다리를 아래로 박차면서 발가락으로 힘껏 밀어 올리고, 무릎을 높게 들어 올리며, 발이 지면에 닿을 때는 다리 근육에 체중 부하를 가하는 등의 모든 동작을 몸에 힘을 뺀 채로 수행해야 한다. 힐 트레이닝의 성과는 점진적으로 나타나기 때문에 결코 조급해서는 안 된다.

힐 스프링잉은 당신의 몸 상태가 허용하는 만큼만 진행하고 해당 운동이 익숙해질 때 조금씩 횟수를 늘리길 바란다. 힐 스프링잉으로 언덕을 다 올랐다면 평지에서는 조깅으로 호흡을 가다듬으면서 회복을 취하자. 이때, 아무리 피로가 쌓였다 해도 달리기를 멈추면 안 된다. 그렇게 언덕 정상에서 충분히 회복했다면 힐 스트라이딩으로 달려 내려간다. 힐 스트라이딩은 몸에 힘을 뺀 채 보폭은 넓게, 회전수는 높게 가져가는 운동이다. 이로 인해 다리, 복부, 엉덩이 근육을 늘려주는 동시에 다리 근육 회복을 촉진시킨다. 평소 운동할 때 복근을 단련시켜 놓으며 비교적 빠른 속도로 달릴 때도 심장과 폐가 원활하게 늘어나고 줄어들기 때문에 더 편하게 호흡할 수 있다. 복근이 약하면 횡격막에 압박이 가해져서, 횡격막과 골격을 연결하는 인대가 늘어난다. 이로 인해 복근이 당기거나 복통이 생길 수 있다. 뛰는 도중 복통으로 속도를 급격히 낮추거나 멈춰 선 경험을 해본 사람은 다들 그 느낌을 알고 있을 것이다.

힐 스트라이딩을 할 때면 몸이 뒤로 젖히는 경향이 있는데 그로 인해 복근이 늘어나면서 횡격막에 압박을 증가시킨다. 이 때문에 처음에는 옆구리가 당길지도 모른다. 하지만 계속 걷다 보면 자연스럽게 단단하고 유연한 복근이 생기면서 처음에 느꼈던 통증도 사라질 것이다. 그 외 달리는 도중 생기는 복통을 억제하기 위해 바닥에 누워 무릎을 굽힌 채 허리에 부하가 안 가는 정도에서 윗몸 일으키기를 하거나 복근 스트레칭을 하는 것도 좋은 방법이다.

여기서 주의할 점이 있다. 내리막은 체중이 실리므로 무릎을 비롯한 다리에 가해지는 부담이 커진다. 자칫 부상을 입을 수도 있으므로, 도로에서 이 훈련을 한다면 밑창이 얇은 러닝화가 아닌 밑창과 뒤축이 두툼한 러닝화를 신어야 한다.

힐 스트라이딩으로 언덕을 뛰어 내려 온 다음에는 평지에서 짧게 질주를 한다. 질주 거리는 50m, 100m, 200m 및 400m로 다양하게 가져가며, 질주를 끝낸 다음 동일한 거리를 조깅으로 풀어주면서 수회 반복하자. 이는 다음 단계에서 본격적으로 진행하는 무산소 훈련의 사전 준비 작업의 일환 이다. 힐 트레이닝 훈련 시 사용하는 코스가 짧다면 질주 훈련의 간격은 15 분으로 진행하길 권한다.

힐 트레이닝 기간에 짧은 질주를 넣는 이유는 다음 단계에서 본격적으 로 시작하는 무산소 훈련에 조금씩 적응하기 위함이다. 유산소 최대 안정 상태를 높이기 위해 착실하게 쌓아온 모든 노력은 결실을 맺는 동시에 시 작으로 이어진다. 무산소 훈련 단계로 들어선 후에는 무산소 능력을 키우 기 위해 빠르게 적응해야 하지만, 결코 무리하면 안 된다. 지금껏 쌓아 올 린 유산소 능력을 잃지 않는 합리적인 수준에서 강도를 유지해야 한다. 수 많은 운동선수처럼 어느 날 갑자기 많은 양의 무산소 훈련을 진행하는 방 식은 결코 바람직하지 못하다. 모처럼 최대치까지 신중하게 쌓아 올린 유 산소 최대 안정상태를 잃어버리지 않도록, 무산소 훈련을 진행할 때도 어느 하나 희생하는 일 없이 조심스럽게 능력을 높여야 한다. 그렇게 쌓아 온 몸 상태는 장차 대회에서 모든 강점을 가지는 데 기반이 될 것이다.

힐 트레이닝 단계에서 진행하는 질주는 1회 훈련 시 600~800m 정도만 뛰도록 하자. 질주 거리에 제한을 둔 이유는 시간이 흐르면서 훈련 효과가 천천히 나타나는 동시에 체내 젖산 등 노폐물은 많이 안 쌓이기 때문이다.

모든 훈련 단계는 기존 단계에서 다음 단계로 넘어갈 때, 새롭게 적용하 는 다른 종류의 운동에 점진적으로 몸을 적응해 나갈 필요가 있다. 도입 초 기에는 항상 점진적이고 천천히 진행해야 하며 이는 무산소 훈련 단계에서도 마찬가지이다. 주로 야외에서 장시간 천천히 뛰거나 크로스컨트리를 수행하던 훈련에서 속도를 중시하는 훈련으로 전환하면 처음에는 목이 타들어 가는 듯한 느낌 등을 받으면서 무산소 훈련에 따른 몸의 변화를 급격히 느끼게 된다. 하지만 매주 훈련을 거듭하면 몸이 새로운 훈련에 적응하면서 운동 수행능력이 좋아지고 차츰 여유가 생긴다. 여기서 중요한 점은 무산소 훈련의 질과 양은 언제라도 무리 없이 수행할 수준을 유지하면서 서서히 끌어올려야 한다는 것이다. 몸에 부담이 안 갈 정도로 훈련해 나가면, 본격적으로 무산소 훈련을 시작할 때에는 레피티션 및 인터벌 운동의 질적, 양적 수준을 더 높게 수행할 정도로 몸 상태가 갖춰져 있을 것이다.

마라톤 컨디셔닝 단계에서 유산소 능력을 착실히 쌓은 주자는 힐 트레이닝 단계에서 본 훈련에 약 1시간을 투자하고, 준비 운동과 마무리 조깅에 15분씩 투자하도록 하자. 만약 이 훈련이 처음이거나 성장기의 청소년이라면, 본인의 능력에 따라 훈련량을 줄여야 한다. 운동에 있어 가장 중요한 가치는 무리하지 않고 힘을 보존한 채 다음날까지 연속성을 이어나가는 꾸준함에 있다. 45분간 훈련할 계획이었지만 30분 만에 몸에 부하가 충분히 쌓였다면 그 자리에서 그만둬도 된다.

주위에 뛸 만한 언덕이 없더라도 낙담할 필요는 없다. 평지에서도 힐 트레이닝과 같은 훈련이 가능하기 때문이다. 언덕보다는 발목 가동성이 작아지지만, 체중에서 오는 부하가 다리 근육에 가해지므로 나름의 효과를 얻을 수 있다. 그 외 두꺼운 책이나 벽돌 위에 발끝으로 선 다음 발뒤꿈치를 위아래로 들어 올리는 보강 훈련을 넣어줘도 좋다. 언덕 훈련의 일환으로 근처 운동장 스탠드나 건물 계단을 활용하는 것도 한 방법이다. 대신 힐 스트라이딩을 할 때는 보폭을 크게 취하는 동시에, 평지에서처럼 몸에 힘을 뺀 채 빠른 회전수를 가져가야 한다는 점을 기억하자.

계단을 이용한 훈련도 속도를 향상시키는 데 가장 효과적인 방법 중 하나이다. 수년 전, 미국 플로리다주의 잭슨빌이라는 마을에서 "이렇게 평야밖에 없는 곳에서 어떻게 힐 트레이닝을 할 수 있겠습니까?"라며 하소연한 코치가 있었다. 당시 나는 3km 정도 떨어진 곳에 위치한 높은 건물을 가리키며 "저기 좋은 언덕이 있군요"하고 넌지시 말했다. 1~2년 후, 그 코치가 직접 가르친 그의 딸은 해당 지역구 고등학생부에서 우승을 거머쥐었으며, 그의 학교 팀도 지역 대회에서 뛰어난 성적을 거두었다고 한다. 그의 훈련에 큰 변화는 없었다. 달라진 점이라고는 내가 가리킨 고층 건물까지 조깅으로 뛴 다음, 그곳에서 11층까지 계단을 뛰어 올라가고 엘레베이터로 내려온 후 다시 계단을 뛰어올라가기를 수차례 반복하고 다시 경기장으로 돌아오는 훈련을 추가한 것뿐이었다. 힐 트레이닝을 할 곳이 없다는 비탄은 이토록 간단히 해결되었다.

언덕 훈련은 주어진 환경에서 다양하게 할 수 있다. 매번 같은 훈련을 하기보다 다양하게 변화를 줘도 좋다. 힐 스프링잉을 한 후, 대퇴부에 충분히 부하를 가하면서 무릎을 높이 들어 올려 언덕을 오르는 스팁 힐 러닝, 그리고 발목 탄력을 사용해 그 반동으로 무릎을 의식적으로 올려서 언덕을 올라가는 힐 바운딩을 수행하고 마지막에는 처음의 힐 스프링잉으로 돌아오는 식이다.

외발뛰기 또한 훌륭한 맨몸 운동이다. 마찬가지로 손을 엉덩이에 대고 다리를 어깨너비로 벌려 선 상태에서 쪼그려 앉았다 뛰기를 반복하는 점프 스쿼트도 효과가 좋다.[2] 또한 쪼그려 앉은 자세로 앞으로 나아가면 다리 위쪽 근육이 단단해 지는 효과가 있으며, 점프 스쿼트에 추가적으로 부하를 가하고 싶다면 어깨에 작은 모래주머니를 얹고 균형을 유지한 채 제자리 뛰기도 해 보자.

그 외 바운딩도 추천한다. 이는 뒷다리를 쭉 뻗고 반대편 다리의 무릎을 높이 들어올리면서 보폭을 길게 가져가는, 그와 동시에 몸의 추진력을 위해 팔을 앞으로, 위로 뻗는 동작이다. 이 바운딩은 보폭을 늘리는 데 효과적인 운동이다.

힐 트레이닝은 4~6주 동안 주자의 훈련 상태와 전체 일정에 배분된 시간에 따라 진행한다. 그 기간 동안 일주일에 3일은 언덕에서 훈련하며, 힐 트레이닝을 제외한 3일은 스피드를 향상시키는 레그 스피드 러닝, 남은 하루는 유산소 능력을 유지하기 위한 장거리 달리기를 실시한다. 나는 선수들에게 언덕 훈련에 더 많은 시간을 할애하도록 지시했었는데, 6주가 지나면 부하를 견디려는 노력이 도리어 부정적인 방향으로 바뀌게 된다는 사실을 알게 되었다. 특히 감정 변화의 폭이 큰 선수들이 그와 같은 경향을 보였다. 그래서 나는 그들과 함께 힐 트레이닝의 기간을 4주에서 6주로 제한하고 레그 스피드 운동과 장거리 달리기를 번갈아 실시함으로써 일정 수준의 성과뿐 아니라 심리적으로도 긍정적인 효과를 얻어낼 수 있었다.

힐 트레이닝의 초기에는 다리에 상당한 부하를 가하기 때문에, 신체 반응을 주의깊게 살펴야 한다. 이 단계에서는 과하게 훈련하느니 차라리 부족한 게 낫다. 훈련이란 무작정 진행하기보다는 훈련마다 목적성을 갖고 임했을 때 효과를 얻을 수 있다. 그 사실을 명심하며 나 자신에게 맞는 방식을 찾아보길 권한다. 유산소 능력을 충분히 쌓은 선수만이 6주 훈련을 무사히 마칠 수 있을 것이다.

나는 힐 트레이닝을 수년 동안 진행하면서 선수들에게 단 한 번도 아킬레스건 문제가 발생하지 않은 사실을 말하고 싶다. 오늘날 스포츠계에서는 아킬레스건 부상을 입는 선수가 많다. 이는 대다수의 운동선수가 해당 부위의 근육 및 힘줄을 강화하는 운동뿐 아니라 저항력을 키우기 위한 보강운동 및 스트레칭, 또는 언덕 훈련을 소홀히 했기 때문이다. 선수들이 아킬레스건이나 햄스트링 문제로 고생하는 이유는 다름 아닌 그 때문이다.

힐 트레이닝 기간 동안 본 훈련의 주행거리는 워밍업과 쿨링다운을 포함해 1주일에 약 150km이다. 피로 회복을 위해 매일 천천히 달리는 시간도 추가하자. 이상적인 회복을 위해서는 매일 30분 정도의 조깅을 넣어주면 좋다.

레그 스피드 트레이닝을 하는 날은 보폭 길이는 신경쓰지 말고 가급적 다리를 빨리 회전시키는 데 집중하도록 하자. 평지에서 100~120m를 질주하는데 후반부에는 점진적으로 속도를 줄인다. 본 훈련 전, 최소 15분 동안 워밍업을 한 다음, 레그 스피드 사이에 3분 동안 조깅을 진행한다. 이를 10세트 반복하자. 이 운동은 가능한 한 다리를 빨리 움직이는 데 신경쓰며, 끝나면 조깅으로 충분히 회복하는 게 중요하다. 보폭 길이는 의식할 필요 없다. 상체는 편안한 상태를 유지하고 무릎은 적당히 높게 들며, 대퇴사두근과 하복근을 사용해 가능한 한 빨리 다리를 당기는 것만 생각하자.

이 운동의 목적은 몸의 움직임을 간결하게 만들어서 스피드를 향상시키는 데 있다. 장소는 평지 또는 완만한 내리막이 좋다. 맞바람을 맞으면서 뛰면 제대로 된 동작을 취하기 어려우므로, 이는 가급적 피하도록 하자.

또한 스피드를 향상시키는 다른 방법으로 릴렉스 스트라이딩이 있다. 이 훈련은 몸에 힘을 뺀 상태로 100m를 질주하고, 그 후 300m는 조깅하는 방식으로 10세트 반복하는 것이다. 100m를 달릴 때는 등을 일자로 쭉 피고 상체에 힘을 뺀다. 앞다리의 무릎을 높게 들어올리는 동시에 반대쪽 다리의 무릎이 일자로 펴지는 것을 의식하면서 발끝으로 지면을 세게 차면 된다. 자세를 유지하는 범위에서 가능한 한 빨리 달리도록 하자. 마지막 세트를 끝낸 후에는 최소 15분 동안 가볍게 조깅하면서 몸을 식혀 준다.

훈련 초반에는 다리에 피로가 쌓이지만 2주 동안 진행하면 어느새 몸이 익숙해진다. 2주가 지날 때 즈음이면 당신은 훈련 성과를 몸소 실감하게 될 것이다.

힐 트레이닝 단계를 정리하자면 다음과 같다. 훈련 기간은 약 4주에서 6주 동안 진행한다. 일주일 중 3일은 힐 트레이닝을 진행하는 날, 그리고 힐 트레이닝 훈련일 사이에 레그 스피드 러닝과 릴렉스 스트라이딩을 진행하며, 7일째 되는 날에 장거리 달리기를 넣어주는 식이다.

1. 현재 의학계에서는 속근을 더 세분화하여 본문 내용의 섬유를 가진 Type II x(속근), 그리고 속근과 지근 섬유의 기능이 혼재된 Type II a(중간근)로 나누고 있다.

2. **와이드 스쿼트:** 일반적인 스쿼트에서 다리를 조금 더 벌리고, 다리 각도를 바깥쪽 45도로 향하게 한 뒤 진행하면 내전근을 비롯한 햄스트링, 둔부에 자극이 가해진다. 마라톤 대회를 나가는 주자들은 대퇴사두근이 필요 이상으로 단련되길 원하지 않을 것이다. 그보다는 햄스트링 강화를 필요로 할 것이므로, 원하는 방식에 따라 바벨 스쿼트, 점프 스쿼트, 맨몸 스쿼트를 와이드 형식으로 해주면 좋다.

보너스 세션

힐 트레이닝 심화 학습

* 이 세션은 본문의 내용을 보충하기 위해 힐 트레이닝에 대한 리디아드의 강연들을 취합하여 정리한 동시에, 역자의 동작 시연 영상을 큐알 코드로 제시하였다.

[장소]

힐 트레이닝으로 적합한 장소로는 본문에서 설명한 지형이 이상적이다. 하지만 이보다 언덕이 짧아도, 경사가 완만하거나 험해도 문제없다. 주위에 언덕이 없으면 계단, 설령 평지라도 괜찮다. 힐 트레이닝의 목적을 충분히 이해하고 있다면 장소는 얼마든지 찾을 수 있다. 지면은 흙길이나 잔디밭이 가장 좋지만, 아스팔트라고 해도 쿠션이 뛰어난 신발을 신으면 큰 문제는 없을 것이라고 리디아드는 말한다. 이를 토대로 내 주위의 러닝 코스를 둘러보면, 의외로 힐 트레이닝에 적합한 언덕을 발견할 수 있을 것이다.

[방법]

힐 트레이닝의 종류는 다음과 같이 6가지이다.

A. 힐 스프링잉

B. 스팁 힐 러닝

C. 힐 바운딩

D. 힐 스트라이딩

E. 조깅

F. 윈드 스프린트(몸에 힘을 뺀 질주)

평지

5~15° 경사

평지

    훈련을 조합하는 방법은 다음과 같다. 위 그림과 같은 오르막에서 A를 B 또는 C로 변화시키는 방법도 가능하다. 즉 A→E→D→F를 반복하는 게 아닌 처음에는 A→E→D→F를 한 다음 두 번째는 B→E→D→F, 다음으로 C→E→D→F로 진행하는 방식이다(단, 언덕 길이가 짧을 경우 매번 F를 넣으면 몸에 무리가 갈 수 있다. 이 단계에서 진행하는 무산소 훈련으로는 과하기 때문에, A→E→D 훈련을 15분 하는 동안 F는 1세트만 진행하도록 하자). 참고로 리디아드는 이 훈련 방식에 대해 개개인의 단점, 체력, 연령, 몸 상태 및 활용하는 지형 등을 고려해 적절하게 진행하는 게 중요하다고 말했다. 예를 들어 무릎을 높이 차 올리지 못하는 사람은 힐 스프링잉을, 상대적으로 대퇴부가 약한 사람은 스팁 힐 러닝을, 착지 후 발로 지면을 찰 때 다리가 일직선이 아니라 굽어진 채로 뛰는 사람은 힐 바운딩에 중점을 두면 좋다. 하지만 이때 어느 하나에 고집하는 것도 현명한 방법은 아니라고 말하고 싶다.

    각 훈련의 목적과 방법은 다음과 같다.

힐 스프링잉

목적: 발목, 아킬레스건, 종아리 근육 강화와 스트레칭.

방법: 제자리 뛰기하듯 깡충깡충 한 발씩 번갈아가며 지면을 차고, 팔을 크게 휘두르면서 몸의 중심을 일직선처럼 들어올리는 느낌으로 높이 뛰어오른다.

핵심은 발목의 탄력을 이용해 발끝으로 지면을 꽉 누른 다음 바로 위로 몸을 들어올리듯 뛰어오르는 것이다. 착지는 발끝부터 하며, 착지 후에는 발뒤꿈치가 발끝보다 낮은 위치에 올 수 있도록 내려뜨린다. 발뒤꿈치에 체중을 실어 아킬레스건이 팽팽하게 늘어나는 것을 느끼면서 발목의 탄력을 이용해 발끝으로 높이 차 올린다. 앞으로 전진하기보다 무게중심을 위로, 높게 끌어올리는 데 의식하도록 하자.

올바른 동작으로 하면 처음에는 거의 앞으로 전진하지 않게 되는데 그걸로 충분하다. 발목이 움직이는 감각을 느끼기 위해서 한 발씩 뛰기를 권한다. 신체 감각을 살펴볼 여유가 생기면 차 올린 쪽의 무릎도 높게 들어올려 보자. 발목 외 신경 쓸 부분으로는, 허리를 높은 위치로 가져오기, 상체에 힘을 뺀 상태 유지하기, 지면을 차 오르는 순간 뒷발의 무릎이 구부러지지 않고 일자로 편 상태가 되도록 하기 등이 있다.

훈련을 마친 다음 발목 주위나 종아리가 탱탱해진 느낌이 든다면 올바른 동작을 수행했다는 증거이기도 하다. 언덕이 없다 해도 평지에서도 동일한 동작을 수행할 수 있으며, 보강 운동 삼아 발끝으로 받침대 위에 올라선 다음, 발뒤꿈치를 들었다 내렸다 해 줘도 좋다.

스텝 힐 러닝

목적: 대퇴부 근육 강화

방법: 이른바 '무릎 들며 달리기'이다. 15도 정도 되는 급경사의 언덕을, 가급적 무릎을 높게 들어올리면서 탁탁탁 하고 리듬감있게 달리는 방법이다. 한 걸음 내디딜 때마다 대퇴부에 자극을 주는 방식이기도 하다. 앞으로 빨리 전진하려고 하면 대퇴부에 자극이 덜 가게 되므로, 가급적 회전수는 빠르게 가져가되 천천히 전진하도록 한다. 무릎을 높이 들어올리는 비결로는 무릎에만 의식을 쏟지 말고 시선은 언덕을 향한 채, 허리를 곧추세워 앞으로 가져가는 데 신경쓰고, 상체에 힘을 뺀 채 팔을 전후로 휘두르는 것이다. 그 외 지면을 찬 다리가 일자로 쭉 뻗어있는 것도 중요하다.

언덕이 없을 경우에는 계단을 이용하자. 계단 폭, 높이, 개인 신장, 다리 길이에 따라 1계단 뛰어 넘기, 2계단 뛰어 넘기 등을 하면서 보폭을 조정하도록 하자. 계단 훈련을 하면 어쩔 수 없이 발밑을 의식하게 되기 때문에, 시선이 밑을 향하게 된다. 그럴 경우 허리가 뒤로 빠질 수도 있으니 주의할 필요가 있다.

힐 바운딩

목적: 보폭을 크게 벌려 차는 힘(킥력)을 강화한다. 지면을 박차고 점프하게 되므로 뒷발의 무릎이 굽어지지 않고 일자로 곧게 편 상태로 뛰게 된다.

방법: 완만한 경사의 오르막에서 4~5m 정도 도움닫기를 한 다음, 팔을 앞뒤로 크게 휘두르는 동시에 발목 탄력을 이용해서 언덕을 튀어오르 듯 점

프한다. 이때 핵심은 발끝으로 지면을 꽉 밟는 동시에 무릎을 일자로 쭉 펴고, 허리를 앞으로 가져가면서 계속해서 앞발을 높이 들어 올리는 것이다. 사슴이 장애물을 뛰어 넘어가는 것처럼, 몸을 대각선 위 방향으로 가져간다. 그 외 신경쓸 부분으로 시선은 언덕 위쪽을 바라보기, 상체에 힘을 빼기 등이 있다. 언덕이 없을 경우 평지에서 진행하도록 하자.

힐 스트라이딩

목적: 보폭을 크게 벌리고 회전 수를 높게 가져가면서 복근 강화 및 스트레칭하는 데 있다.

방법: 완만한 언덕을 보폭을 넓혀서 뛰는 동시에 스스로의 동작을 충분히 조절할 수 있는 범위에서 가급적 빠르게 뛰어 내려간다. 핵심은 몸에 힘을 빼고 가슴을 펴면서 복근을 팽팽하게 당긴 다음, 바람에 몸을 맡긴 채 편안한 마음가짐으로 뛰는 것이다. 그렇게 하면 내리막 특성상 다리가 자연스럽게 엉덩이 바로 아래까지 올라오게 되고, 무릎은 더 높게 올라간다. 다리를 앞으로 내뻗기 쉽게 되므로, 평지에서보다 보폭을 넓혀서 뛰기가 수월해 지고 회전 수도 늘어난다. 언덕이 없을 경우 평지에서 진행하도록 하자. 요령은 스프린트 트레이닝의 스트라이딩과 동일하다.

조깅

목적: 피로 회복

방법: 호흡을 가다듬고, 다리의 피로가 풀릴 때까지 천천히 뛴다. 조깅하는 거리는 언덕 길이와 개인의 피로도에 따라 조절하도록 하자. 단, 아무

리 지쳤다고 해도 도중에 멈춰서지 말 것! 힐 트레이닝에서는 멈추지 않고 움직이는 행위를 통해 지구력 강화도 꾀하고 있기 때문이다.

윈드 스프린트

목적: 힐 트레이닝 다음 단계에서 본격적으로 진행하는 무산소 트레이닝의 사전 준비 작업.

방법: 윈드 스프린트 1회당 50~400m의 거리를 질주하고, 질주한 거리와 동일한 거리를 조깅으로 이어주면서 몇 차례 반복한다. 윈드 스프린트 거리는, 예를 들어 첫 번째 100m×4, 두 번째 50m×8, 세 번째 400m×1 같은 방식으로 가급적 변화를 주도록 하자.

4.
스피드 지구력을
키우기 위한 트랙 트레이닝

나는 종종 훈련하는 선수들에게 다음과 같이 질문한다. "지금 무엇을 하는지?", "현재 하는 훈련에는 어떠한 효과가 있는지?", "무엇을 습득하기 위해 훈련하는지?"

대부분 제대로 된 답변을 내지 못했다. 그들은 맹목적으로 훈련했으며 막연하게 좋은 성적을 올리기를 희망했다. 그중 일부는 우승한 선수의 과거 훈련 방식을 다짜고짜 따르는 이도 있었다. 훈련 일정을 짠 의도도, 해당 훈련이 자신에게 미치는 영향도 이해하지 못한 채 말이다. 그들은 코치들에게 달려가 해당 시기에 해당 훈련을 해야 하는 이유를 물어볼 생각도 안 하는 듯하다. 이는 운동선수가 갖춰야 할 태도가 아니다. 운동선수라면 특정 운동을 왜 해야 하는지, 그리고 자기가 하려는 훈련이 어떤 효과를 갖는지를 스스로 알고 있어야만 한다.

제 아무리 몸 상태가 좋아도 자기 자신이 진행하는 훈련 방식을 객관적으로 평가하고 적절하게 수행하지 않는다면 실패하기 십상이다. 특히 트랙 훈련[1]에서는 실수를 저지르기 쉬우며 그 결과는 참담함을 낳는다. 그리 중요치 않다고 여긴 대회에서 개인 최고 기록을 경신할 수도 있지만, 정작 중요한 대회에서는 몸 상태가 내리막길에 접어들거나 상당히 이른 시점에서 한계에 봉착하기도 한다. 자신의 잠재력을 사람들에게 선보이지도 못한 채 시즌을 마감할 수도 있는 것이다.

수많은 코치와 선수가 트랙 훈련 기간을 과대평가하는 경향이 있다. 하지만 가장 중요한 훈련은 마라톤 컨디셔닝이다. 그래야 무산소 훈련과 대회를 대비하기 위한 체력을 쌓을 수 있기 때문이다. 많은 사람들이 이 중요한 사실을 망각한다. 핵심 재료가 빠질 경우 케이크가 맛 없어지는 것과 같은 이치이다. 유산소 능력을 차곡차곡 쌓아두지 않으면 트랙 훈련 일정도 반쪽짜리 훈련에 지나지 않는다.

이 책에서 언급하는 트랙 훈련도 예외는 아니다. 이 또한 스스로에게 알맞은 훈련법을 탐구하는 코치와 선수로서는 하나의 잣대일 뿐이다. 의무감에 내가 제안한 일정을 맹목적으로 따를 필요는 없다. 모든 선수는 각각의 장단점을 갖고 있으므로 개개인의 특성을 고려하면서 훈련 일정을 짜 가길 바라는 바이다.

트랙 훈련 단계로 접어들면 가용할 수 있는 모든 유형의 훈련을 측정해 봐야 한다. 앞서 마라톤 컨디셔닝에서 쌓은 유산소 능력의 효과를 극대화 하기 위해 균형 잡힌 일정으로 진행할 필요가 있다. 목표로 하는 대회에서 최고의 결과를 내기 위해서는 가급적 오랜 시간을 들여 스피드를 조절하고 점진적으로 템포를 끌어올리기를 추천한다. 다른 단계와 마찬가지로 트랙 훈련 단계에서도 인내심은 필수이다.

이 시기에는 무산소 훈련의 양과 강도를 서서히 증가시키는 동시에 스피드를 키우는 훈련을 진행한다. 구체적으로 짧은 질주, 힘을 뺀 상태에서 빨리 달리는 훈련, 대회 전 몸 상태를 끌어올리는 샤프닝, 스피드와 지구력 두 가지 능력을 요구하는 타임 트라이얼 등이다. 본 대회에 앞서 경기 감각을 익히기 위해 단거리 및 중장거리 종목에 나가는 방법도 있다.

중장거리 훈련의 본래 목적은 본인이 출전하고자 하는 종목에서 목표로 하는 기록을 내기 위해 출발부터 완주할 때까지 필요로 하는 속도로 뛸 수 있도록 체력을 쌓는 것이다. 이 단계로 접어들면 체력은 충분할 만큼 쌓았으며 신체도 스피드 훈련을 감당할 만큼 튼튼해져 있을 것이다. 역으로 말하자면, 스피드를 향상시키기 위한 훈련은 아직 충분치 않은 관계로 속도감 있는 달리기를 해내기에는 아직 부족한 상태이다. 이 단계에서 대회에 나가면 체력은 충분하나 다른 선수들에 비해 스피드를 못 내기 때문에 종종 뒤처지기도 한다. 따라서 이 시기에 대회를 나가게 되면 속도를 못 낸다는 사실은 숙지한 채 임해야 할 필요가 있다. 자신이 하는 일의 미래를 예측하면서 훈련을 진행하기란 상당히 버거운 일이다. 만약 지금까지의 훈련 내용을 토대로 대회에서 초라한 성적표를 받았다면, 스스로를 북돋든가 의욕을 잃든가 두 갈래로 나뉠 것이다. 하지만 점진적으로 기량을 늘려가는 방법만이 성공으로 향하는 유일한 길이며, 이와 같은 사실을 받아들인다면 더 이상 방황하거나 혼란스러워할 일은 없을 것이다.

그전까지의 훈련에서 스피드는 크게 중요하지 않았다. 하지만 지금부터는 스피드가 가장 중요해진다. 이 단계에서 실시하는 강도 높은 무산소 훈련은 다음 훈련 단계로 나아가는 밑거름이 된다.

여기서 또 하나 주의할 점이 있다. 대다수의 선수는 스피드를 완전히 끌어올기도 전에 대회에 나가는 실수를 범한다. 그들은 완주한 후에도 한 번 더 뛸 만큼 체력은 충분하다고 느끼지만 정작 경기에서는 다른 선수들을 따라가지 못하는 경험을 했을 것이다. 속도를 이 이상 낼 수 없다는 무력감은 종종 선수들에게 좌절을 안긴다.

레피티션 같은 고강도 무산소 훈련은 무산소 능력을 향상시키는 데 중점을 두고 있으나 반드시 스피드 향상으로 이어진다고 볼 수 없다. 왜냐하면 무산소 상태로 달리는 시간이 늘면 그에 따라 젖산도 가파르게 증가하기 때문이다. 혈중에 젖산이 다량으로 축적된 상태에서는 본연의 스피드를 내기 어렵다. 하지만 젖산 농도를 적절하게 조절하면서 훈련하면 스피드와 함께 무산소 운동 능력을 향상시킬 수 있다.

스피드 발달에 가장 효과 있는 운동은 스프린트 트레이닝이다. 이는 100~150m 거리를 힘을 뺀 상태로 가능한 한 빨리 질주하는 훈련인데, 질주 사이에 최소 3분의 회복 조깅을 넣어 질주 속도를 유지한 채 반복해서 진행하는 방식이다.

스피드를 내며 달리기 위해서는 우선 기초 동작을 유심히 살펴 볼 필요가 있다. 특히 스프린트 트레이닝은 버드 윈터Bud Winter[2] 코치가 권장하는 3가지 드릴 운동인 하이-니(무릎을 높이 들어올리며 뛰기), 스트라이딩(발목을 앞으로 차며 전진하기), 러닝 톨(등을 곧게 펴고 높이 뛰며 전진하기)과 함께 병행하면 좋다(1990년 일본에서 진행한 강연에서 버드 윈터는 세 가지 드릴 운동에 바운딩을 추가할 것을 권했다—옮긴이).

각자의 연령 및 체력을 고려하면서 다음과 같은 전형적인 훈련 단계를 밟아보자. 우선 가볍게 조깅하고 스트레칭하면서 몸을 충분하게 풀어주도록 하자. 다음으로 무릎을 높이 들어올리는 동시에 회전 수를 빠르게 가져가면서 80~100m를 달린다(하이-니에 관한 설명이다. 스텝 힐 러닝과 동일한 동작을 평지에서 진행하는 식이다—옮긴이). 한 회 마칠 때마다 3분 동안 가볍게 조깅하거나 걸으면서 충분히 휴식을 취한다. 가급적 맞바람이 덜한 곳에서 진행하도록 하자.

자, 다시 한번 뛰어 보자. 이번에는 무릎을 높게 올리되 발을 앞으로 세게 차면서 나아가는 것이다(스트라이딩에 관한 설명이다. 발뒤꿈치로 엉덩이를 차는 듯한 기세로, 다리 를 엉덩이에 바짝 붙이고, 엉덩이 바로 아래를 지나간 후 무릎 아래 부분을 앞으로 내뻗는 느낌으로 세게 찬다. 처음에는 걸으면서 제대로 된 다리 동작을 익히도록 하자. 걷기 동작에서 가능해지면 스킵 운동을 거쳐, 마지막에 달리기로 이행하 면 된다—옮긴이). 언덕 훈련에서 구부리는 자세에 익숙해진 발목을 활용해 용수 철처럼 탄력 있게 앞으로 튀어 나가도록 해보자. 이때 팔을 앞뒤로 크게 휘 저으면 더 긴 보폭을 만들 수 있게 도와준다. 이 운동도 회복 구간을 3분씩 두고 2번 실시하길 권한다.

마지막으로 무릎을 충분히 드는 동시에 골반부터 몸을 곧추세우는 데 집중하면서 내려올 때는 발끝으로 착지하는 동작을 2번 반복한다(러닝 톨에 관 한 설명이다. 185페이지의 사진상으로는 차이를 알기 어렵다. 어찌되었든 등을 곧게 펴서 자기 몸을 실제 키보다 더 커 보이도록 뛰는 드릴 운동이다. 뛰기 전에 발끝으로 서고, 바로 위에서 누군가의 머리끄덩이를 잡는 모습을 상상하며 상 체를 들어올린다. 이와 같은 느낌을 유지하며 전진한다—옮긴이). 퍼시 세루티Percy Cerutty와 버드 윈 터 둘 다 이 운동을 적극 권장하고 있는데 이는 보폭을 최대한 넓게 가져가 고, 발목 탄성을 활용해 몸을 들어올리는 달리기 동작을 취하게 만들어 주 기 때문이다.

위와 같은 단계를 점점 더 빠르게 점점 더 높게 수행하되 다리 보폭, 발 목 탄성, 신체 들어올리기, 이 세 가지에 집중해야 한다. 빨리 달리는 단계 에서는 세 가지 요소들을 항상 염두에 두어야 한다.

세 가지 드릴 운동을 마쳤다면 본 훈련인 스프린트 트레이닝을 진행하 도록 하자. 만약 뒷바람이 부는 트랙에서 스프린트 트레이닝을 할 경우, 직 선 구간에서 빠른 속도로 질주해서 시간을 벌어두면, 곡선 구간에서는 비교적 쉽게 달릴 수 있다. 이것을 본인의 훈련 상태와 체력에 따라 6~8회 반복하도록 하자. 훈련을 소화한 후에는 최소 15분 동안 조깅하면서 몸을 식히길 바란다.

트랙 훈련 초기에는 스프린트 트레이닝을 제외하고는 전속력으로 진행해서는 안 된다. 초반에는 천천히 시작하면서 서서히 속도를 높이는 게 좋다. 스피드는 어느 상황에서든 제어할 수 있어야 한다. 그렇지 않으면 훗날 대회에서 무리한 나머지 자세가 흐트러지게 될 것이다.

대회 및 훈련 일정을 얼추 정했다면, 현재 본인의 기량과 몸 상태에 집중하도록 하자. 각 단계마다 적절한 시기에 적절한 훈련을 해야 함을 명심해야 한다. 대회에서는 목표한 시간 내로 달리도록 힘써야 하지만 훈련은 그럴 필요가 없다. 누누이 말하지만 지금 자신이 무엇을 하는지, 어째서 그 훈련을 하는지, 장·단기적으로 어떤 효과를 갖는지, 마음속으로 그에 대한 명확한 그림을 갖고 있어야 한다.

훈련을 결코 대회처럼 임해서는 안 된다. 이는 많은 주자가 흔히 저지르는 실수이다. 그들은 훈련을 통해 쌓은 지구력과 스피드, 그 둘을 적절히 조화시키지도 못한 채 대회에 나가고, 그곳에서 예상 이하의 결과를 얻고 돌아온다. 초기 훈련 단계에서 몸 상태가 최고조인 선수가 스스로 얼마나 빨리 달릴 수 있는지 시험하고 싶은 욕구를 참기란 결코 쉽지 않다. 이건 코치 역시 마찬가지다. 나는 자신의 선수들이 무엇을 할 수 있는지 검증하려는 열망에 휩싸인 나머지 선수들의 예리함을 깎아먹는 코치들을 본 적이 있다. 결코 그래서는 안 된다. 멈춰야 할 때는 멈춰야 한다.

섬세하게 스피드를 조절한다면 본 대회 전에 진행하는 10주간의 트랙 훈련이 너무 길게만은 느껴지지 않을 것이다. 착실하게 체력을 쌓은 주자라면 이보다 적은 기간이라도 좋은 결과를 낼 수 있다. 하지만 최상의 결과를 내길 원한다면 더 많은 시간을 투자해 스피드를 미세하게 조절하면서 서서히 몸 상태를 끌어올리기를 권한다.

이 책에 쓴 훈련 일정은 다양한 국제 대회에서 성공을 거두고 수많은 세계 신기록의 바탕이 되었다는 측면에서 설득력을 가진다고 볼 수 있다. 하지만 이 또한 하나의 지침에 지나지 않는다. 대회에서 좋은 성적을 거둔 훈련이므로 맹목적으로 따라야 한다고 생각할 필요는 없다. 선수들은 저마다 장단점을 갖고 있으며, 이 같은 개개인의 특성은 훈련 일정을 짜는 데 있어 가장 신중하게 고려해야 할 측면이기 때문이다.

궁극적인 신체 균형을 위해 그날 그날에 맞는 훈련을 소화하려면 다양한 훈련법에 대한 올바른 이해가 필요하다. 다음은 트랙 훈련 기간 동안 사용할 만한 훈련 몇 가지를 소개하고자 한다. 명칭 및 훈련 내용은 다음과 같다.

파틀렉

속도주를 뜻하는 스웨덴어로 숲길이나 공원에서 변속을 주면서 마음가는 대로 달리는 것을 뜻한다. 이런 환경적 영향으로 무의식적으로 속도가 조절된다는 점이 파틀렉 훈련 전체를 관통하는 의미가 된다. 일반적으로 훈련 당일 주자의 몸 상태와 능력에 따라 유산소 및 무산소 달리기를 적절하게 섞어 운동할 수 있다. 예를 들어 내리막에서 힐 스트라이딩을 한다면 그 후로 이어지는 평지에서는 스프린트, 그 다음에는 조깅으로 회복 시간을 가진 후 곧이어 오르는 언덕에서 힐 스프링잉을 하는 식이다. 저강도 파틀렉은 포인트 훈련 및 대회 이후 피로를 회복하는 데 효과적이며, 고강도 파틀렉은 무산소 능력을 기를 수 있는 훈련이다.

팔라우프 (릴레이 인터벌)

이 훈련은 참가하는 주자 수, 주자 한 명이 1회 달리는 거리, 훈련 시간에 따라 무산소 능력을 향상시키는 데 활용할 수 있다. 이 훈련의 장점은 팀끼리 경쟁함으로써 무의식 중에 모든 힘을 쏟게 만든다는 점이다. 주자 한 명당 1회 달리는 거리와 훈련 시간을 정한 후, 팀을 짜서 시간 내 얼마만큼 달릴 수 있는지를 겨루는 릴레이 형식인데, 예를 들어 총 달리는 시간이 4분이라면 주자들은 그 시간이 다 될 때까지 번갈아 가며 다른 팀 주자들과 경주해야 한다.

타임 트라이얼

우리 몸은 특정 운동을 지속할 경우, 차츰 그 운동을 효율적으로 처리하게 된다. 이 법칙은 특정 거리를 달릴 때도 마찬가지로 적용할 수 있다. 타임 트라이얼은 목표로 하는 대회 거리와 같거나 그보다 약간 짧은 거리를 마치 대회처럼 전속력에 가깝게 뛰는 훈련이다. 800m라면 600~700m, 1,500m라면 1,000m 또는 1,200m 같은 식이다. 혹은 3,000m, 5,000m 선수는 실제 대회 거리를, 10,000m 선수는 5,000m 또는 10,000m를 시험해 보면 좋다. 3,000m 장애물 경주 선수는 물웅덩이 대신 허들을 설치해 3,000m를 훈련하도록 하자. 목표 대회보다 짧은 거리를 훈련하는 이유는 전속력에 가까운 속도로 뛸 경우 크나큰 산소 부채가 발생하기 때문이다. 다량의 젖산이 쌓이는 것을 피하기 위해서라도 대회 거리보다 짧거나 적어도 같은 거리만 뛰도록 하자.

타임 트라이얼에서는 마지막까지 일정한 페이스를 유지해야 하며 라스트 스퍼트를 해서는 안 된다. 타임 트라이얼의 목적은 스피드와 지구력을 적절히 조화시키고, 선수의 장단점을 찾아내며, 그 결과로부터 약점은 개선하고 강점은 활용하기 위한 경기 운영법을 알려준다.

스타트 연습

중거리 주자의 반사신경을 개선하고 출발 시 움직임을 날카롭게 하는 훈련이다. 특히 '제자리에' 지시부터 '출발'까지의 간격이 일정하지 않을 경우 이 연습의 진면목이 드러난다. 출발 직후 30~50m까지 달리면 충분하다.

레피티션[3]

일반적으로 빠른 속도로 뛴 후 천천히 조깅하면서 회복하는 시간을 갖고, 다시 빠르게 뛰기를 반복하면서 무산소 능력을 키우는 훈련이다. 질주 거리와 질주 시간, 회복 시간 및 반복 횟수에는 종류가 다양하며 개개인마다 진행하는 방식이 조금씩 다르다. 특히 회복 구간을 초 단위로 세세하게 실시하는 방식을 놓고 인터벌 훈련이라고 부르기도 한다. 하지만 나는 훈련에 앞서 선수에게 거리와 시간, 횟수 등을 지시하기보다 선수 스스로 몸의 감각에 따르기를 희망한다. 선수 스스로 할 만큼 했다고 느끼는 시점에서 멈춰도 괜찮다. 레피티션 훈련에서 중요한 점은 무산소 달리기를 통해 몸이 피로를 느낄 때까지 달리는 것이기 때문이다.

몸에 피로가 충분히 쌓일 정도로 뛰었다면 혈중 pH 수치가 낮아졌음을 의미하는 것으로 거리와 반복 횟수 같은 숫자는 크게 중요치 않다. 어떠한 방법을 이용하든 레피티션을 마쳤을 때 혈중 pH 수치가 낮아졌다면, 그날의 목적은 충분히 달성한 것이다. 훈련을 충분히 했는지는 본인 스스로가 가장 잘 알고 있다. 그러니 내가 제시한 훈련 일정의 거리와 횟수도 대략적인 안내에 지나지 않는다. 이 숫자에 얽매이지 않길 바란다.

샤프너 (스프린트 인터벌)

이는 무산소 훈련은 필요하나 훈련량을 줄이고 강도를 높이는 시점에서 권장하는 훈련이다. 예를 들어 400m를 20회 질주하면 시간도 걸리는 데다 신체 피로도도 상당할 것이다. 하지만 50m 질주하고 나머지 50m는 몸에 힘을 뺀 채 달린다고 해 보자. 이 방법으로 20회 반복하면 달리는 데 사용하는 근육은 극도로 피로가 쌓이지만 훈련 시간은 대략 7분 정도로 몸이 느끼는 피로감은 크지 않다. 샤프너는 몸 상태를 무너뜨리지 않은 채, 그동안 갈고 닦은 무산소 능력에 예리함을 더해 준다. 훈련은 일주일에 한 번, 가급적 주중 초반에 진행하는 게 좋다.

스프린트 트레이닝

오롯이 스피드 향상을 위해 100~150m 거리를 힘을 뺀 상태로 가능한 한 빨리 질주하는 훈련이다. 등 곧게 펴고 상체 자세 높게 유지하며 뛰기(러닝 톨), 무릎 높이 들어올리며 뛰기(하이-니), 발목을 앞으로 내뻗는 느낌으로 세게 차며 달리기(스트라이딩) 등 본 운동 전후 드릴 운동을 병행해 주면 좋다. 이를 수차례 반복한다.

트랙 훈련 기간 동안 첫 4주는 무산소 능력을 최대치로 높이기 위한 훈

련, 질주 능력을 최대치로 끌어올리기 위한 스피드 훈련에 집중하도록 일정
이 구성된다(리디아드는 이 시기의 훈련을 무산소 능력과 스피드를 향상시키는 '무산소 트레이닝'이라고 칭했다).
그러나 고강도 무산소 훈련을 마치고 몸이 회복할 수 있도록 두 훈련 사이
에 가벼운 조깅을 섞어주면서 실시해야 한다. 무산소 훈련을 진행하는 날
이라 해도 그전 훈련에서 쌓인 피로가 덜 회복되었다 판단했을 때는 일정을
변경하도록 하자. 앞 장에서도 말했듯이 무산소 훈련에 의해 혈중 pH 수치
가 낮아졌다면, 낮아진 혈중 pH수치가 정상으로 돌아올 때까지 회복해야
하기 때문이다. 무산소 훈련은 그 후에 다시 진행하면 된다. 본 훈련 전후
로 몸 풀기와 마무리 운동으로 최소 15분씩 조깅을 진행하도록 하자. 또한
시간적 여유가 있는 날에 회복 조깅을 추가하면 무산소 훈련으로 인해 떨
어진 혈중 pH수치가 더 빠른 속도로 정상으로 되돌아온다.

오클랜드 오와이라카 지역에서 팀 훈련을 진행할 때였다. 우리는 인근
트랙을 사용하는 대신 6.5km 떨어진 뉴린의 트랙에서 훈련하곤 했다. 이
과정의 목적은 훈련지까지 조깅으로 왕복함으로써 본 훈련 외 추가적으로
13km의 훈련량을 채우기 위함이었다.

본 훈련 외 조깅을 진행하면 어떤 효과를 얻을 수 있는지는 독일(당시 서독)
의 조정 선수들을 보면 알 수 있다. 1968년 멕시코 올림픽 조정 남자 단체
전에서 금메달을 거머쥔 독일의 조정 선수들은 그전까지 몇 년 동안 대회
에서 좋은 성적을 거두지 못했다. 하지만 올림픽에서 금메달을 따는 쾌거
를 이뤘는데, 독일 코치는 그들이 어떻게 이길 수 있었는지에 대해 말해 주
었다. 이전까지 그는 선수들의 보트를 차량에 실어 호수까지 나른 다음, 훈
련이 끝난 후에는 다시 보트를 차에 실어 돌아왔다고 했다. 그 대신 이번에

는 본 훈련장과 떨어진 운하에 보트를 내리고 호수까지 편도 6km에 이르는 물길을 젓게 하는 것으로 이동경로를 변경했다. 이 행위는 무산소 훈련에서 발생한 피로를 회복시키는 동시에 유산소 능력을 유지하는, 말하자면 회복 조깅과 같은 효과를 얻는다고 볼 수 있다. 하지만 독일 코치의 말을 들은 대부분의 사람들은 고작 그 정도의 변화로 인해 그토록 큰 결과의 차이가 났다는 것을 도저히 믿지 못하는 듯 보였다.

회복 조깅은 무산소 훈련에서 발생한 피로를 풀어주고 산소 섭취 수준을 높게 유지하도록 돕는다. 특히 이 단계는 고강도 훈련으로 몸의 피로도가 상당히 쌓이는 기간이므로 대회에는 참가하지 않는 것이 좋다. 몸에 피로가 쌓인 상태에서 좋은 성적을 얻기란 불가능에 가깝다. 이 기간에 진행할 1주일 훈련으로는 무산소 훈련을 주 2~3회, 스프린트 트레이닝도 주 2~3회, 그 외 시간은 조깅, 그리고 저강도 스트라이딩, 또는 파틀렉 등을 적절하게 넣어주면서 무산소 능력과 속도를 향상시키는 데 집중하길 권한다. 지금까지 해온 훈련에 따른 몸의 반응을 통해, 앞으로 어떤 훈련을 할지 결정하는 것은 본인 스스로에게 달렸다. 지금까지 쌓아 올린 기반을 유지하면서 훈련 강도를 서서히 올리도록 하자.

트랙 훈련은 첫 4주를 소화하고 난 뒤에도 약 4주 반 동안 더 지속해야 한다(리디아드는 이 시기의 훈련을 스피드와 지구력을 조화롭게 움직이는 '협응력 트레이닝'이라고 칭했다). 무산소 능력, 속도 및 체력은 충분히 발달한 상태이므로 지금부터는 약점을 보완해서 부상 없이 대회에 나가도록 목표를 세워야 한다. 당신이 스피드, 지구력, 무산소 능력을 각각 쌓았다고 하더라도 대회에서 자신의 잠재력을 모두 폭발시키는 것은 또 다른 문제다. 바로 이 시기에 타임 트라이얼과 모의고사를 치를 만한 대회가 필요하다. 나는 이 시기에 참가하는 대회를 '도약 단계 대회development races'라고 부른다. 왜냐하면 속도와 지구력을 조화롭게 만들어 스피드지구력을 키우는 수단으로 활용되기 때문이다. 여전히 힘든 훈련을 진행하면서 대회에서는 좋은 결과까지 기대하는 두 마리 토끼 잡기는 전 세계 주자들이 자주 저지르는 실수이긴 하지만 말이다.

무산소 능력을 유지하기 위해서는 주 1회 샤프너 훈련을 실시하기를 권한다. 이때 무산소 능력을 유지하는 동시에 일정한 속도로 달리는 데 신경 쓰도록 하자. 적어도 일주일에 한 번 주중, 또는 중요도가 낮은 대회나 타임 트라이얼을 통해 실전처럼 빠르게 달려야 한다. 또한 주 1회는 피로 회복을 위한 장거리 유산소 달리기를 실시하도록 하자. 저강도 파틀렉도 피로 회복 촉진에 좋다. 대회 전날 가벼운 스트라이딩이나 조깅도 도움이 될 것이다.

이 기간 동안 주간 훈련 일정은 다음과 같다.

월요일: 샤프너

화요일: 스프린트 트레이닝 또는 저강도 파틀렉

수요일: 타임 트라이얼 또는 스프린트 트레이닝 + 중거리주

목요일: 수요일 결과를 지켜본 후 약점을 보완
(예를 들어 지속주, 파틀렉, 샤프너, 스프린트 트레이닝, 스트라이딩)

금요일: 조깅 또는 저강도 파틀렉

토요일: 주종목 대회, 또는 그에 가까운 거리의 대회, 또는 타임 트라이얼

일요일: 저강도 장거리 유산소 달리기

마지막 타임 트라이얼은 시즌 첫 중요 대회 약 10일 전에 실행해야 하며, 최선의 기량으로 임해야 한다. 그 후에는 가벼운 조깅을 통해 피로 회복에 집중하면서 몸과 마음에 여유를 갖도록 하자(리디아드는 이 시기의 훈련을 쌓인 피로를 풀고 경기에 앞서 몸 상태를 점검하는 '후레쉬, 또는 릴렉스 러닝'이라고 칭했다). 누군가는 이 기간을 '초과회복overcompensation'이라고 부르는데 아주 중요한 개념이다(일정 강도 이상의 훈련을 지속한 후 충분한 휴식을 취하면 처음 훈련했을 때 이상의 능력을 지니게 되는 현상을 말한다). 따라서 상대적으로 중요도가 낮은 대회에서는 시행착오를 통해 본인에게 맞는 훈련 및 회복 기간의 패턴을 찾아야 한다. 몸 상태를 최고조로 맞추는 기간은 사람마다 다르겠으나 내 생각에는 10일이 가장 적합해 보인다. 이 기간 동안에도 훈련은 매일 해야 하지만, 몸에 피로가 쌓이면 안 되므로 평소보다 낮은 수준에서 진행하는 게 중요하다. 스피드 훈련은 질적 수준을 유지하되 거리는 짧게 하고, 장거리 달리기는 여유 있는 속도로 실시해야 한다.

이 기간에는 음식 섭취량에도 주의를 기울일 필요가 있다. 훈련량을 줄이면, 그에 따라 먹는 양도 줄여야 하지만 좀처럼 조절하지 못하고 과식하는 경향이 있기 때문이다. 체중 증가는 바람직하지 않으며, 특히 살이 잘 찌는 체질은 주의할 필요가 있다.

모든 준비를 마친 후 본 대회시즌을 맞이한다면 이제부터 고강도 훈련을 하면 안 된다. 거듭 말하지만, 이는 많은 주자가 저지르는 실수이다. 매주 열리는 대회에서 좋은 성적을 거두려면 몸과 마음이 항상 날카롭게 다듬어져 있어야 한다. 하지만 도중에 고강도 훈련을 할 경우, 이를 유지하기 힘들어진다.

예를 들어 토요일에 대회가 열린다고 가정해 보자. 일반적으로 주간 훈련 일정은 다음과 같다.

토요일: 대회

일요일: 저강도 장거리 유산소 달리기

월요일: 약간의 샤프너, 또는 저강도 파틀렉

화요일: 저강도 스프린트 트레이닝, 또는 스트라이딩

수요일: 단거리 + 중거리 또는 목표 대회보다 짧은 거리의 대회 참가

목요일: 조깅

금요일: 스트라이딩 등등. 만약 일주일에 두 번 대회에 나가지 않는다면, 그중 한 번은 타임 트라이얼 훈련으로 대체하자.

다른 시기도 마찬가지이지만 특히 대회 시즌에는 전날 훈련을 마친 후 신체 반응을 지켜본 다음 그날 그날의 훈련을 계획해야 한다. 대회나 고강도 훈련 후 마무리 조깅을 충분하게 넣거나, 매일 아침 조깅, 또는 회복을 위한 장거리 유산소 달리기를 진행하면 좋다. 이는 컨디션을 유지하는 데 도움된다. 특히 고강도 스피드 훈련이나 대회 다음날에는 다리 상태를 확인하도록 하자. 만약 탄성이 덜하고 몸이 무겁다고 느껴지면 무산소 훈련을 일절 금하길 바란다. 고강도 훈련을 할 바에야, 가벼운 조깅으로 몸 상태가 회복되기를 기다리는 게 현명하다.

실제로 트랙 훈련도 후반으로 접어들면, 선수들에게 하나하나 구체적으로 지시하기가 불가능해 진다. 이는 주자 개개인마다 장단점이 다르고 훈련에 대해 각기 다르게 반응하기 때문이다. 그러므로 도약 단계 대회와 타

임 트라이얼 결과를 주의깊게 분석할 필요가 있으며, 그 후 훈련을 통해 자신의 약점을 보완하는 것이 중요하다. 그날 그날의 훈련 내용과 성적을 객관적으로 평가하고 실수로부터 교훈을 얻으며, 현 단계에서 해야 할 훈련을 하고 있다는 확신이 있다면 균형 잡힌 훈련, 나아가서는 대회에서 원하는 결과를 얻을 수 있을 것이다. 그를 위해서 선수 스스로 끊임없이 생각하고 체계적으로 훈련을 진행할 필요가 있다.

1. **트랙 훈련:** 리디아드는 무산소 능력과 스피드를 향상시키는 훈련을 무산소 훈련, 지구력과 스피드를 협응시키는 훈련을 협응력(스피드지구력) 훈련, 쌓인 피로를 풀고 경기에 앞서 몸 상태를 점검하는 훈련을 후레쉬 러닝이라고 말하면서, 이를 총괄해 트랙 훈련으로 불렀다.

2. **버드 윈터:** 미국 산호세 주립대학교 코치. 토미 스미스(멕시코 올림픽 200m 금메달리스트), 존 카를로스(멕시코 올림픽 200m 동메달리스트), 리 에반스(멕시코 올림픽 400m 금메달리스크)를 포함해 세계적인 수준의 단거리 선수를 다수 배출했다.

3. 잭 다니엘스가 쓴 <다니엘스의 러닝포뮬러>에서는 인터벌과 레피티션을 구분하나, 이 책에서는 크게 구분짓지 않는다.

"마음은 당신의 가장 강력한 근육입니다."

"Your mind is your strongest muscle."
—Tunde Oyeneyin

5.
자연 속에서 달리며
다양한 부위를 단련하는
크로스컨트리

크로스컨트리[1]는 전신을 단련하는 기초 훈련으로, 트랙을 주종목으로 뛰는 주자뿐 아니라 모든 주자에게 엄청난 이득을 가져다 준다. 울퉁불퉁하거나 고저 차가 심한 지형을 달리면, 평탄한 포장도로에서는 경험하기 힘든 다양한 부하가 다리 근육과 힘줄에 가해진다. 이는 다리 부위의 유연성과 근육을 강화하는 효과를 가져온다. 큰 동작이 요구되는 언덕 달리기는 다리 근육과 발목에 평소보다 큰 부하가 가해지므로, 자연스럽게 다리 근육이 튼튼해 지고 발목 유연성이 좋아진다.

앞서 최적의 결과를 얻기 위해서는 힘을 뺀 달리기가 필수라고 설명했다. 평상시 몸에 힘을 주며 달리는 주자, 상체 근육이 뭉쳐 있고 항상 뻣뻣하다고 느끼는 주자, 필요 이상으로 발을 차 올리는 주자일수록 크로스컨트리 훈련을 하거나 대회에 나가보기를 권한다.

진흙 또는 모래처럼 마찰력이 안 좋고 부드러운 지면 위를 달릴 때 움직임이 자연스럽지 않고 힘이 든다면 그와 같은 상태에서 빨리 벗어나야 한다. 마찰력이 안 좋은 지면에서는 에너지가 빨리 소모되고 피로가 급격히 쌓이기 때문이다. 이때 좋은 해결책으로 상체 근육에 힘을 빼고, 팔 동작을 낮게 유지하며, 허리는 곧게 펴는 동작을 취해 보자. 그러면 우리 몸은 최소한의 힘으로 전진하도록 자연스러운 주법을 구사할 것이다.

체력이 안 좋은 주자들은 몸에 피로가 쌓일수록 상체 근육이 뻣뻣해지고 팔의 위치가 높은 경향이 있다. 시간이 지날수록 이러한 단점은 악화되며 달리는 자세도 비효율적으로 바뀐다. 크로스컨트리를 활용한 훈련은 몸에 힘을 빼고 효율적으로 달리도록 도움으로써 자세를 교정하는 데도 많은 도움이 된다.

　크로스컨트리에서 오르막 구간은 다양한 이점을 가져다 준다. 오르막을 뛸 때는 몸 전체에 더 큰 동작이 요구되는데, 이때 발목에 큰 부하를 가하는 동시에 유연성을 늘려준다. 오르막길을 달리면 다리 근육에는 근력이, 발목에는 유연성이 높아지며 이는 훗날 보폭이 넓어지는 결과를 낳는다. 언덕 경사도가 가파를수록 발목과 다리 근육을 더 많이 구부려야 하는데, 이때 발목의 가동 범위가 넓어지는 동시에 유연성이 증가한다.

　상대적으로 체중이 나가는 주자는 오르막 달리기가 훨씬 더 힘겨울 것이라는 사실을 짐작할 수 있다. 하지만 사람의 체형이나 체중과 별개로 오르막 달리기를 통해 다리 근육에 부하를 가하면 스피드와 근력, 근지구력이 좋아진다. 체중이 나가는 주자일수록 중력에 맞서 몸을 들어올리기 위해 더 많은 에너지가 필요한 것은 자연스러운 이치다.

　오르막을 달릴 때는 무릎을 높게 들어올리면서 뛰어야 하는데, 이는 모든 주자들의 기량 향상을 위해 필요한 요소이다. 왜냐하면 무릎을 높게 들어올림으로써 보폭과 회전수가 늘어나기 때문이다. 또한 근섬유 발달을 촉진해 근력이 발달하며, 속근과 지근의 효율성도 좋아진다.

　오르막 구간이 많은 크로스컨트리와 트랙에서 진행하는 장애물 경기에서는 상대적으로 체중이 가벼운 선수가 무거운 선수를 이길 때가 많다. 하지만 체중이 나간다고 해서 크로스컨트리를 기피할 필요는 없다. 누구나 크로스컨트리 훈련을 통해 막대한 효과를 누릴 수 있기 때문이다. 크로스컨트리의 이점이 필요한 주자들이 오히려 크로스컨트리를 꺼려하는 이유는 그들이 비효율적인 자세로 달리기 때문이다. 그들은 스스로의 결점을 극복하기 위해 노력할 필요가 있으며 크로스컨트리야말로 자세를 개선하는 데 좋은 훈련법이라고 할 수 있다. 그러니 크로스컨트리를 꺼려하는 주자일수록 더 적극적으로 훈련에 임해야 함을 명심해야 한다.

부드러운 흙을 밟고 내리막을 뛰어 내려오는 점도 크로스컨트리의 특징 중 하나이다. 지면이 부드러우면 착지 충격에 대한 걱정이 덜해지는데, 이로 인해 엉덩이 주변 근육이 잘 늘어나면서 몸에 힘을 빼게 하며, 다리 근육과 힘줄을 스트레칭하는 데도 도움된다. 또한 회전수를 늘리고 보폭을 넓히는 데도 일정 부분 도움을 준다고 생각한다.

오솔길이나 산책로, 공원 주변에서 훈련하면 심리적인 측면으로도 주자에게 다양한 이점을 가져다 준다. 수많은 부담에서 해방된 채, 그날 내 몸 상태와 신체 반응에 따라 속도를 올리거나 늦추면서 자유롭게 뛰게 되는 것이다. 그리고 자연 속에서는 세세하게 속도를 측정하기 어렵다 보니 우리는 몸을 가누지 못할 때까지 한계 상태로 밀어붙이기보다, 피로는 쌓이나 속도를 유지할 만한 수준으로 달리는 경향이 있다. 이때 종종 유산소 최대 안정상태에 가까운 속도로 뛰게 되는데 포장도로에서 훈련할 때보다 훨씬 더 편한 마음가짐으로 그 수준까지 몸을 밀어부칠 수 있다. 크로스컨트리에서는 기초 체력을 충분히 쌓은 후에 진행해야 더 좋은 효과를 보는 고강도 파틀렉 훈련을 제외하고 무산소 수준에 근접한 달리기를 지속하는 경우는 거의 없다.

훈련뿐만 아니라 크로스컨트리 대회에 나가는 것 자체도 심리적인 측면에서 좋은 효과를 가져다 준다. 크로스컨트리 대회는 관중들의 비판적인 눈초리라든가 시끄러운 질타 또는 응원소리로부터 벗어나 있기 때문에 신체 감각을 곤두세울 필요가 없다. 대회에서는 다양한 지형을 달리기 때문에 속도를 유지하기가 어려우며 심폐기능보다 다리 근육에 더 많은 부하가 가해진다. 이때 산소 부채 상태까지 가기는 힘들며, 몸은 어느 정도 피로함을 느끼지만 녹초가 될 정도는 아니다. 관중들의 존재를 의식하여 지친 주자가 비효율적인 속도를 계속 유지하도록 스스로를 몰아부치는 일을 종종 볼 수 있는데, 크로스컨트리에서는 관중들의 눈에서 벗어나므로 다소 속도를 늦춘다고 해도 체면을 구길 일은 없다. 트랙 경기에 비해 훨씬 더 편안한 자세로 뛰게 될 것이다.

주자 스스로 효율적으로 달리기 위해 무의식적으로 속도를 조절한다는 점에 있어 크로스컨트리는 훌륭한 훈련이다. 마라톤 컨디셔닝 초반에 크로스컨트리 훈련을 실시하면 크나큰 이점을 가져다 줄 것이다. 마라톤 컨디셔닝도 후반으로 접어들면 정확한 속도 감각을 익혀야 하므로 육상 트랙에서 일정한 속도로 달리는 훈련에 중점을 두게 된다. 하지만 초기에는 그렇게 하지 않아도 된다. 그 점에서 크로스컨트리 훈련은 시간에 얽매이지 않고 마음 편히 뛰도록 도와준다.

크로스컨트리에서는 기록을 너무 의식해서는 안 된다. 이는 훈련뿐 아니라 대회에 나가서도 마찬가지이다. 자연 속에서는 설령 같은 거리라 해도 지형과 날씨, 지면 상태가 매일 변하고 그에 따라 경기력에 영향을 미치기 때문이다. 만약 그날의 여러 조건들을 배제한 채 기록만을 토대로 평가한다면 혼란과 오해만 불러일으킬 수 있다. 기록과 관계없이 예정된 일정에 따라 훈련을 소화했다면 그것만으로 충분히 목적을 달성했다고 할 수 있다.

크로스컨트리를 하기 전에 준비 체조와 보강 운동, 스트레칭으로 몸을 충분히 풀어두도록 하자. 그렇게 하면 코스 도중 나타나는 울타리 및 허들 같은 장애물을 뛰어 넘을 시 도움이 된다. 실제로 더 효율적이고 자신감 있게 장애물을 넘고 싶다면, 정기적으로 울타리를 넘는 연습을 넣어주자. 별다른 연습 없이 실전에서 울타리나 장애물을 마주하면 나도 모르게 자세가 움츠러들어 기록이 지체될 수 있다. 하지만 평소 장애물을 넘는 연습을 해 놓으면 겁먹기는 커녕, 다양한 기술을 시도할 수 있다. 한 손 또는 양손을 써서 넘는다든가, 장애물을 밟고 넘는다든가, 발 구름을 한 후 한 번에 뛰어 넘는다든가 심지어 울타리 아래로 빠져나가는 기술까지 습득하기도 한다.

또한 처음 나가는 대회라면 경기 전에, 실제 코스를 조깅하거나 걸어 보면서 사전에 모든 장애물을 직접 뛰어 보기를 권한다. 각 장애물을 깔끔하게 넘는 방법을 터득해서 본 대회에서 자신감을 갖고 임할 수 있도록 반복해서 연습을 해 놓는 것이다. 크로스컨트리에서 코스를 숙지하는 것은 상당히 큰 강점이다.

크로스컨트리 대회를 위해 본격적으로 훈련을 하거나, 크로스컨트리를 활용해 기초 체력을 쌓고 싶다면 본인이 목표로 하는 대회 약 10주 전부터 일정을 세세하게 짜고 훈련을 진행해야 한다. 뒷장에서 설명하겠지만 이 훈련 일정은 샤프너와 그보다 긴 거리의 레피티션같은 무산소 훈련, 목표로 하는 대회 거리 또는 그보다 짧은 거리에서 진행하는 타임 트라이얼, 그리고 참가 대회 등을 적절히 배분한 것이다. 특히 이전 시즌에 주로 트랙 경기를 나간 주자는 해당 훈련 일정에 앞서 2~3개월 동안 크로스컨트리 훈련을 하면서 유산소 능력을 쌓아야 한다. 만약 체력에 자신이 없는 주자라면 유산소 운동 시간을 더 길게 늘려야 할 것이다.

그런데 일부 국가에서 여는 크로스컨트리 대회는 명칭만 크로스컨트리이고, 실상은 트랙 경기에 장애물을 놓은 것에 지나지 않는 대회가 많다. 특히 미국의 수많은 주에서는 평평한 잔디밭 코스에서 크로스컨트리를 하고 있으며, 그중에는 장애물조차 없는 대회도 있다. 이는 크로스 컨트리가 아니다. 그러한 곳에서 대회를 열면 주자는 로드 대회처럼 일정 수준의 빠른 속도로 달릴 수밖에 없게 된다. 이를 지속할 경우 몸은 무산소 상태에 빠지면서 심폐기능에 피로를 유발할 뿐 체력을 쌓는 데는 하등 도움되지 않는다.

평평하고 장애물이 없는 코스에서 일주일에 1~2회씩, 10주 동안 달린다면 선수들의 몸 상태는 버티지 못하고 무너질 것이다. 흙으로 된 탄탄한 지면, 진흙 땅, 울퉁불퉁하고 언덕이 가파른 길, 평탄하면서도 가끔 장애물도 있는 코스, 이렇게 지형이 다양하고 험준한 코스를 달리는 것이야말로 주자들에게 크로스컨트리의 혜택을 제대로 가져다 줄 것이 틀림없다.

1950년 당시, 나는 오클랜드의 린데일 클럽을 떠나 오와이라카 클럽에 새로 합류하면서 매우 도전적인 시도를 펼쳤다. 당시 린데일은 뉴질랜드 최강의 크로스컨트리 클럽이었으며, 그에 반해 오와이라카는 이제 막 시작한 클럽이었다. 나는 단 6명의 젊은 주자와 함께 훈련을 시작했다. 놀랍게도 오와이라카는 고작 4년 만에 뉴질랜드 최고의 클럽으로 우뚝 섰다.

당시 우리가 강해질 수 있었던 이유로는 다른 곳에서 좀처럼 보기 힘든 험난한 코스에서 훈련하고 성장했기 때문이다. 할버그, 스넬, 제프 줄리앙, 매기 그 외 내가 가르친 선수는 모두 이 코스를 뛰면서 빨라졌다.

이 책을 읽는 여러분이 선수이든 코치이든 크로스컨트리가 가져다 주는 수많은 장점을 되짚어 보면서, 트랙 경기를 준비하는 데 중요한 요소로 생각해 보길 바란다. 크로스컨트리 훈련 기간에는 장애물, 언덕, 진흙투성이의 땅을 내딛고, 평평한 구간에서는 빠른 속도로 뛰면서 다양한 근육에 자극을 가한다. 주자들은 언덕을 뛰어 오르는 과정에서 근육에 피로가 쌓이고 속도가 느려지지만 반대로 평지에서는 빨라진다. 주자는 장애물 훈련을 통해 유연성이 좋아지고, 작은 개울과 늪을 뛰어넘고 부드러운 땅을 밟으면서 몸에 힘을 빼는 법을 배운다. 이는 단거리 및 중장거리 주자를 위한 훌륭한 훈련일 뿐만 아니라 아마도 다른 스포츠 종목에서도 선수들의 체력을 쌓은 훈련 프로그램으로서 많은 도움이 될 것이다.

특히 트랙을 주종목으로 하는 선수들은 크로스컨트리 시즌을 기초 체력을 전반적으로 쌓는 시기로 생각하고 가능한 한 자주 대회에 나가 보기를 권한다. 숲이나 공원, 거친 목초지처럼 자연 속을 달리는 크로스컨트리는 육체 및 정신적인 측면뿐 아니라 기술적으로 상상도 못할 만큼의 많은 혜택을 가져다 줄 것이다.

---

1. **크로스컨트리**: 장거리 육상 종목 중 하나로 잔디밭이나 흙길 등 자연의 지형지물을 이용한 코스를 달리면서 진행한다. 오르막과 내리막은 완만한 편이며 비교적 속도를 내며 달리기 쉽다는 점에서 산악지대를 달리는 트레일 러닝과 구분된다.

6.
워밍업과 쿨링다운의
목적과 방법

애블린 대학교의 어떤 미국인 코치가 내게 언젠가 호주의 전설적인 육상선수 허브 엘리엇Herb Elliott[1]을 지도한 퍼시 세로티Percy Cerutty[2]의 강연을 듣기 위해 새크라멘토로 날아갔다는 이야기를 한 적이 있다. 강연이 끝나고 질의응답 시간이 되자 그 미국인 코치가 워밍업에 대해 어떻게 생각하는지 물었다고 한다. 그러자 퍼시는 "토끼는 워밍업을 안 하는데도, 마치 악마처럼 빨리 뛸 수 있지요."라고 답했다. 나는 퍼시를 익히 알고 있었으므로 그 이야기를 듣자마자 그의 의도를 눈치챌 수 있었다. 하지만 당시 퍼시는 세계 최고의 코치로 이름 나 있었으므로, 미국인 코치를 비롯한 청중들은 그의 대답을 진지하게 받아들였다.

그래서 애블린 대학교 코치는 퍼시가 토끼에 대해서 말한 게 사실인지 확인하지 않고서는 집으로 돌아가지 않겠다고 말했고, 마침 토끼들의 서식지를 알고 있던 그는 캠코더를 들고 이튿날 새벽에 그곳을 찾았다. 토끼는 한참을 기다린 후에야 모습을 드러냈다. 토끼굴 밖으로 나온 토끼는 뒷발로 서서 주변을 살피다가 앞뒤로 몇 차례 발구르기를 한 다음, 눈 깜짝할 사이에 들판을 가로질렀다. 다행히 그는 그 모습을 카메라에 담았고, 토끼도 워밍업을 한다는 사실을 알게 되었다고 한다. 질문자 스스로 생각하고 답을 찾아가도록 유도한 퍼시의 의도는 아무래도 성공한 듯하다.

중장거리 주자들이 몸을 푸는 모습을 지켜보면 워밍업하는 시간에 큰 차이가 있음을 알 수 있다. 주자의 워밍업에 영향을 주는 요소는 다양한데, 그보다 앞서 이해해야 할 사항이 있다. 워밍업은 어떤 이유에서 필요한가이다.

워밍업의 목적은 크게 두 가지이다. 첫 번째는 출발 전 심박수를 130~140회로 높여 놓음으로써, 시작과 동시에 호흡과 심박을 급히 끌어올리지 않아도 된다. 두 번째는 미리 체온을 높여둠으로써 근육이 더 효율적으로 움직이도록 준비시켜 두는 것이다.

이처럼 미리 근육을 풀어 놓으면 경기 중에 근육이 당기고 힘줄이 팽팽해질 위험이 줄어든다. 근육이 식은 상태에서 운동하면 움직임이 뻣뻣하고 부자연스러우나, 워밍업을 마친 근육은 부드러워지면서 점성이 약해지므로 더 빠르게 수축할 수 있다. 즉, 워밍업은 시작부터 최상의 몸 상태로 뛰도록 몸의 여러 잠금 장치를 푸는 행위라 할 수 있다.

과거의 중장거리 주자들은 워밍업을 소홀히 한 채, 경기 초반의 묵직한 몸에서 회복되는 소위 '세컨드 윈드[3]'에 기대곤 했다. 하지만 현재는 워밍업으로 적절하게 몸을 풀어 놓으면 경기 중에 세컨드 윈드를 기다리지 않아도 된다는 사실을 알게 되었다. 상대 주자와 경쟁하는 긴박한 상황 속에서 호흡과 심박을 끌어올리기보다는, 시작하기 전에 미리 문제를 풀어놓는 게 상식으로 자리잡은 것이다.

워밍업의 일환으로 스트레칭을 하는 주자도 있는데, 그 내용과 방법은 대회 종목에 따라 다르다. 예를 들어 장애물 경주에서는 장애물을 넘기 위한 준비 체조가 필요하다. 하지만 이는 단지 선호도의 차이일 뿐이다. 일부 주자는 준비 체조 없이 다양한 속도로 달리며 몸을 풀기도 한다. 평소 훈련 시 특정 체조를 하는 주자들은 대회 전 워밍업을 할 때도 같은 방식으로 몸을 푼다. 달성하고자 하는 바가 무엇인지 이해하고, 그를 위해 필요한 운동을 한다면 구체적인 방법은 크게 중요하지 않다.

위밍업을 하는 데 사용하는 시간은 그날 상황에 따라 결정하길 바란다. 기온이 낮고 바람이 거세게 부는 날은 평소보다 옷을 많이 껴 입어도 몸이 따뜻해지는 데 오랜 시간이 걸린다. 하지만 날이 덥든 춥든, 뛰기 시작하면 심박수는 금세 오른다는 생리적 사실을 잊으면 안 된다.

그런데 위밍업에 너무 많은 시간을 쓰는 것도 문제다. 일부 주자는 선선해서 달리기 좋은 날씨인데도 위밍업하는 데 30~45분을 사용한다. 그들이 원하는 심박수와 체온까지 올리는 데는 15분이면 충분한데 말이다. 몸을 푸는 데 그토록 오랜 시간을 소요하는 이유는 그들 스스로 위밍업의 목적과 방법도 이해하려고 하지 않은 채 맹목적으로 따르기 때문이다.

1968년 핀란드에서 열린 마라톤 선수권 대회 날이었다. 나는 대회 시작 1시간 전에 도착했는데 주자들 몇몇은 이미 몸을 풀고 있었다. 그중 일부는 경기 초반 속도보다 빠르게 뛰는 이도 있었는데, 그 모습을 보며 아연실색했다. 그들은 지금 자신들이 무슨 행위를 하는지 이해하지 못한 듯 보였다. 그런 식으로 위밍업을 하면 출발 전부터 스스로 전열에서 이탈하겠다고 선언하는 격이기 때문이다. 마라톤에서는 출발 전에 꼭 해야 하는, 특별하게 정해 놓은 준비 운동은 없다. 마라톤은 트랙 종목에 비해 초반 페이스가 느리므로, 평상시보다 심박수와 체온을 높여 놓는다면 그걸로 충분하다. 퍼시가 예시로 든, 무언가에 화들짝 놀라 토끼처럼 뛰쳐 나가는 주자들은 2~3km만 지나도 자연스레 뒤처질 것이다.

내가 볼 때 중장거리 주자들의 위밍업 시간은 15분이면 충분하다. 처음에는 7~8분 정도 몸이 편한 속도로 유산소 운동을 하고, 그 다음 50~100m 질주를 넣어준다. 질주는 몸 상태를 봐 가면서 진행하며 보통 3번이면 충분하다. 그 후에는 높아진 심박수와 체온을 유지하기 위해 가볍게 조깅을 넣어주자. 몸을 다 풀고난 후에는 출발 직전에 옷을 벗은 다음, 자리에 서서 출발 신호를 기다린다. 이때도 쉬지 않고 가볍게 몸을 움직인다.

일부 주자들은 워밍업을 충분히 한 다음 몸에 담요를 덮어 눕는다. 그렇게 하면 체온은 유지하겠지만 심박수가 떨어지므로 워밍업을 한 의미 자체가 없어진다. 이 책을 읽는 독자들은 부디 그와 같은 실수를 저지르지 말길 바란다.

워밍업에 제 아무리 많은 시간을 소요한다고 해도, 생리적으로 얻는 추가적인 이점은 거의 없다. 출발 전에 의자에 앉아 대회를 생각하기만 해도 예민해지는 주자는 주위를 걸으면서 계속 움직이는 편이 심리적으로 안정될 수는 있다. 다만, 이는 그만큼 걸어다녀도 체력이 충분한 주자에 한한 이야기이다. 마라톤이나 크로스컨트리처럼 가능한 한 에너지를 아껴야 하는 종목은 제 아무리 체력이 좋다 해도 돌아다니지 않는 편이 좋다.

워밍업과 마찬가지로 경기를 마친 후 쿨링다운도 중요하다. 달리는 동안에는 심박수가 빨라지고 혈압이 상승하며, 심장에서 힘차게 내뿜은 혈액이 체내 곳곳으로 뻗어 나간다. 하지만 운동을 멈추면 혈압이 감소하고, 달리는 동안 확장된 동맥 및 정맥, 모세혈관은 수축하면서 혈액의 흐름도 점차 느려진다. 이로 인해 경기 중 생성된 젖산이 근육에 남게 되며 혈액 안에 산성 농도가 짙어지기 시작한다.

근육 안에 남아있는 산성화 혈액을 가급적 빠른 시간에 약 알칼리성으로 되돌리면 그만큼 피로회복이 빨라진다. 이때 가장 좋은 방법이 산소 부채를 생성하지 않고 혈액 흐름을 촉진하는 조깅이다. 경기를 마친 후 최대 15분 정도 가볍게 조깅을 넣어주자. 젖산은 몸 밖으로 배출되지는 않지만 신진 대사가 활발하게 작용하면 화학적 과정을 통해 글리코겐으로 전환되기 때문이다. 또한 달리는 동안 높아진 체온도 천천히 정상으로 되돌려 주기 때문에 오한이 들 가능성을 낮춰준다.

쿨링다운의 대해 진지하게 고민하길 바란다. 수많은 주자가 쿨링다운의 중요성을 인식하지 못한 나머지, 근육 속에 남은 산성 혈액이 신경을 건드려 근육통을 호소하는 지경에 이른다. 마사지로 혈액 순환을 촉진시켜서 산성 혈액을 약 알칼리성으로 되돌릴 수 있으나, 가벼운 조깅을 통해 심장으로 하여금 혈액 순환을 촉진시키는 편이 훨씬 좋다. 마사지는 체내로 대량의 산소를 들이쉬게 할 수 없지만, 조깅은 그것을 가능하게 하기 때문이다.

1957년, 핀란드의 살솔라Salsola가 1,500m 종목에서 세계 신기록을 수립할 당시의 일이다. 그는 평소 워밍업을 45분에서 50분 정도 했는데, 그날은 조금 달랐다. 대회 시작 전, 경기장 근처 호텔에서 쉬고 있던 그에게 시간에 맞춰 전화하기로 한 사람이 그 사실을 까맣게 잊고 만 것이다. 경기 시작 7분 전, 다른 주자가 하나 둘 경기장으로 소집되고 나서야 관계자들은 살솔라가 아직 안 왔다는 사실을 깨달았다. 관계자들은 다급히 그를 부르러 갔다. 연락을 받은 살솔라는 당황한 기색을 감추지 못한 채 서둘러 경기장 안으로 뛰어갔다. 경기장까지 뛰어 온 덕분에 경기 직전까지 침대에 누워 있었던 그의 몸은 충분히 풀어져 있었다. 하지만 평소처럼 오랫동안 워밍업할 시간이 충분치 않았기 때문에 몇 번의 질주만 한 후 출발선에 서야 했다. 그리고 그는 그날 열린 경기에서 세계 신기록을 세우며 우승했다. 경기 후 그는 다음과 같이 말했다. "만약, 평소처럼 충분하게 워밍업을 했다면 얼마나 더 좋은 기록을 세웠을지 상상도 안 갑니다"라고 말이다.

하지만 그는 그 후에 평소처럼 오랜 시간 워밍업을 했음에도, 다시는 그 때와 같은 기록을 낼 수 없었다.

1. **허브 엘리엇:** 1960년 로마 올림픽 1500m 금메달리스트. 1500m 3분 35초 6(1960년)과 1마일 3분 54초 5(1958년)의 개인 최고 기록은 둘 다 당시 세계 신기록이었다. 선수 시절 1500m와 1마일 경기에서 전승을 기록했다.

2. **퍼시 세로티:** 1950년대 후반 자연주의에 기초한 훈련 방법론을 제창하면서 허브 엘리엇, 영국의 로저 배니스터에 이어 1마일 4분의 벽을 깬 존 랜디를 시작으로, 세계적인 중장거리 선수를 다수 키워낸 호주의 유능한 코치이다.

3. **세컨드 윈드:** 몸을 덜 푼 상태로 격한 운동을 시작하면 들이마시는 산소와 내뱉는 산소의 균형이 무너지기 때문에 처음에는 숨 쉬기 힘든 상태에 빠진다(사점). 하지만 운동을 지속하는 동안 그 균형이 제자리를 찾으면서, 어느 순간 호흡과 운동이 편해지게 된다. 이와 같은 상태를 세컨드 윈드라고 부른다.

"당신의 1장을
다른 사람의 6장과 비교하지 마세요."

"Don't compare your chapter one with someone else's chapter six."
—Ally Love

7.
복장 및 러닝화를
고르는 방법

(이 장에서 소개하고 있는 러닝화, 의류 등은 2024년 기준으로 트렌드와 다소 동떨어져 있다. 그러나 현재의 최첨단 용품들이 어떤 과정을 거쳐 발전했는지 살펴보는 의미가 있을 것이다. 또한 기본은 항상 통하는 법! 최신 용품을 갖추지 못하더라도 우리는 달릴 수 있음을 상기하자. —옮긴이)

훈련 또는 대회에 나갈 때의 복장은 그날 날씨에 따라 시시각각 변한다. 대체로 따뜻한 지방에서는 기초 체력을 쌓는 마라톤 컨디셔닝이나 트랙 훈련 기간에 트랙 수트(tracksuits; 상의와 하의가 세트로 구성된 일종의 트레이닝복—옮긴이)를 입을 일은 거의 없다. 하지만 폭우가 내릴 경우에 대비해 지퍼가 달린 방수용 바람막이 자켓이 필요하다. 지퍼를 올리거나 내리면서 체온을 조절하는 동시에 몸을 건조하게 유지하면서 달릴 수 있기 때문이다.

훈련할 때는 가능한 한 얇은 옷을 입고 뛰는 게 효과적이며 몸도 편하다. 트랙 수트를 입고 뛰면 체온이 급격하게 오르고 습하거나 비가 오는 날씨에는 오히려 무거워져 뛰는 데 방해가 된다. 하지만 추운 지방에서 겨울 훈련을 실시할 때는 트랙 수트가 꼭 필요하고, 춥고 건조한 날씨에는 후드가 달린 따뜻한 셔츠를 입으면 몸을 풀거나 훈련할 때 유용하다. 이때 옷을 얼마만큼 껴 입고 뛸지는 그날 추위에 따라 바뀐다.

특히 영하 20도 이하의 온도에서는 서로 다른 소재를 겹쳐 입는 것을 추천한다. 내가 핀란드에서 지냈을 때였다. 먼저 통기성이 좋은 소재의 옷을 입고, 그 위로 바람이 안 통하는 소재의 옷을 입었다. 이렇게 하면 외부로부터의 차가운 공기를 차단하고, 몸과 수트 사이에 따뜻한 공기 층을 형성할 수 있다. 이처럼 겹쳐 입음으로써 영하 40도의 추위에서도 2시간 이상 너끈히 달릴 수 있는 것이다.

　　달리기하는 데 가장 중요한 장비가 무엇이냐고 하면 열의 아홉은 러닝화라고 답할 것이다. 그러니 러닝화를 구입할 때는 시간을 충분히 두고 꼼꼼하게 살펴 보자. 실제로 양쪽 발 모두 신어보길 권한다. 러닝화를 신고 일어서거나 걸어보면서 꽉 끼거나 조이는 부분이 없는지 확인하는 것이다. 러닝화는 발뒤꿈치 아킬레스건에 마찰을 일으키지 않고 발 관절을 너무 조이지 않아야 한다. 또한 발끝은 약간의 빈 공간이 있어야 한다. 왜냐하면 달리기 시작하면 신발 안에서 발이 움직이고 부어오르기도 하기 때문이다. 이때 발끝에 여유 공간이 없다면 나중에 발톱이 빠질 수 있다. 그리고 러닝화 끝이 너무 길쭉하면 뒤쪽으로 발이 자꾸 밀리고, 그러면 신발의 폭이 좁은 부분에 지속적으로 발바닥이 쓸려서 물집이 생길 수 있다.

　　러닝화를 고를 때 내게 맞는 사이즈를 고르는 것 못지 않게 중요한 부분이 밑창의 성능이다. 우선 신발 밑창이 딱딱한 노면의 충격을 충분히 흡수하는지 확인하자. 이때 발뒤꿈치 부분을 주의 깊게 살펴야 한다. 도로 훈련 시, 특히 내리막을 뛸 때 발뒤꿈치의 밑창이 충격을 완화하는 막중한 역할을 맡기 때문이다. 어느 신발 제조 회사에서는 발뒤꿈치의 마모를 줄이기 위해, 제작 단계부터 뒤꿈치 밑창을 대각선으로 깎거나 둥근 형태로 만들기도 한다. 만약 이렇게 발뒤꿈치 밑창의 일부가 잘려나갔다면 도로 훈련용 러닝화로는 적합하지 않다.

　　일부 러닝화는 앞부분이 너무 길다. 이런 구조는 지면을 박찰 때 발 전체가 아닌 발끝으로 뛰어 오르게 된다는 것을 의미하는 데, 이 때문에 어퍼가 발톱을 지속적으로 압박하고 전족부를 납작하게 누르게 된다. 종국에 가서는 발톱 통증을 유발한다. 또한 발가락과 러닝화 끝 사이에 1cm 이상

공간이 있으면 무릎을 들어올릴 때 지면을 안정적으로 내딛기가 어려워지므로 조심해야 한다.

밑창을 볼 때 또 한 가지 확인해야 할 부분은 그 형태이다. 수많은 러닝화가 일자형으로 만들어진다. 하지만 발 모양을 살펴보면 알 수 있듯이, 사람의 발은 안쪽으로 살짝 굽은 바나나 형태에 가깝다. 발을 일자형 신발에 집어 넣으면 엄지발가락 바깥쪽으로 압박이 가해지고, 발뒤꿈치가 안쪽으로 쏠리면서 통증이 생기는 등 또 다른 문제가 발생한다.

이 결함을 보완하기 위해 일부 제조 회사에서는 단단한 보강재나 힐 카운터[1]를 넣기도 한다. 하지만 이래서는 전족부가 신발 바깥 쪽으로 계속 쏠리게 된다. 우리 발끝은 달릴 때 자연스럽게 바깥 쪽으로 향하게 되는데 그와 같은 신발을 신고 뛰면 그 경향이 점점 더 심해져 발목 통증을 느끼게 되고 말 것이다. 게다가 이 상태로 뛰면 러닝화도 틀림없이 빨리 망가질 것이다. 참고로 수많은 주자가 사용하는 기능성 깔창은 바나나 모양의 발을 일자형 신발에 맞춰 신기 위해 필요한 장비이다.

발뒤꿈치 부분의 밑창은 어느 정도 탄성을 갖춰야 한다. 고무가 너무 딱딱하면 지면에 떨어뜨려도 튀지 않으며 반대로 너무 부드러워도 튀지 않는다. 적당히 단단한 고무만이 튀어 오를 것이다. 이는 장거리를 많이 뛰는 주자일수록 중요하다. 그런데 신발 밑에 고무가 두꺼워 보인다는 사실만으로 주자의 다리가 안전하다고 장담하기는 어렵다. 따라서 장거리를 뛰기에 적합한 고무, 즉 양질의 고무인지 주의 깊게 살펴야 한다.

또한 러닝화는 뛰는 장소에 따라 바꿔 신어야 한다. 밑창이 와플 모양인 러닝화는 흙길과 잔디 위를 달리기에는 좋으나, 포장 도로에서는 금세 밑창이 닳아 마찰력이 약해진다. 특히 젖은 도로에서 와플 모양의 밑창은 오히려 마찰력이 더 나빠진다. 도로에서 뛸 때는 그보다 밑창이 두꺼운 신발을 신는 편이 좋다. 마치 카레이서가 지면에 닿는 면적이 넓고 평평한 슬릭 타이어를 자주 사용하듯 길 위를 달리는 주자들도 그래야 한다.

1960년, 피터 스넬이 로마 올림픽에 참가했을 때의 일이다. 당시 육상 경기는 신더 트랙에서 진행됐는데 뉴질랜드에는 신더 트랙과 같은 단단한 재질의 트랙이 없었기 때문에 우리는 늘 잔디 트랙에서 훈련을 진행했었다. 중거리 주자는 스퍼트를 내기 전까지 발뒤꿈치로 착지해 발끝으로 내딛는, 이른바 체중을 이동하면서 뛰게 된다. 신더 트랙과 같은 딱딱한 지면에서 뛸 경우 그들의 다리는 지면에서 받는 충격으로 인해 상당한 데미지를 입는다. 당시 스넬은 하드 트랙에 익숙하지 않았다. 3일간 네 차례나 경기를 나가는 동안 그의 다리는 계속해서 단단한 지면을 박차고 뛸 것이기 때문에 근육이 경직되고 통증을 느끼리라는 사실은 대회 전부터 익히 예상했던 바였다.

그래서 나는 그가 신는 스파이크 러닝화 발뒤꿈치 부분에 작은 고무 조각을 붙여 충격을 완화시켰다. 결승전이 열리기 전, 아디다스 직원들이 결승 진출자들에게 자기네 신발을 신게 하기 위해 방문했다. 하지만 다행히 그들은 피터에게 말을 걸지 않았다. 이제 겨우 신인인 그가 우승할 리 없다고 판단했기 때문이리라. 하지만 그들의 예상과 달리, 시상대의 가장 높은 곳에 선 이는 평범한 흰색 스파이크 러닝화를 신은 스넬이었다.

경기 직후 아디다스 직원들이 스넬이 신고 있는 러닝화에 관심을 갖고 질문을 던졌다. 그래서 나는 발뒤꿈치에 충격이 가해지면 다리 부분의 적혈구가 파괴되고, 파괴된 적혈구가 모세혈관과 동맥에 머물면서 다리 부상의 원인 중 하나가 된다고 설명했다. 그러면서 발뒤꿈치에 고무 패드를 붙인 이유는 그를 방지하고자 하기 위함이라고 덧붙였다.

아디다스 직원들은 이 이야기에서 영감을 얻었는지, 회사로 돌아가 새로운 러닝화를 만들었다. 그것이 바로 발뒤꿈치에 특수 고무를 붙인 아디다스의 '인터벌 슈즈'[2]이다.

고무 소재와 관련해 주의해야 할 점이 있다. 바로 온도에 민감하다는 것이다. 기온이 낮아지면 고무가 딱딱해져서 충격 완화 기능과 접지력이 떨어진다. 이와 같은 날씨에 대처하기 위해서는 더 부드러운 고무 소재의 러닝화를 신는 편이 좋다.

진흙투성이나 거친 땅을 달리는 크로스컨트리에서는 스파이크 러닝화보다 오리엔티어링용 러닝화[3]처럼 튼튼하게 만든 러닝화가 필요하다. 스파이크 러닝화로 숲길을 달리면 얼마 안 가 못쓰게 되고 말 것이다. 오리엔티어링 대회[4]를 나가는 주자들은 미끄러운 지면에서도 접지력이 좋고 내구성도 뛰어난 고무 돌기로 밑창이 구성된 러닝화를 사용한다.

트랙 중장거리 종목에서는 발뒤꿈치에 충격 흡수 소재인 '웨지'[5]를 넣은 인터벌 슈즈 형태의 스파이크 러닝화가 좋다

스파이크 러닝화를 고를 때는 침의 위치를 잘 살펴봐야 한다. 침은 가능

한 한 발끝 가까이에 있는 편이 좋다. 왜냐하면 발끝으로 지면을 밀게 됨으로써 앞으로 나아갈 추진력과 최대 접지력을 동시에 얻을 수 있기 때문이다. 또한 곡선 구간을 돌 때는 발이 바깥쪽으로 빠지기 쉬우므로, 침 위치는 신발 앞부분 중 바깥쪽에 있는 것을 고르자.

신발 끈도 주자가 생각하는 것보다 훨씬 더 중요하다. 신발 끈을 묶을 때는 발등 근육과 중족골이 압박받을 정도로 조이면 안 된다. 끈 묶기처럼 극히 간단한 부분 때문에 발이 제 기능을 못 하게 될 수 있으며, 특정 부분에 부담을 가하기 때문에 자칫하면 부상을 당할 수 있다. 다음의 그림은 신발 끈의 압박을 덜 받기 위한 하나의 예시이다.

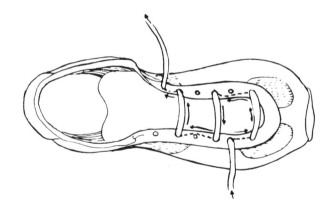

평소 러닝화 밑창 발뒤꿈치 부분의 마모를 유심히 살펴보도록 하자. 마모 정도가 심하면 다리와 엉덩이까지 직접 충격을 받을 뿐 아니라 뼈까지 닳을 가능성이 있다.

러닝 쇼츠는 꽉 조이지 않고 내 몸에 편안하게 맞는 것이 좋다. 무릎을 들어올리는 과정에서 다리 동작에 방해가 되는 쇼츠는 좋지 않은데, 이와 같은 쇼츠는 특히 비 오는 날에 다리에 달라붙기 쉬우므로 거추장스럽다. 남성의 경우 과거에는 피부가 쓸리는 것을 방지하기 위해 애슬레틱 서포터[6] 같은 보호대를 착용했으나 마찰을 일으키기 때문에 이제는 옛말이 된 듯하다. 개인적으로는 속팬티와 일체형인 러닝 쇼츠를 추천한다. 만약 없다면 러닝 쇼츠 안에 면 팬티를 입도록 하자.

1970년, 텍사스 북동부에 위치한 우드빌이라는 마을에서 훈련 캠프를 진행하던 중이었다. 그날은 30명의 주자들과 함께 34km 장거리 훈련을 하는 날이었다. 굉장히 덥고 습한 날이었는데, 당시 남성용 면 팬티가 없던 나는 여성용으로 디자인된 면 팬티를 입고 훈련을 나갔다. 그 모습을 본 미국의 육상 소년들이 크게 입을 벌리며 웃었다. 그러나 달리기가 끝난 후에 '쓸리지 않은' 사람은 나뿐이었다. 다음 날, 30명의 주자들은 동네 옷가게로 우르르 찾아가 여성 점원을 향해 개개인에게 맞는 여성용 면 팬티를 찾아달라고 요청했다. 왜 이토록 많은 남성이 여성용 속옷을 원하는지를 설명하기 전까지 그녀는 다소 놀란 표정을 지었다. 우리들 덕분에 해당 옷가게는 그날 상당한 매출을 올렸을 것이다.

러닝 쇼츠 안에 아무 받침도 없이 달리면 시원하고 편한 것은 사실이다. 하지만 작지만 끊임없이 마찰이 일어나다 보면 어느 순간 문제가 발생하기 마련이다.

중장거리 주자라면 60초 눈금 전체가 있는 초시계를 구입하자. 30초짜리 초시계는 타임 트라이얼이나 대회에서 두 명 이상의 주자의 시간을 측정하려고 하거나, 달리는 동안 정확한 판독값을 얻고자 할 때 혼란을 야기할 수 있다. 일부 시계는 분할해서 초를 잴 수 있는 기능이 있다. 이는 중간에 시간을 멈추지 않고 계속 진행할 수 있다는 장점이 있는데, 정확한 랩 타임과 그 외 분할 시간을 측정하는 데 매우 유용하다.

초시계는 가격이 비싸므로 목적에 맞는 제품을 찾기 전까지 신중히 생각하도록 하자. 디지털 유형의 초시계는 실제 측정 시간에 대해 의심할 여지가 없으며, 기존의 기계식 형태보다 개량된 것이다. 게다가 기존 초시계는 휴대하고 달리면 보통 속도가 느려진다. 하지만 디지털 시계는 휴대 시에도 항상 정확하다.

1. **힐 카운터:** 신발 뒤꿈치 부분에 내장된 보강재로 착지 시 발목 움직임을 흔들림 없이 고정시켜준다. 힐 컵은 발 뒤축 착화감을 높이기 위한 보정 구조물.
2. **인터벌 슈즈:** 1964년 아디다스가 발매한 스파이크 러닝화.
3. **오리엔티어링용 러닝화:** 트레일러닝화와 비슷하나 엄밀하게 따지면 차이가 있다. 오리엔티어링용 러닝화는 풀숲을 가로지르거나 길 외의 장소를 달리는 경우도 많으므로 가벼우면서도 미끄러지지 않는 성능의 신발이 많은 편이다.
4. **오리엔티어링 대회:** 산과 들에서 지도와 나침반을 활용해 좌표 지점들을 찾아다니며 최종 목적지까지 누가 빨리 도착하느냐를 겨루는 스포츠.
5. **웨지:** 밑창과 중간창 사이에 삽입해 충격 흡수와 뒤꿈치 부분을 높여주는 역할을 하는 부품이다. 웨지를 중간창 밑에 붙인 신발, 혹은 웨지를 중간창과 일체형으로 출시한 신발도 있다.
6. **애슬레틱 서포터:** 남성들이 운동 시 생식기를 보호하기 위해 차는 탄력 있는 보호대를 말한다.

8.
대회 전략

중장거리 종목의 결과를 좌우하는 요소는 다음과 같이 11가지이다. 이는 모두 전술적인 성격을 갖고 있다.

1. 자신의 현재 기량과 발달 정도
2. 기초 스피드 또는 질주 능력
3. 지구력
4. 빠른 페이스를 안정적으로 유지하는 능력(스피드 지구력)
5. 경기 중에 변속을 가하는 능력
6. 라스트 스퍼트를 시작하기에 가장 적합한 거리
7. 경기 중 마인드 컨트롤하는 힘
8. 상대방의 기량을 파악하는 능력
9. 상대방의 장단점을 파악하고 그를 활용하는 능력
10. 자신과 상대방의 장단점을 연관짓는 능력
11. 경기 중 정확하게 속도를 판별하는 능력

경기는 언제나 현실적으로 임해야 하며 해당 종목에서 자신의 한계를 객관적으로 파악해야 한다. 그를 토대로 각 요인을 종합적으로 고려한 후에 작전을 세워야 하며, 특히 기초 스피드의 원칙을 명심할 필요가 있다.

일부 선수는 상대적으로 기초 스피드가 뒤처지기 때문에, 경기 내내 빠른 페이스로 치고 나가야 하는 상황에 처한다. 그들은 상대방이 라스트 스퍼트를 내는 순간을 노심초사 두려워하며, 추월을 허용하지 않기 위해 안간힘을 쓴다. 결승선을 들어올 때까지 선두를 유지하고 승리를 거머쥘 때도 많으나 인생이란 계획대로 흘러가지 않을 때도 있는 법이다.

예를 들어, 바람이 세게 부는 날에 경기가 열리면 기초 스피드가 뛰어난 선수는 초반에 경기를 이끄는 선수 뒤에 붙어, 선두의 체력이 소진되기를 기다릴 것이다. 그들이 몹시 지칠 즈음 스퍼트를 낼 준비를 하기 위해서이다. 이 같은 상황에서 경기를 이끄는 유형의 선수 입장에서는 필요 이상으로 빨리 뛰는 것이 스스로를 혹사 시키는 행위일 뿐, 그다지 현명하지 못한 방법이라 할 수 있다. 오히려 이때는 500m 정도 남은 시점에서 스퍼트를 내는 게 나을 수 있다. 뒤따라오는 선수들의 체력을 소모시킨 후, 마지막 직선 구간에서 그들이 계획한 스퍼트를 내지 못하게 하는 전략이다. 다만 이 작전을 쓰기 위한 전제조건으로 본인 스스로 강인한 체력을 갖춘 몸 상태가 되어야 한다.

결승선을 몇 미터 앞두고 스퍼트를 내는 게 자신에게 알맞은지 알기 위해서는, 대회 전 다양한 거리에서 스퍼트해 보는 게 도움된다. 단숨에 속도를 높일 수 있는 주자가 있는가 하면, 서서히 속도를 높이는 주자도 있다. 전자가 스퍼트를 낼 경우에는 선두그룹 내, 또는 그 뒤에 바짝 붙어있으면 좋다. 후자라면 선두그룹으로부터 몇 미터 떨어져 선두그룹을 앞지를 수 있을 만큼의 속도가 나올 때까지 필요한 거리를 확보해 두는 편이 현명할 것이다. 그렇지 않을 경우 본인은 스퍼트를 냈다고 생각했더라도 단순히 선두 그룹 무리에 이끌려 속도를 높일 뿐, 아무런 이득도 취하지 못하게 된다.

언제 어디서 스퍼트를 할지 정할 때야말로 상대방에 대한 정보가 필요하다. 상대 선수가 내 앞에 있든 뒤에 있든 나보다 빠르게 속도를 전환할 수 있다면, 상대방이 먼저 스퍼트를 내서 차이를 벌려 놓는 경우도 있기 때문이다. 그러니 수많은 시행착오를 통해 자신의 능력에 맞는 스퍼트 거리를 숙지하고 그 시점에서 치고 나가도록 하자.

기초 스피드는 뛰어나지만 체력에 자신이 없는 선수는 스스로 선두에 선 다음 조금씩 속도를 늦추면서 경기 전반을 완만하게 전개하려는 경향이 있다. 이 작전은 종종 통할 때도 있지만, 대부분은 금세 들통난다. 다른 선수들이 속도가 느려진 사실을 깨닫고 그중 누군가가 선두로 치고 나와 원래대로 속도를 돌려 놓기 때문이다. 그렇게 될 경우 체력에 자신 없는 선수는 속도를 늦추기 위해 재차 선두에 설 수밖에 없게 된다. 하지만 그처럼 무턱대고 속도를 높이거나 낮추는 행위는 일종의 질주와 회복을 반복하는 행위와도 같다. 이렇게 되면, 안 그래도 지구력이 부족한 선수인데 남은 체력까지 고갈되면서 이길 가능성이 점차 희박해진다.

이러한 유형의 선수는 무리 안에 섞인 다음 가능한 한 트랙 안쪽 라인을 뛰면서 힘을 보존하는 편이 좋다. 그 후 전반적인 속도가 너무 빨라지지 않도록 스스로를 유심히 살피면서, 경기 막바지에 자신의 무기인 속도를 꺼내 쓰는 것이다.

선두 유형의 선수는 자신이 설정한 속도가 너무 빠르지 않는지, 이 속도를 완주할 때까지 유지 가능한지, 등 뒤로 다들 무슨 꿍꿍이인지 등 온갖 종류의 불안과 의심을 품고 뛰는 경우가 많다. 이 같은 잡념은 선수를 심리적으로 위축시키고 비효율적인 자세로 달리게 한다. 그들은 너무 긴장한 나머지 후속 주자들이 라스트 스퍼트를 내걸 시점에는 이미 심신이 지쳐서 아무런 대응도 못하고 다른 선수들에게 추월당하고 만다. 이런 모습은 경기에서 흔히 볼 수 있는 광경이다.

중요한 경기에서는 시작부터 선두로 치고 나간 선수가 1위로 골인하는 경우는 거의 없다. 이는 적당히 빠른 속도로 경기가 진행될 때는 어설프게 선두에 서서 달리거나 초조한 마음에 스퍼트를 내기보다는 한 발짝 뒤로 물러서서 뛰는 편이 현명하다는 사실을 보여준다. 또한 한 경기에서 100m 이상의 스퍼트를 두 번 내지를 수 있는 선수도 거의 없다. 그러므로 바로 지금이 스퍼트를 낼 기회라는 생각이 든다면, 결승선을 향해 가진 힘을 모두 쏟아붓기 위해서라도 육체적, 정신적 에너지를 아껴두는 편이 훨씬 훌륭한 작전이라고 할 수 있다.

수십 년 전까지는 당시 소련의 쿠츠Kutz[1]가 5,000m 종목에서 보여 주었듯 50m 정도의 스퍼트를 몇 차례나 반복해서 상대방의 추격을 뿌리치는 작전도 통했다. 하지만 그 방법은 당시 대부분의 장거리 선수들한테 지구력이 부족했기에 가능했다. 체력을 충분히 쌓은 오늘날의 상위권 선수들에게는 통용되지 않는 방법이다. 지금도 그런 방식의 스퍼트에 뒤쳐지는 선수가 몇몇은 있을 수 있지만 착실하게 훈련을 쌓은 대다수의 선수들은 그 같은 스퍼트 정도는 너끈히 대처할 정도로 수준이 올라왔다.

사전에 계획한 대로 뛰기 위해서는 스스로의 달리기를 조절하고 적정 속도를 판별하는 능력이 필요하다. 누군가 빠른 속도로 달린다고 해서 자신의 능력을 망각한 채 따라 붙으면, 경기 초반부터 대량의 산소 부채 상태를 떠안아서 경기가 끝날 무렵 참혹한 대가를 지불하는 예가 무수히 많다.

지구력을 무기로 삼는 체력 유형의 주자는 초반부터 빠른 속도로 뛰면서 스피드형 주자가 미련하게 따라오도록 만드는 작전을 짜 보는 것도 한 방법이다. 단, 이는 바람이 너무 세지 않을 경우에 한해서이다. 그리고 경험 많은 선수들이라면 안 속을 가능성이 높다. 그렇다 해도 처음에 한번 빠른 속도로 뛰고 잠시 숨을 고른 후 다시 속도를 올려 달리면 종종 따라오는 경우도 있으니 다양한 방법으로 시험하면 좋을 것이다.

해당 지역 출신이든 다른 지역에서 참가한 선수이든 가급적 상대방을 많이 연구하고 그들의 장단점을 다각도에서 분석해 놓자. 훗날을 위해 기록해 두는 것도 좋은 방법이다. 해외 선수들에 대한 정보를 무심코 흘려 읽을 수도 있지만, 언제 그들 중 한 명과 같은 대회에서 만날지도 모르는 일이다. 그 순간 머릿속에 상대방에 대한 정보가 없다면 그들의 약점을 활용하지 못할 뿐더러 그들이 원하는 대로 경기가 흘러가게 될 위험이 커진다.

상대방에게 압박을 가하고 싶다면 끝까지 따라붙어야 한다. 안쪽 레인에서 멀어질수록 달리는 거리는 늘어난다. 결승선까지 가는 최단 경로는 트랙 안쪽이라는 사실을 명심하자. 현명한 선수는 안쪽 트랙에 바짝 붙어서 뛰다가, 다른 선수를 추월하거나 마지막 스퍼트를 낼 때만 바깥 라인으로 달린다.

800m 경기에서는 첫 120m를 세퍼릿 코스로 달린 다음 그 후 오픈 코스로 이어진다. 이때 바깥 코스를 달리던 선수가 갑자기 안쪽 코스로 가로지르는 것을 자주 볼 수 있다. 그와 같은 선수는 아무 생각 없이 뛴 탓에 그 시점에서 6m 혹은 그 이상의 거리를 더 달리게 된다. 만약 그들이 다음 곡선 구간까지 1번 레인에 진입할 생각으로 서서히 안쪽으로 들어왔다면, 몇 미터를 더 달리기 위해 쓴 에너지를 아끼는 대신, 그만큼의 에너지를 라스트

스퍼트에 쏟아부었을 것이다.

또 다른 나쁜 습관은 경기 도중 갑자기 치고 나와 선두에 섰다가 아무 행동도 취하지 않은 채 다시 되돌아 오는 경우이다. 이는 그야말로 의미 없는 행동이다. 만약 경기 중에 무언가 행동으로 옮길 때는 분명한 목적성을 갖고 경기에 임해야 한다. 치고 나가는 행위가 뚜렷한 목적을 갖고 있었다면, 목표를 달성하기 위해 골인 지점까지 포기하지 않고 달릴 일이다.

충분히 이길 수 있었거나 최소한 좀 더 괜찮은 경기 운영을 할 수 있었음에도 전술적인 실수나 생각 없는 달리기로 실패를 맛보는 사례는 무수히 많다.

1971년 헬싱키에서 열린 유럽 선수권 10,000m 경기를 뛴 데이브 베드포드Dave Bedford[2]가 좋은 사례이다. 경기 전 스웨덴의 생리학자들은 그를 상대로 체력 테스트한 결과 1kg당 산소 흡수량이 87ml나 된다고 발표했다. 이는 그때까지 기록된 수치 중 가장 높은 편이며 이를 근거로 생리학자들은 베드포드의 우승은 따 놓은 당상이라는 견해를 폈다. 생리적으로 보면 베드포드가 이길 확률은 거의 100%였다. 하지만 생리학자들은 생리적인 요소 외에도 전술 같은 다양한 요소가 경기에 영향을 미친다는 사실을 잊은 듯했다.

베드포드는 선두에 서서 달리는 주자였다. 주로 쓰는 전략은 경기 중반부터 다른 선수들을 뿌리친 다음 아무도 못 따라오도록 결승선까지 독주하는 방식이었다. 하지만 이날 경기에서는 만반의 준비를 한 선수들이 몇몇 포함돼 있었다. 그들은 전반 5,000m까지 베드포드 뒤에 바짝 붙어 뛰었으며 그 후로도 좀처럼 떨어지지 않았다.

애초에 베드포드는 효율적인 주법을 구사하는 주자가 아니었다. 그는 여전히 선두에서 뛰었지만, 평소와 달리 선수들을 뿌리쳐 내지 못했다는 사실을 깨닫자 초조해하기 시작했다. 그 사이 마지막 1바퀴를 남았다는 신호와 함께 종이 울렸고, 몇몇 선수가 그를 지나쳐 라스트 스퍼트를 냈다. 그들은 마지막 바퀴를 53초에 주파했으며 베드포드는 멀찌감치 뒤쳐진 채 골인했다.

우승한 핀란드의 바테이넨Vaatainen의 종전 기록은 베드포드의 최고기록 근처에도 못 미쳤었지만, 이날만큼은 전략을 활용해 베드포드에게 완승을 거뒀다. 만약 베드포드가 처음부터 선두로 나서지 않고 초반에는 적절하고 안정적인 속도로 뛰다가 후반 5,000m에서 다른 선수들을 제치고 앞으로 나서는 전략을 구사했다면 그는 어깨가 굳은 채로 달릴 일도 없었을 것이며 경기 운영도 더 잘했을 것이다.

베드포드의 10,000m 세계 신기록은 그의 기량이 의심할 여지 없이 위대하다는 사실을 증명한다. 하지만 운이 나빴다고 하기에 앞서 중요한 경기에서 가진 능력을 충분히 발휘하지 못한 점을 곰곰이 되새겨볼 필요가 있다.

반대로 뛰어난 전략으로 승리를 거머쥔 사례도 있다. 1964년 도쿄 올림픽 3,000m 장애물 경주에서 금메달을 딴 가스통 룰란츠Gaston Roelants[3]는 지금까지 내가 봐 온 경기 중에서 가장 뛰어난 전략으로 이겼다. 룰란츠도 베드포드처럼 경기 시작과 함께 앞으로 뛰쳐나가 초반에 승부를 보는 유형으로 유명했다. 하지만 도쿄 올림픽을 참가한 그는 준결승에서 평소 몸 상태가 아니었는지, 2,000m부터 피곤한 기색을 보였다. 이틀 뒤 치러진 결승전에서도 그는 평소와 다르게 총소리가 울려도 앞으로 뛰쳐나가지 않았다. 그 모습을 본 다른 선수들은 낯선 광경에 어떻게 대처해야 할지 몰라 당황한 기색이 역력했다.

그 때문인지 경기는 평소보다 느린 속도로 진행됐다. 아무도 룰란츠를 대신해 선두에 서서 경기를 이끌거나, 저 혼자 속도를 올리려는 선수가 없었다. 모두가 머릿속에 곤혹감을 안은 채 하나의 그룹을 이루며 트랙을 돌 뿐이었다. 1,000m를 지나자 갑자기 룰란츠가 선두로 치고 나왔다. 출발 직후 선두에 서서 주도권을 가져가는 평소 그의 달리기처럼 독주하기 시작한 것이다. 이 질주로 다른 선수들의 의표를 찌른 룰란츠는 그 후로 차이를 더욱 벌리면서 결승선에 1위로 골인했다.

아마도 룰란츠는 준결승전을 뛰면서 이렇게 생각하지 않았을까. 만약 결승전에서도 선두에 서서 뛰면 결승선에 다다르기 전에 지칠 것이라고 말이다. 그는 자신의 몸 상태로 빠르게 뛸 경우 유지 가능한 거리가 2,000m까지라고 판단하고, 초반 1,000m보다는 마지막 2,000m를 자신의 속도대로 경기를 풀어가면 되리라고 생각한 것 같다. 이는 상대팀이 미처 예상하지도, 반격할 수도 없는 전략의 변화였다고 할 수 있겠다.

1960년 로마 올림픽 5,000m 종목에서 머레이 할버그도 과감한 전략으로 우승을 차지했다. 그의 전략은 단순했다. 3바퀴 남은 시점에서 선두로 치고 나가고 그 후에는 어떠한 경우에도 선두 자리를 뺏기지 않으며 결승선을 들어오는 것이었다. 그것이 할버그가 확실하게 승리를 거머쥘 수 있

는 방법이라고 판단했다. 그리고 할버그는 끈질긴 정신력으로 끝까지 버텨
냈다.

이 전략은 나 자신이 훈련을 시작할 때부터 마음속에 품고 있던 생각에
기초해 있었다. 첫째, 어떤 운동을 계속하면 우리 몸은 그 운동을 더욱 효
율적으로 수행하도록 변한다는 사실이다. 달리기에 빗대자면 일정 거리를
반복해서 뛰면 우리 몸은 같은 거리를 달리는 데 점차 익숙해진다. 훈련 초
기에 나타난 약점은 점진적으로 사라지며, 해당 거리를 뛰는 내내 부드러운
자세로 뛰게 된다. 하지만 거리가 바뀌면 다른 템포로 달려야 하므로 리듬
감이 흐트러진다.

로마 올림픽 5,000m 출전을 앞둔 할버그는 그 중요한 경기에서 시종일
관 페이스를 유지하며 달릴 수 있도록 대회 전부터 3마일 또는 5,000m 타
임 트라이얼을 뛰고 또 뛰었다. 한편 결승전에 출전한 경쟁자들은 대부분
인터벌 훈련을 중시한 선수들이었다. 요컨대 그들은 200~600m 거리를 뛴
후 회복 구간을 가진 다음 재차 빠르게 뛰는 선수들이었던 것이다. 바꿔 말
하자면 그들의 몸은 폭발적으로 달리고 회복 시간을 가지는 운동에 익숙한
상태였고, 할버그의 몸은 5,000m라는 거리를 쉬지 않고 빨리 달리는 데 익
숙해져 있었던 것이다.

나는 이에 기초해 할버그에게 타임 트라이얼을 지시했으며, 다음 2가지
를 세밀하게 분석한 후 전략을 세웠다. 첫 번째로 대부분의 경기에서는 누
구나 정신적, 육체적으로 힘들어지는 지점이 있으며, 그 구간은 경기 종목
에 따라 거의 정해진다는 사실이다. 예컨대 1마일 경기라면 3번째 바퀴, 3

마일 경기라면 마지막 3바퀴를 남긴 시점이다.

또한 이 지점은 인터벌 훈련을 중점적으로 한 선수가 회복을 필요로 하는 시점이기도 하다. 그들의 육체는 이 시점에서 한 차례 휴식을 취하고 다음 질주를 준비하기 위해 단련되어 왔기 때문이다.

그리고 또 하나 재미있는 점은 3마일 종목을 나가는 선수 대다수는 1마일 종목을 자신 있어 하는 유형과 6마일 종목을 자신 있어 하는 유형으로 나뉜다는 사실이다. 전자는 자신의 기량에 비해 3마일 경기 초반 속도가 느리다고 느낀다. 그래서 큰 경기에서 초반부터 오버페이스를 하는 실수를 저지르기도 한다. 그 결과 그들은 2,800~3,600m 구간에서 숨이 턱 끝까지 차 오르게 된다. 이 지점이 바로 그들의 약점이다. 반대로 후자는 3마일의 초반 속도가 조금 버겁다고 느끼면서도 어떻게 해서든 따라붙으려고 노력한다. 그리고 2,800~3,600m 지점에서 전자 유형의 선수가 처지는 모습을 보면서, 그들 또한 이대로 결승선까지 속도를 유지할 수 있을지 불안해 하기 시작한다.

즉 3마일 또는 5,000m 경기에서는 어떤 유형의 선수든 마지막 3바퀴를 남기고 초조해지거나 망설이는 순간이 온다. 그러나 착실히 준비해 온 선수라면 이때가 바로 심리적으로 공격을 가할 순간이다. 사실 로마 올림픽 2년 전인 1958년, 카디프에서 열린 영연방선수권 5,000m 경기에서 할버그는 동일한 전략으로 이미 성공을 거둔 바 있다.

그때 나는 할버그에게 "3바퀴 남은 시점에서 다른 선수들에게서 망설임이 느껴지고, 실제로 속도가 느리다고 판단되면 그 즉시 무리에서 뛰쳐나와

1바퀴를 60초에 주파하도록. 그들에게 너의 강인함을 마음껏 보여줘"라고 지시했다. 그는 마지막 3바퀴를 남기고 선두 그룹 선수들의 속도가 늦춰지고 있음을 재빠르게 알아채고, 내 말에 따라 단숨에 속도를 올려 다른 선수들과 거리를 벌렸다. 1바퀴를 돈 시점에서 뒤따라오는 선수들과의 거리는 이미 80m나 벌어져 있었다. 그 후 남은 2바퀴를 어떻게든 버텨낸 할버그는 마침내 우승을 차지했다.

오래 전 오클랜드에서 열린 뉴질랜드 마라톤 선수권에서 우승할 당시, 나는 날씨를 이용해 경쟁자를 이기는 전략을 세웠다. 경기 전 우승후보로 거론된 리차드Richards의 마라톤 최고 기록은 2시간 30분으로, 이는 1955년 당시로서는 상당히 준수한 기록이었다.

하지만 그는 오클랜드보다 훨씬 시원한 도시인 크라이스트처지 출신이었으며, 경기 당일은 아침부터 오클랜드 특유의 고온다습한 날씨가 이어졌다. 나는 오클랜드의 열기가 그를 엄습할 것이라고 판단했다. 그래서 초반 3~4마일을 빠른 속도로 달린 후 다른 선수들이 따라오는 모습을 보면서 속도를 늦추는 전략을 세웠다. 다른 선수들은 나를 추월한 후에도 계속해서 빠른 속도를 유지하면서 앞으로 나아갔다. 마음속으로 '해냈다'는 생각이 들었다. 6마일 남은 시점에서 나는 리처드에게 1마일 정도 뒤쳐진 7위였다.

하지만 나는 체력을 보존한 채 뛰고 있었으므로, 다른 선수들보다 지치지 않은 상태였다. 그때부터 속력을 올리기 시작한 나는 마지막 1마일을 5분에 주파하는 속도로 바싹 추격했다. 그 결과 1마일을 8분의 속도로 힘겹게 달리던 리처드를 제친 후, 마지막에는 그와 400m 이상 거리를 벌려 골인했다. 한편 리처드는 당일 고온다습한 기후에 적응하지 못하고 수 마일을 남긴 시점에서 완전히 무너지고 말았다. 그 원인은 초반부터 너무 빠른 속도로 뛰었기 때문이며 에너지를 전부 소진한 데 있었다.

만약 스스로가 생각하기에 십중팔구 이길 수 있는 전략이 있다면, 그에 관한 정보는 가급적 말하지 않는 게 좋다. 앞서 말한 1974년 크라이스트처치에서 열린 영연방선수권을 준비할 때였다. 당시 나는 10,000m 종목을 나가는 리처드 테일러를 지도하고 있었다. 그는 잔병치레와 근파열로 제대로 된 훈련을 소화하지 못했다. 하지만 경기 10일 전에 치른 5,000m 타임 트라이얼에서 가볍게 13분 40초로 주파하는 모습을 보면서 나는 이변이 없는 한 테일러가 이길 것으로 확신했다.

경기 전 취재진은 우승 후보 선수에 관한 정보를 가급적 많이 모으고자 혈안이 돼 있었다. 대부분 데이브 베드포드에게 관심이 쏠려 있었던 덕분에 테일러에게는 별 다른 취재 요청이 없었는데, 이는 우리에게 행운이었다. 분명 당시 그의 10,000m 공식 기록은 28분 24초에 불과했다. 하지만 우리는 그의 몸 상태가 그 어느 때보다 좋다는 사실을 잘 알고 있었다. 그는 마라톤을 2시간 15분, 1마일을 4분 이내로 달리는 체력과 속도를 겸비한 선수였다. 때문에 본 대회에서 돌발상황에 휩쓸리지 않고 현명하게 본인의 속도를 유지하면 우승할 가능성은 충분했다.

우리는 아프리카 선수들과 베드포드가 어떤 식으로 달릴 것인지 이미 알고 있었다. 아프리카 선수는 선두에 서거나, 뒤로 물러서거나, 위치를 여기저기 옮겨가면서 달리거나, 선두주자 주변을 어슬렁 거리거나 하면서 다른 선수들을 자극시키고는 했다. 베드포드도 선두에 서서 달리는 것을 좋아하는 선수였다. 나는 경기 초반에 선수들끼리 치열하게 몸싸움을 하며 신경전이 벌어질 것이라고 예상했다. 그래서 테일러를 향해 초반에는 뒤로 물러서서 상황을 지켜보다가 선수그룹의 소란스러움이 잦아들고 속도가 조금 느려진 시점에서 선두 그룹에 합류하라고 말했다.

내 생각은 적중했다. 베드포드와 또 다른 영국 선수인 블랙은 아프리카 선수들과 몇 번이나 몸싸움을 벌이면서 그들과 부딪혔다. 베드포드가 화가 난 듯 얼굴을 찌푸렸다. 그때 나는 영국팀 코치와 함께 경기를 보고 있었다. 나는 그 코치에게 경기 분위기가 과열될 수 있으니 가라앉기 전까지 아프리카 선수들에게서 떨어져야 한다고 전하지 않았는지 물었다. 그는 고개를 저으며 그렇게 했어야 했다면서 자신의 잘못을 순순히 인정했다.

한편 테일러는 5,000m를 지난 지점에서 선두그룹보다 약 60m 뒤처져 있었다. 우승 경쟁에서는 멀찌감치 떨어진 것처럼 보였다. 하지만 그는 초반에 빠른 속도로 뛴 선두그룹의 움직임이 둔해지자 조금씩 속도를 올리면서 4명의 선두 주자를 바짝 추격했다.

2바퀴를 남긴 시점에서 블랙이 스퍼트를 냈다. 하지만 그보다 뛰어난 스피드와 지구력을 갖춘 테일러를 뿌리치지는 못했다. 테일러는 마지막 300m를 남기고 승부수를 걸었으며, 블랙을 거뜬히 추월한 다음 2위와 60m 가까이 차이를 벌려서 보란듯이 우승을 차지했다. 그는 27분 46초로 대회 신기록을 세웠으며, 종전 최고 기록을 40초나 갱신했다. 한편, 경기 초반에 격렬한 몸싸움으로 에너지를 다 써버린 베드포드는 초라한 성적으로 경기를 마쳤다.

    1964년에 열린 도쿄 올림픽 1,500m 결승전도 내가 계획한 대로 운영한 경기 중 하나이다. 이 종목에서는 운 좋게도 피터 스넬과 존 데이비스 두 선수가 결승에 진출했다. 결승전 전날 밤 우리는 경기 전략에 대해 논의했다. 참고로 나는 경기 당일 선수들과 경기에 관한 이야기를 일절 꺼내지 않는다. 왜냐하면 선수들 스스로 판단하는 게 더 낫다고 믿기 때문이다. 경기 직전에 경기 운영에 관해 이야기하거나, 조언을 하려고 하면 선수들에게 불필요한 긴장감만 조성할 뿐이다.

    스넬은 메달을 딸 가능성이 높았다. 하지만 데이비스는 막판에 스퍼트 싸움으로 승부가 갈릴 경우 그의 스피드로는 메달을 딸 확률이 희박해 보였다. 결승전에는 그보다 빠른 사람들이 많았기 때문이다. 실제로 준결승전에서 데이비스는 250m를 남기고 승부수를 띄웠는데, 다른 선수들도 동일한 전략을 짜 왔는지 거의 같은 타이밍에 스퍼트를 했다. 데이비스는 자신보다 빠른 선수들을 앞지르기 위해 마지막 코너 구간에서 네 개의 레인을 가로질러야 했는데, 그 모습을 본 나는 하마터면 심장이 떨어져 나갈 뻔 했다. 아슬아슬하게 4위를 차지하면서 결승전에 오르는 데는 성공했지만, 살면서 그런 경험은 한 번이면 충분했다.

    그래서 결승전은 800m 남은 지점에서 데이비스가 먼저 선두에 서서 경기를 이끌고 스넬은 데이비스 뒤에 붙어 뛰도록 주문했다. 이는 둘이서 경기를 좌지우지하기 위해 세운 계획이었다. 스넬은 스트라이드 주법의 선수였으므로 다른 선수가 스넬을 추월해 앞에 서려면 두세 개 레인을 가로질러 뛰어야 했다. 그럴 경우 선수 입장에서는 그만큼 체력을 소모하는 부담을 안는다.

우리가 주의해야 할 상대는 미국의 다이롤 버럴슨Dyrol Burleson이었다. 그는 주로 1번 레인에서 뛰는 주자로, 나는 데이비스에게 경기 초반 버럴슨 옆에 붙어 그를 바깥쪽으로 나오지 못하게 하라고 주문했다. 또한 프랑스의 미셸 버나드Michel Bernard도 초반부터 선두에 서서 뛰는 유형이었다. 하지만 그는 주로 인터벌 훈련을 해 온 선수였으므로 예선, 준결승, 그리고 결승까지, 세 번에 이은 힘든 경기를 빠른 속도로 달릴 만한 체력이 남아있지 않으리라 판단했다.

실제 경기 양상도 우리 예상대로 전개됐다. 버나드가 선두에 서서 경기를 이끌었으며 버럴슨은 데이비스 옆 1번 레인에서 뛰고 있었다. 700m 남은 지점에서 버나드의 움직임이 둔해지자마자 데이비스가 그 자리를 치고 선두로 올라섰다. 그 뒤를 스넬이 차지하려고 했으나, 스넬이 바깥으로 나오기 전에 다른 선수가 이미 그 자리를 꿰차고 말았다. 스넬은 무리 안에 갇힌 채 뛰게 되었다.

그럼에도 스넬은 250m 남은 지점에서 계획대로 스퍼트할 자세를 취했다. 우선 무리 안에서 빠져 나오기 위해, 마치 수신호를 하듯 오른팔을 앞으로 내뻗었다. 이와 같은 상황에서는 보통 한 차례 뒤로 물러선 다음 바깥쪽으로 돌아가는 편이다.

하지만 이때는 영국의 존 웨톤John Whetton이 스넬을 위해 공간을 열어 주었다. 덕분에 스넬을 뒤로 물러서지 않은 채 바깥 레인으로 빠져나와 스퍼트를 할 수 있었다. 한편 데이비스도 상체가 뒤로 젖혀질 정도로 전속력으로 달렸다.

그렇게 선수 전원이 마지막 직선 구간으로 진입했다. 선두는 앞서 스퍼트한 스넬이었다. 한편 스넬에게 도움을 준 영국 선수가 데이비스를 옆 라인으로 밀어낼 정도로 치열하게 몸싸움을 걸었다. 데이비스가 잠시 주춤한 사이 체코슬로바키아의 요제프 오들로질Josef Odlozil이 데이비스를 추월했다. 그 후 필사적으로 따라붙었지만 아쉽게도 데이비스는 간발의 차이로 스넬, 요제프에 이어 3위에 이름을 올렸다.

우리가 경계한 버럴슨은 단 한 차례도 무리에서 빠져나오지 못한 채 경기를 마쳤다. 그로부터 수년 후 "만약 그때 무리 밖으로 빠져 나왔다면 우승은 내 차지였을 것이다"라며 그가 말하고 다닌다는 것을 우연히 전해 들었다. 그는 애초에 그가 무리 안에서 못 빠져 나온 이유에 대해 모르고 있는 듯했다.

우리 전술이 성공한 이유는 경쟁자들에 관한 정보를 훈련법까지 속속들이 알 정도로 자세하게 모은 덕분이기도 하다. 하지만 그보다 선수 각자가 전략을 이해한 다음 그것을 실전에서 잘 응용할 만한 기량을 갖췄기에 우리의 전략이 성공했다고 볼 수 있다.

종종 경쟁자에 대한 정보가 적거나 혹은 아예 없이 경기를 치를 때가 있다. 만약 예선전과 준결승전이 있는 대회라면, 코치 또는 경기를 안 나가는 동료에게 현장 선수들을 살펴보게 한 뒤 어느 정도의 실력을 가졌는지 파악해 놓으면 좋다. 이는 올림픽처럼 처음 보는 선수들과 경기를 치르는 경우가 많은 국제 대회에서 필요한 수단이다.

그리고 아직 정보가 없는 선수의 기량을 파악하기 위해 예선전과 준결승전에서 일부러 빠르게 뛰거나 상대적으로 긴 거리를 스퍼트하면서 해당 선수의 잠재 스피드를 가늠해 볼 수도 있다. 흥미로운 점은 수준 높은 경기에서는 누구 한 명이 스퍼트를 내면, 다른 선수들도 속도를 내며 따라 붙는다는 사실이다. 하지만 경쟁 선수가 내 작전에 반드시 말려든다고 장담할 수도 없고, 무엇보다 본인의 실력에 대한 자신감이 뒷받침되지 않으면 이 방법은 무용지물이라는 사실을 명심해야 한다. 또 하나, 상대방의 기량을 시험할 때 주의해야 할 점이 있다. 일부 선수는 경기 내내 속도를 올리거나 늦추면서 변화를 준다. 그때 본인에게 적절한 속도를 정확하게 파악하는 힘이 없으면, 그런 스타일의 선수에게 낚여서 불필요한 윈드 스프린트(wind sprints; 단거리 훈련의 일종)를 반복하는 꼴이 되기 쉽다.

어쩔 수 없이 곡선 구간으로 추월해야 하는 상황을 제외하고는, 추월은 가급적 직선 구간에서만 시도하도록 하자. 트랙을 뛸 때는 가능한 한 안쪽 라인으로 뛰길 권한다. 안쪽 라인에서 멀어질수록 달리는 거리가 길어지기 때문이다. 기본적으로 경기는 균일한 속도를 유지하며, 효율적으로 달리는 데 신경써야 한다. 그런 원칙을 지키며 경기 중반에 스퍼트를 냈다면, 마지막에 한 번 더 스퍼트를 낼 필요는 없을 것이다.

경기에 나갈 때는 항상 계획을 세우도록 하자. 물론, 경기가 계획대로 흘러가는지의 여부는 다양한 요인에 따라 달라진다. 하지만 사전에 논리적으로 계획을 세우고 모든 요인을 고려하면서 전략을 짜낸 선수라면, 다른 선수에게 허를 찔릴 일은 없다. 계획을 잘 세우는 선수는 대부분 자기 생각대로 경기를 운영할 수 있는 법이다.

오늘날 대부분의 선수는 자신의 예상을 벗어나 진행되는 경기에서도 대처할 수 있도록 체력을 튼튼하게 쌓기 때문에 경기 전략을 다양하게 펼치는 것이 점점 어려워지고 있다. 그렇지만 항상 예외는 존재하는 법이다. 훈련의 수준 차가 없어질수록 승부의 향방을 결정짓는 것은 항상 라스트 스퍼트로 귀결된다는 것을 알아두자.

1956년 멜버른 올림픽은 인터벌을 중점적으로 훈련한 중장거리 선수들의 마지막을 알리는 대회였다. 서독 선수들이 멜버른에서 기대 이하의 성적을 거두면서 라인델 박사와 함께 인터벌 훈련 방식을 개발한 게르슐러 박사는 서독의 체육 관계자, 코치 및 운동 선수들로부터 체면을 구겼으며, 그의 명성은 단숨에 추락했다.

그 후 4년 동안 마라톤 컨디셔닝에 기반한 호주와 뉴질랜드 선수들이 모습을 드러냈고, 이는 여전히 예전의 인터벌 방식을 고수하는 선수들의 노력을 무색하게 만들었다. 호주 출신의 엘리엇, 토마스, 파워, 링컨 그리고 우리 팀의 네빌 스콧과 할버그는 1957년에서 1959년까지 세계 무대를 호령했다.

1960년 로마 올림픽은 우리 훈련 방식의 효율성을 증명한 무대였다. 스넬은 800m, 엘리엇은 1,500m, 할버그는 5,000m을 제패했고, 배리 매기는 마라톤 종목에 출전한 백인 중 가장 빠른 기록으로 3위를 차지했다. 이후 서독에서 우리 훈련 시스템의 장점을 논의하기 위한 흥미로운 회의가 열렸고,

이로 인해 여러 국가의 훈련 방식이 전반적으로 전환되는 계기를 낳았다.

할버그는 탁월하고 조화로운 신체 능력으로 우승을 차지했다. 스넬은 국제 무대에 처음 섰음에도 경쟁자들보다 나은 스피드와 체력을 겸비한 최강자였다. 마라톤 풀코스 세 번째 출전 만에 동메달을 따낸 매기는 우승자 아베베 비킬라Abebe Bikila와 2위로 들어온 모로코의 A. 라디와 마찬가지로 고된 지구력 훈련을 소화해 낸 고도의 유산소 능력자였다. 이처럼 내가 직접 가르친 세 선수 모두 전략을 이해하고 실전에 적용하는 능력을 갖췄기에 뛰어난 성적을 올릴 수 있었다.

1. **쿠츠:** 1956년 멜버른 올림픽 5000m와 10000m 종목 금메달리스트. 개인 최고 기록은 5000m가 13분 35초 00, 10000m가 28분 30초 44로 둘 다 당시 세계 신기록이었다.
2. **데이브 베드포드:** 영국의 육상 선수. 1973년 런던에서 열린 10000m 경기에서 27분 30초 08로 세계 신기록을 수립했다.
3. **가스통 룰란츠:** 벨기에의 육상 선수. 3000m 장애물 경기 개인 최고 기록은 8분 26초 04(1965년), 20km는 57분 44초(1972년). 둘 다 당시 세계 신기록이었다.

9.
날이 덥거나, 추운 날
달릴 때 주의점

체온은 신체 반응에 따라 다양하게 변한다. 이는 체내 대사 활동의 결과로 열을 발생시키는 화학적 조절과 몸 밖으로 열을 방출하는 물리적 조절 과정의 균형으로 이루어진다.

기온이 낮으면 피부 혈관이 수축하면서 열손실을 줄이고, 반대로 기온이 높거나 운동으로 체온이 상승하면 피부 혈관을 확장시켜서 열을 방출한다. 동시에 땀의 기화 현상을 활용해 체온을 낮춘다. 운동을 격하게 할수록 더 많은 혈액이 피부 표면으로 보내지며, 그에 따라 발한량도 늘어난다. 이와 같은 과정을 통해 사람의 체온은 일정 수준을 유지한다.

하지만 우리 몸의 체온 조절 기능에는 한계가 있다. 운동 강도를 올릴수록 근육으로 더 많은 혈액을 보내야 하지만 동시에 한껏 올라간 체온을 낮추기 위해서 피부 표면으로도 많은 혈액을 보내야 한다. 근수축과 땀 배출, 양쪽 다 혈액을 필요로 하는 것이다. 하지만 심장 박출량에는 엄연히 한계가 존재하므로, 만약 신체에게 개인의 한계값 이상의 혈액을 요구할 경우 메스껍거나 현기증, 심지어 열사병을 유발할 수 있다.

더위 속에서 운동하는 데 익숙하지 않은 사람이 어느 무더운 날에 고강도 운동을 하면 다음과 같은 상황에 직면할 수 있다. 과도한 탈수와 염분 부족으로 인한 열경련, 탈수로 인해 몸에 힘이 빠지게 되는 열피로, 그리고 최악의 경우 열사병에 걸린다. 이는 뇌의 체온 조절 기능에 이상이 생긴 것으로, 사망에 이를 만큼 실로 심각한 상태이다.

무더위에 신체를 적응시키기 위해서는 몸 상태를 세심하게 살펴보면서 서서히 운동 시간을 늘려가도록 하자. 그렇게 함으로써 피부 표면이 조금씩 더위에 적응하면서 혈액 순환이 원활해질 것이다.

마라톤 경기는 종종 체온이 급격하게 상승하고 과도한 탈수 증상이 일어날 만한 더위 속에서 치러진다. 그렇지만 무더운 날에도 착실하게 훈련을 쌓아 왔다면, 그 같은 악조건에서도 무난히 대응할 수 있을 것이다. 하지만 더위에 익숙하지 않다면 완주 여부도 미지수일 뿐더러, 완주한다 해도 한동안 피로가 안 풀려서 괴로움에 허덕이는 경우가 많다.

1954년 캐나다 밴쿠버에서 열린 영연방 대회 마라톤 경기에서 짐 피터스Jim Peters[1]가 탈수와 혈액 순환 기능의 저하로 생사를 오간 적이 있다. 이는 뛰어난 마라톤 선수라도 무더위 속에서 경기에 임할 준비가 안 되었을 때 범할 수 있는 전형적인 실패 사례라 할 수 있다.

사우나에 처음 들어가면 실내 온도가 80℃ 정도만 돼도 극도로 뜨겁고 정신이 혼미해지는 경험을 할 때가 있다. 하지만 2, 3주에 걸쳐 우리 몸을 서서히 적응시키면 나중에는 120℃의 온도마저 쾌적하게 견딜 수 있다. 더위 속에 운동하는 것도 이와 비슷한 맥락이라 할 수 있다.

우리 몸의 체온 조절 기능은 실로 효율적으로 이루어졌다. 내가 마라톤 대회를 직접 나가던 시절, 더위로 애를 먹었던 나는 스펀지를 사용하는 습관 대신 물 한 컵을 머리에 붓는 습관을 들였다. 효과는 바로 나타났다. 물을 끼얹자마자 체온이 떨어지고, 그 후로 다시 편하게 달리게 되었다. 반대로 서늘한 날은 같은 거리의 코스를 뛸 경우 10분에서 15분 정도 더 빨리 뛴다는 사실을 깨달았다. 이는 무더위 속에서 달리는 행위가 신진대사에 막대한 부하를 가한다는 사실을 일깨워준다.

종종 몸무게를 줄이기 위해 무더운 날에 두꺼운 옷을 입고 장거리를 뛰는 선수를 보는데 이는 아무 의미도 없는 행위이다. 옷을 두껍게 껴 입고 뛰면 필요 이상으로 체온이 올라가고, 예상만큼 길게 뛰지 못하기 때문에 기대만큼 체지방의 감소가 이뤄지지 않는다. 이래서는 몸 안에 수분과 미네랄을 고갈시킬 뿐이다. 달리기를 마친 후, 손실된 수분을 보충하면 몸무게는 다시 원상태로 되돌아갈 것이다. 만약 옷을 얇게 입고 뛰었다면, 체온이 올라가기 힘들어지므로 더 멀리, 더 빨리 뛸 수 있었을 것이다. 즉 체지방을 더 많이 태울 수 있음을 의미한다.

또 하나, 옷을 두껍게 입고 달리는 선수들이 간과하는 사실이 있다. 옷을 두껍게 입어서 필요 이상으로 체온을 높이면, 우리 몸은 체온을 떨어뜨리기 위해 운동 시 사용하는 근육의 혈액 중 일부를 피부 표면으로 보낸다. 그 경우 당연히 운동에 사용하는 근육의 효율이 떨어진다. 심폐 기능을 높이고 싶다면 가장 좋은 방법은 가능한 한 긴 거리를 달리는 것이다. 그러니 그에 방해되는 요인은 전부 버리도록 하자. 옷은 필요한 만큼 입으면 충분하다. 괜히 두껍게 입으면 움직이기 힘들 뿐더러 몸이 과열 상태가 되므로 달리기 효율을 악화시킬 뿐이다.

기온이 40℃ 가까이에 이르는 고온이더라도 습도가 높으면 1시간 이상 일정한 속도로 달릴 수 있다. 땀방울이 피부 표면에 남아 체온을 낮추는 데 도움을 주기 때문이다. 하지만 동일한 기온에서 습도가 낮으면 땀이 빨리 증발해서 탈수 상태에 빠질 위험이 있으므로 주의해야 한다.[2]

나는 미국의 애리조나주 투손에서 기온 38℃, 습도 20%라는 기상 조건에서 뛴 적이 있다. 하지만 시작한 지 겨우 20분 만에 몸에 이상 신호를 느껴 그 자리에서 운동을 멈췄다. 그로부터 6주 후, 이번에는 위도 10도 해발 0m에 가까운 베네수엘라 마라카이보라는 마을에서 훈련할 때였다. 그곳은 기온이 38~50℃로 치솟는데도 매일 적어도 1시간 동안 뛰었다. 다른 사람들이 낮잠을 자고있을 때, 나는 오래된 공항 활주로를 뛰었다. 종종 1시간 동안 스피드 훈련을 진행하기도 했다. 습도는 늘 90%에 가까웠으며, 내 피부는 항상 땀에 젖어 있었다. 마라카이보에서 훈련할 동안 신체에 아무런 문제가 없었던 이유는 그 때문이 아닌가 싶다. 이 훈련을 통해 더위에 적응한 나는 찌는 듯한 한밤 중에서도 숙면을 취하게 되었다.

1968년 열린 보스턴 마라톤과 미국 올림픽 선발전 마라톤 대회에 참가한 선수들을 대상으로 한 연구에 따르면, 경기 후 그들의 체온은 41℃에 이르렀다고 한다. 그 후 더 광범위하게 진행된 조사 결과에 따르면 10km 이상의 대회에서 경기를 마친 후 선수들의 체온이 40℃를 넘는 게 크게 드문 일이 아니란 사실을 알게 되었다. 이 연구 결과를 토대로 장거리 경기 종반부에 피로를 유발하는 원인 중 하나가 신경계에 영향을 끼치는 과도한 체온 상승일 수도 있음을 추측해볼 수 있었다.

무더운 날에 진행하는 대회에서는 개인이 기상 조건을 바꿀 수는 없으므로, 적어도 더위와 직사광선에 의한 악영향을 최소한으로 줄이기 위해 속도를 늦춰야 하는 것만은 분명하다. 하지만 대부분의 주자는 출발 신호가 울리면 날씨의 위협 따윈 아랑곳 않고 앞으로 뛰쳐 나간다. 적정 속도로 조절하는 것 못지 않게 중요한 게 바로 급수다. 수분을 틈틈이 보충하면 체온 유지에 도움이 된다. 일부 연구자들에 따르면 10분에서 15분 간격으로 급수를 하는 게 바람직하다고 한다.

온열 질환은 체온이 40℃에 달하는 시점부터 발생하기 시작한다. 우선 관자놀이가 조이듯 아파오고, 몸 전체가 오한을 느낀다. 체온이 40℃에서 조금 더 상승하면 몸에서 힘이 빠지고 머리가 어지러워지며, 평형감각도 잃는다. 거기서 멈추지 않고 계속해서 뛸 경우 몸에서 땀이 나지 않으며 이윽고 의식 불명에 이르게 된다.

만약 관자놀이가 조이고 오한을 느끼는 초기 증상이 발생한다면 그 즉시 운동을 멈추고 물이나 스포츠드링크 같은 차가운 액체를 많이 마시거나, 물로 몸을 적시면서 체온을 낮추도록 하자. 그대로 운동을 지속하는 행위는 지극히 위험하다.

한편 영하의 날씨에서 훈련을 하면 정반대 상황이 펼쳐진다. 영하 20~40℃이하일 때 습도가 높으면, 폐가 얼어붙을 위험이 있으므로 훈련을 이어가기가 불가능에 가깝다. 그러나 습도가 20% 이하에 바람이 거세지 않을 경우, 옷을 적절하게 껴입는다면 몇 시간 동안 훈련하는 것도 가능하다. '복장 및 신발을 고르는 방법' 장에서 설명했듯, 나는 핀란드에서 서로 다른 소재의 트랙 수트를 껴입고 훈련했다. 그 외 털모자, 머플러, 장갑, 양말 등으로 뺨을 제외한 몸 전체를 덮고 뛰었다.

날씨가 춥든 덥든 극단적인 환경에서 살거나 훈련을 진행해야 한다면 이 공식을 꼭 기억하길 바란다. 기온이 높을 때는 습도도 높아야 하며, 기온이 낮을 때는 습도도 낮아야 한다. 만약 그 이외의 기상 조건 하에서 뛴다면 훈련을 제한해서 진행하고, 사고가 발생하지 않도록 충분히 주의할 필요가 있다.

위험은 의외로 우리 가까이에 존재한다. 현재도 수많은 사람이 날씨로 인한 위험에 무방비로 노출돼 있다. 날씨로 인해 생긴 안타까운 사고 하나를 말하고 싶다. 1990년대 후반, 뉴질랜드 수도 웰링턴으로부터 그리 멀지 않은 숲에서 3명의 젊은 육상 선수들이 저체온증으로 목숨을 잃은 사건이 있었다. 그들은 조깅 삼아 가볍게 뛸 생각으로 평소 즐겨 달리던 숲길로 들어갔다. 그런데 어느 순간 기온이 급격하게 떨어지면서 비와 우박이 쏟아지기 시작했다. 얇은 옷차림인데다 느닷없이 추위가 닥쳤기 때문이었을까, 그들의 몸은 추위를 이겨내지 못했다. 숲속에 있는 그들을 도와줄 이는 아무도 없었다. 아마 그들은 자신들에게 무슨 일이 일어났는지 미처 알기도 전에 죽었을 것이다.

우리 몸은 37℃에서 작동하는 기계와도 같다. 신체 표면 온도는 이보다 낮아도 문제 없으나 내장 기관이 모인 심부 온도는 항상 일정하게 유지해야 한다. 만약 추운 날에 바람이 세차게 부는 상황에서, 심부 온도가 떨어지는 것을 알아채지 못하면 대단히 위험한 상황에 처한다. 그때 일어나는 증상으로는 먼저 의식이 흐릿해지고 균형감각을 잃으며, 심지어 실신하면서 호흡기와 순환계 기능에 장애가 생긴다. 첫 증상이 발현한 지 고작 30분만에 죽음에 이르기도 한다.

몸이 위험 상태에 빠지면 다음과 같은 증상을 보인다. 피로, 오한 또는 탈진, 의욕상실, 무기력함, 어눌함, 비틀거리거나 쓰러짐, 영문 모를 언행, 눈이 멈, 명백한 통증, 추운 날씨임에도 떨림이 멈춤. 그리고 의식을 잃고 기절 또는 혼수 상태. 몸에서 보내는 이런 경고 신호를 항상 확인하고 놓치지 않길 바란다.

위와 같은 상황이 내게 일어날 리 없다고 생각할지 모른다. 하지만 그러한 생각 자체가 이미 위험하다. 날이 춥고 습하며, 강풍이 부는 날씨에 혼자 또는 동료와 함께 뛰면서 위와 같은 초기 증상을 발견한다면, 추가적인 열손실을 줄이도록 즉각 조치를 취하고, 몸을 따뜻하게 만들면서 의식을 잃지 않도록 노력해야 한다. 조금 더 뛰면 괜찮아지겠지 하는 생각으로 계속 나아가다간 짧은 시간 안에 심각한 상태에 빠질 수 있으므로 절대 금물이다. 바람이 없는 곳으로 피난하고, 옷을 말리며, 따뜻한 음료를 마시면서 체온을 유지하도록 힘쓸 일이다. 그리고 무엇보다 전문가에게 도움을 요청하자.

물론 추위를 막는 최선의 방법은 갑작스러운 기상 악화에도 대처할 수 있도록 적절하게 옷을 입는 것이다. 그리고 열 손실이 가장 큰 부분은 머리라는 사실을 명심하길 바란다. 이는 많이들 모르는 사실인데, 꼭 기억해 두어야 할 사항이다.

과호흡 또는 과다환기는 비정상적으로 일어나는 또 다른 위험 요소이다. 그 증상은 다음과 같다. 우선 신경계가 긴장 상태에 빠지면 우리는 숨을 과도하게 쉬기 시작하는데 이때 다량의 이산화탄소를 몸 밖으로 배출하게 된다. 이산화탄소는 호흡을 촉진하는 데 꼭 필요한 요소이며 혈중 이산화탄소 농도가 감소하면 현기증, 조바심, 빠른 심장 박동 및 공황을 유발하는 생화학적 변화를 일으킨다.

이런 식으로 대부분의 이산화탄소가 배출되면 혈액 내에 호흡 중추를 자극할 가스가 없어져 정상적인 호흡이 불가능해 진다. 더 나아가 당사자는 더 이상 호흡할 욕구를 느끼지 못할 수도 있는데, 그렇게 되면 산소가 유입되지 않아 뇌에 도달하는 산소의 농도가 떨어지고 심할 경우 의식을 잃고 만다.

그 후, 세포 조직에 의해 생성된 이산화탄소로 인해 혈중 이산화탄소 농도가 다시 상승하면 호흡이 재개되고 기절한 사람은 의식을 회복하게 된다. 그런데 이 과정에서 생긴 칼슘 대사의 변화 때문에 근육이 굳고 경련이 일어나기도 하며, 이 때문에 과호흡이 뇌전증으로 오진되기도 한다.

응급처치는 당사자의 호흡을 늦추거나 종이 또는 비닐봉지 속의 공기를 들이쉬고 내쉬게 하면서 혈중 이산화탄소를 공급하여 균형을 되찾게 하는 것이다.[3]

그런데 운동을 하면 일반적으로 이산화탄소가 과잉 생성되고 산소는 소비되므로, 운동 선수가 이런 증상을 경험할 가능성이 드물다고 할 수 있다. 다만 혈액 내 젖산이 쌓이면 거칠게 숨을 쉬거나 호흡 곤란을 일으키는데, 이때 우리 몸에서는 탄산수소염을 분해해 일시적으로 이산화탄소 배출량을 증가시키기도 한다.

따뜻한 기후에서 훈련하거나 땀을 많이 흘리는 체질이라면 수분 손실뿐 아니라 미네랄도 보충할 필요가 있다. 마라톤처럼 장거리 종목에서는 탈수 증상이 일어나기 전부터 주기적으로 수분을 섭취하면 좋다.

시중에는 전해질 음료를 많이 판매하고 있지만, 가급적 규정량의 2배로 희석해서 마시기를 권한다. 그리고 구입한 음료 안에 칼슘, 마그네슘 및 칼륨이 포함돼 있는지 확인해 보자. 그 이유는 다음 장에서 설명하겠다.

1. **짐 피터스:** 영국의 장거리 육상 선수. 1950년대 세계 신기록을 4번이나 세우며 마라톤 역사에 화려한 족적을 남겼다. 마라톤 개인 최고 기록은 2시간 17분 39초이다.

2. 일반적으로는 기온이 높고 습도가 낮을 때 땀이 증발하면서 더 많은 기화열을 방출하게 된다. 흘린 땀이 증발해야 체온을 조절하기가 수월해지며, 그로 인해 체온이 낮아져 달리기 편해진다고 알려져 있는 것이다. 단순히 피부가 땀에 젖은 상태에 있다는 것만으로는 체온을 떨어뜨리기 어렵다. 하지만 리디아드도 모든 상황을 직접 겪어보고 해답을 도출해낸 만큼 그의 의견도 살펴볼 여지는 있다. 이렇게 말하고자 하는 이유는 우리 같은 일반인은 습도와 무관하게 30°C를 넘는 날씨에서 뛰는 행위 자체를 해본 경험이 많이 없기 때문이다. 기온이 높고 습도가 낮은 상황에서는 몸의 일부에서만 땀이 나지만, 고온다습한 환경에서는 팔과 다리를 포함한 모든 곳에서 땀을 흘리게 된다. 이 상황에서 어느 쪽이 체온을 더 떨어뜨릴 수 있는지 알기 어렵다. 기온은 높지만 습도가 낮을 경우, 기화열이 효율적으로 체온을 떨어뜨리지 못하고 헛되이 땀만 배출하게 만들어서 탈수 현상을 촉진시킬 여지도 있다. 반대로 피부가 계속 젖어있다는 사실은 조금씩이지만 땀이 증발해 체온을 떨어뜨리고 있음을 증명하고 있으므로, 그 편이 뛰기 편하다는 의견도 존재할 수 있다. 어찌되었든 땀을 흘리는 행위도 개개인마다 느끼는 바가 다르므로, 무더운 날에 훈련할 때는 각자 몸 상태를 면밀히 확인하고 무언가 이상한 조짐을 느낀다면 적절한 조치를 취하는 게 무엇보다 중요하다.

3. 이 방법으로 증상은 호전되나 장시간 지속할 경우 혈중 이산화탄소 농도가 너무 높아지거나 산소 농도가 떨어지면서 재차 호흡 곤란을 일으킬 수 있으므로 주의할 필요가 있다.

10.
주자들의
식단조절에 관해

최상의 컨디션으로 힘차게 달리고 나머지 훈련들도 순조롭게 마쳤다. 그런데 하루 일과를 끝내고 침대에 누웠더니 근육이 경련을 일으키고 움찔 거려서 도무지 잠을 잘 수가 없다. 어렵게 잠에 들었지만, 깨어난 후에도 피로가 풀리지 않은 채 남아있다. 이럴 경우 훈련과 식사 사이에 균형이 안 잡혀있을 가능성이 크다. 미네랄류, 그 중 특히 칼슘, 마그네슘, 칼륨이 부족한지 살펴볼 일이다. 왜냐하면 달리기로 인해 체내 미네랄 성분이 빠져나가기 때문이다. 그러므로 훈련을 마친 다음에는 잃어버린 영양소를 다시 채워줘야 할 필요가 있다.

우리 몸은 약 1.5kg의 칼슘을 함유하고 있다. 이는 몸 안에 있는 미네랄 중 가장 많은 양으로, 그 중 99.9%가 뼈와 치아에 존재한다. 나머지 0.1% 만 혈액과 근육 안에 저장된다. 그런데 이 혈액 속 칼슘의 역할이 실로 중요하다. 혈중 칼슘 양이 부족해 지면 근육은 원활하게 수축하지 못한다. 칼슘 양을 조절하는 매커니즘은 매우 정확하게 설계돼 있는데, 만약 혈중 칼슘 중 100만분의 1이 몸에서 빠져나갈 경우 우리 몸에서는 그 즉시 부족분을 뼈에서 꺼내서 보충한다.

그래서 근육 경련을 일으킬 때 칼슘을 섭취하면 문제를 해결할 수 있다. 우리가 운동을 하면 신체적 노화로 인해 발생하는 칼슘 손실의 양을 줄일 수 있는 것으로 밝혀졌다. 그렇다고 해도 달리기라는 운동을 계속하는 동안은 아무리 적은 양의 손실이라도 보충하는 게 중요하다.

미국에서 진행한 어느 연구에서 200명의 불면증 환자를 대상으로 하루 500mg의 마그네슘을 복용하게 했다. 그러자 전체 환자 중 99%가 불안감과 긴장감이 완화돼 숙면을 취했으며, 잠에서 깼을 때도 피로를 느끼지 않았다고 한다.

마그네슘은 경직된 신경과 근육의 긴장을 풀어주는 천연 진정제다. 몸 속에 마그네슘 양이 많으면 근육이 이완되고, 반대로 부족하면 근육 경련을 일으킨다. 또한 마그네슘은 단백질, 지방, 탄수화물의 소화 및 흡수를 촉진시킨다. 마그네슘은 오랜 시간 동안 지구력을 요하는 운동을 하면 몸 밖으로 배출되므로, 하루 350~500mg를 목표로 매일 채워줘야 할 미네랄이기도 하다.

또 하나, 칼륨도 신경써서 채워줘야 한다. 운동 중 땀을 많이 안 흘리는 사람은 평소 식생활에서 충분히 섭취할 수 있으나, 땀을 자주 흘리고 염분이 많은 음식을 자주 먹는 사람은 앞선 이보다 약 2배의 칼륨을 섭취할 필요가 있다. 미국 텍사스대학교 사우스웨스턴 의대의 제임스 노첼 교수가 연구한 바에 따르면 고강도 운동 후 열사병으로 입원한 사람들의 50%가 칼륨 부족이라고 한다. 그리고 그들 중 대다수가 일상 생활에서 염분을 지나치게 많이 섭취하고 있었다. 염분을 많이 섭취하면 체내 칼륨과 나트륨의 균형이 무너지면서 칼륨을 몸 밖으로 내보낸다.[1] 게다가 운동으로 땀을 흘리는 과정에서 칼륨도 함께 배출되는데, 이럴 경우 체내 칼륨이 결핍 상태에 빠진다. 그 결과 짜증이나 메스꺼움, 근육 약화 또는 경련, 종국에는 만성 피로를 느낀다. 그러니 땀을 흘릴 시 염분은 특별히 신경쓰지 않아도 되나, 칼륨만큼은 충분히 섭취할 필요가 있다.

그렇다면 부족해진 미네랄은 어떻게 보충하면 좋을까? 앞 장에서 언급했듯 전해질 성분이 들어간 스포츠 음료에는 이와 같은 미네랄이 포함돼 있다. 또한 미네랄은 스포츠 음료 이외에도 먹거리를 통해서도 섭취할 수 있는데 방법은 다음과 같다.

칼슘

하루 필요한 칼슘 섭취량은 단백질 100g당 어림잡아 1,000mg으로 추산된다. 단백질 섭취량을 기준으로 삼는 이유는, 단백질에 칼슘을 몸 밖으로 배출하는 작용이 있기 때문이다. 칼슘 1,000mg은 우유 세 컵 정도의 양에 해당한다. 그 외 코티지 치즈 한 컵에 230mg, 에멘탈 치즈 1온스(약 28g)에는 262mg, 8온스(약 226g)의 요거트에는 294mg, 순무잎 즙 한 컵에 250mg, 그리고 정어리와 연어(뼈 포함)에도 다량의 칼슘이 함유돼 있다.

마그네슘

통곡물, 콩, 견과류, 녹색 잎 채소, 과일 및 블랙스트랩 당밀 등에 많이 함유돼 있다. 하지만 이보다 더 좋은 것은 백운석, 즉 석회석을 정제해 만든 분말이다. 이 안에는 마그네슘과 칼슘이 이상적인 비율로 포함돼 있으므로 이 또한 좋은 섭취원이라 할 수 있다. 권장 섭취량은 하루 350~500mg이다.

칼륨

중간 크기 바나나에 약 500mg이 들어있다. 그 외 오렌지, 토마토, 양배추, 셀러리, 당근, 자몽, 사과, 콩류 및 생선에 많이 함유돼 있다.

대다수의 선수는 음식이 자기 몸에 어떠한 영향을 미치는지 고려도 하지 않은 채 중요한 경기 전, 혹은 훈련 도중 지금까지 해온 식단을 바꾼다. 그로 인해 경기 중 컨디션 난조를 겪거나, 기대 이하의 성적을 거둘 경우 애

먼 곳에 불평을 터트린다. 그 후 얼마 못가 스스로 어리석은 행위를 한 사실을 깨닫겠지만 이미 늦은 후회일 뿐이다. 만약 지금의 식단이 균형 잡히지 않아서, 다른 식단을 시험해 보고 싶다는 생각이 든다면 바꾸기 전에 먼저 다양한 종류의 식단을 자세히 알아본 후에 시험하기를 권한다. 하지만 그와 같은 실험은 가급적 본 대회와 먼 기간에 진행해야 한다. 새로운 식단이 본인과 안 맞아서 경기 혹은 훈련에 악영향을 끼칠 수도 있기 때문이다.

오늘날 생활 수준이 높은 나라에 사는 선수들은 대부분 균형 잡힌 식단을 섭취할 것이다. 하지만 대학 또는 다른 시설 기관의 식당에서 대량으로 만드는 요리는 일반인을 위한 것으로, 선수들을 위한 편의는 고려되지 않았다. 선수들이 그와 같은 식당에서만 식사를 할 경우, 특정 비타민 혹은 미네랄이 부족해질 수 있다. 이는 오늘날 많은 인기를 얻는 가공식품, 간편 식품들도 마찬가지이다.

정제된 비타민과 미네랄을 복용하는 방법도 있지만 대부분 보충제에 지나지 않는다. 이는 스스로 음식을 고르지 못하거나, 준비하지 못하는 상황에서만 섭취해야 한다. 우리 몸은 훈련 기간 동안 많은 비타민과 미네랄을 필요로 하며, 만약 부족해질 경우 몸에 안 좋은 영향을 미칠 수 있다는 사실을 항상 명심하자. 그렇다고 해서 닥치는 대로 다양한 종류의 보충제를 먹어도 좋다는 말은 아니다.

내가 가르친 선수 중 보충제가 필요한 사람은 철분 부족을 호소한 소수의 선수뿐이었다. 예전만 해도 뉴질랜드 전역에는 신선한 채소로 가득했다. 대부분의 사람은 집 마당에서 직접 작물을 키웠으며, 고기와 생선 식품도 풍부했다. 하지만 지금은 그보다 가공 식품을 더 많이 섭취한다. 우리는 이와 같은 사회 변화를 곰곰이 따져볼 필요가 있다. 모든 주자는 본인이 현재 무엇을 먹는지, 무엇을 먹어야 하는지 속속들이 알아야 한다. 다 같은 식사를 해도 모두가 동일한 미네랄 양을 흡수한다고 단언하기 어렵다. 즉 같은 음식을 먹더라도 몸에서 일어나는 반응에는 개인차가 존재하기 때문이다. 어떤 이는 식사 한 번으로 충분한 영양소를 얻지만, 어떤 이는 영양 부족으로 고통을 호소한다. 이는 개인의 반응에 따라 달라지므로 개별적으로 접근할 필요가 있다. 만인을 위한 식사는 없다고 할 수 있겠다.

솔직히 말해 나도 내 선수들이 비타민제를 삼킨다고 해서 빨라질지는 의문이다. 그러나 미국에서 수많은 선수가 가방 속에 각양각색의 비타민제를 가득 담고 다니는 모습을 본 적이 있다. 미국의 어느 생리학자는 비타민의 효능이 아기 및 4~5세까지의 어린이에게만 가치있다고 말했다. 그는 젊은 운동 선수가 식사를 제대로 안 하고 비타민제를 삼키는 행위를 두고 다음과 같이 비판했다. "단순히 노랗게 착색된 소변을 누는 것 외에는 아무 효과도 없고 시간 낭비일 뿐이다"라고.

마라톤 컨디셔닝을 하는 주자들은 평소 칼로리 섭취량을 늘려놓도록 하자. 다만, 부피가 큰 음식을 많이 먹는다고 해서 칼로리가 효율적으로 채워지지 않는다는 점을 기억하자. 오히려 소화하기 어려우며, 소화기관에 부하를 주기도 한다. 시리얼, 빵, 감자 등은 틀림없이 최고의 탄수화물 공급원이다. 하지만 중요한 대회를 앞둔 상황에서는 섭취할 수 있는 양에 한계가 존재한다. 그래서 나는 꿀을 제안한다. 꿀은 칼로리를 효율적으로 보충할 수 있는데다 선수에게 필요한 모든 에너지를 공급해 준다. 주자들의 목표는 경기나 훈련 중 사용하기 위한 글리코겐을 간과 혈류에 저장하는 것이며, 꿀이란 공급원은 우리 주위에서 쉽게 구할 수 있는 이상적인 보충제이다.

대회 시작 3시간 전 이후에 식사를 하거나 당분을 섭취하면 혈액 내 인슐린이 증가해 에너지 생산을 방해한다. 이는 현명한 방법이 아니다. 하지만 뛰는 동안 당분을 추가적으로 섭취할 경우 몸은 다르게 반응한다.

에른스트 T. 크렙스 주니어Ernst. T. Krebs, Jr.가 B15라는 논란의 여지가 있는 영양소를 발견했다. 이는 비타민이 아닌 무독성 식품 보충제로 렌틸콩, 누에콩, 아몬드, 캐슈넛, 기장쌀, 메밀 등 우리가 평소에 더 이상 자주 섭취하지 않는 식품에서 자연 그대로의 형태로 흡수할 수 있는 영양소이다. 그 외 사과, 배, 모과, 살구, 복숭아, 자두, 천도 복숭아와 말린 자두에도 B15가 함유돼 있다. 이들은 의료계에서 뜨거운 감자이지만, 사람들이 우려할 만큼 발암성은 없다.

훈련하는 사람에게 있어 최고의 식사는 자연의 식재료를 가급적 조리를 덜한 채 먹는 것이다. 손이 덜 간 식재료에는 비타민과 미네랄이 골고루 포함돼 있을 뿐 아니라, 해당 영양소가 활성화되는 데 필요한 효소도 충분히 함유돼 있다.

이를 테면, 생감자를 흙 속에 통째로 심으면 싹을 틔우지만 삶은 감자는 전혀 자라지 않는다는 점을 생각해 보자. 그러니 음식 재료들을 과하게 조리하지 않도록 조심하고, 가능하다면 주서기 사용도 고려해 보자. 예를 들어 과일이나 채소에 함유된 비타민과 미네랄, 효소를 최대한 섭취하기 위해서는 해당 식재료를 날 것 그대로 주서기에 넣고 갈아 마시기를 권한다. 직접 갈아 만든 주스의 영양가를 고려하면 주서기의 가치는 천금 같다고 할 것이다. 이는 훈련에 매진하는 선수들뿐 아니라, 일반인들도 마찬가지다.

1970년 나는 스포츠영양학 분야에서 세계적인 권위를 가진 미국 일리노이주 섐페인의 커튼 교수를 만나는 행운을 누렸다. 그는 오늘날의 미국 사회가 방부제, 착색료, 착향료 등의 식품첨가물 섭취와 가공 식품의 범람으로 비타민과 미네랄, 식이섬유가 결핍된 상황을 지켜보면서 미국의 미래가 참으로 우려된다며 개탄했다.

오늘날 전 세계에 식량을 공급하는 곡창 및 목축 지대 토양에서는 생물 성장에 필수 불가결한 미량원소가 부족해지고 있다. 게다가 생산자는 작물과 가축의 성장을 촉진시키기 위해 화학 비료, 사료를 무분별하게 사용한다. 그로 인해 식물은 뿌리에서 미량원소를 흡수하는 능력을 점점 잃어간다. 이래서는 우리가 자연 그대로의 채소와 과일을 먹을 기회가 점점 더 멀어질 뿐이다.

이런 일련의 사태로 말미암아 우리는 체내 영양소가 부족해지면 그 대안으로 식이보충제를 고려하게끔 되었다. 글루콘산염은 가장 유명한 보충제 중 하나이다. 또 다른 연구에 따르면 비타민 B13의 미네랄염인 오로틴산은 신체 중 가장 필요한 부분에 특정 미네랄을 정확하게 전달하는 데 매우 효율적이라고 한다. 이는 미네랄 수송체로 사용할 수 있음을 의미한다. 글루콘산염과 오로틴산은 현재 수많은 만성 질환 환자를 치료하는 데 사용하고 있으며, 운동 선수에게도 특정 미네랄을 대체하는 데 있어 동일한 효과를 가져다 준다.

실제로 나는 스스로의 경험을 통해 경기 시작 36시간 전부터, 200mg의 포도당이나 꿀을 섭취하면 경기에서 매우 좋은 결과를 얻는다는 사실을 체득했다. 이후 소련을 방문했을 때, 소련의 생리학자들과 경기 전 꿀 섭취의 효능에 대한 의견을 주고 받은 적이 있는데, 과학적으로도 경기 전 꿀 섭취량은 200mg가 이상적이며 그 이상으로(혹은 그 이하로) 섭취해도 200mg보다 더 많은 효과를 얻기 힘들다는 이야기를 들었다. 예전에 내 제자들은 포도당 중 하나인 보리 설탕을 마셨지만, 지금은 소화하기 쉽고 단당류인 꿀을 더 선호한다.

여기서 기억해야 할 사항은 대회 전날까지 먹은 음식이 경기에서 대부분의 에너지원이 되며, 경기 후 피로 회복을 촉진시킨다는 사실이다. 따라서 대회 당일 스테이크를 먹어 힘을 북돋으려는 생각은 버리길 바란다. 중요한 것은 경기 전날까지 먹은 스테이크이다.

대회 당일 아침 시간이 충분하다면 시리얼에 반숙 달걀, 거기에 커피 또는 홍차, 그 외 평소 즐겨 마시는 음료를 마시기를 권한다. 무겁거나 기름진 아침 식사는 가급적 피하며 만약 먹더라도 소화하기 위한 시간을 충분히 두길 권한다. 그리고 점심은 간단하게 해결하길 권한다. 탄수화물 위주의 음식이 좋은데, 내가 추천하는 음식은 꿀을 바른 샌드위치이다. 조리된 콩을 섭취하는 것도 좋은 방법이다.

마라톤 같은 장거리 경기는 뛰면서 무산소 능력을 사용하는 상황은 극히 일부분이다. 그러므로 경기 당일 식사는 크게 부담을 갖지 않아도 된다.

예를 들어 출발 시간이 오전 9시나 10시, 혹은 그보다 이른 시간일 경우, 오전 6시 또는 7시까지 식사를 마치기 위해 그만큼 빨리 일어나야 한다. 이는 선수 입장에서는 매우 부담가는 이야기이다. 그런 경우에는 출발 2시간 전, 경우에 따라서는 1시간 전까지 꿀을 바른 토스트같은 탄수화물 중심의 식사에 수분을 섭취하기만 해도 충분하다.

요점은 내게 맞는 방법은 무엇인가 하는 점이다. 사실 경기 당일은 아무것도 안 먹는 게 낫다고 여기는 선수도 많다. 경기를 앞두고 긴장한 상태에서 억지로 식사를 할 경우, 오히려 소화기관에 부담을 줄 수 있기 때문이다. 원칙적으로는 경기를 마친 후에는 단백질을 섭취해 피로 회복을 촉진시켜야 하나, 상황에 따라 경기 당일에는 탄수화물만 섭취하는 편이 좋을 때도 있다.

수분 섭취와 관련해 주의해야 할 점이 하나 있다. 대회 시작 12시간 이내에 술을 마시는 행위는 좋지 않다는 것이다. 알코올은 혈중 적혈구로 흡수되어 산소의 흡수를 방해하기 때문이다. 알코올 이외 음료라면 출발 직전까지 마셔도, 위 안에서 출렁이는 소리가 나는 정도일 뿐 달리는 데 큰 지장은 없다.

수많은 중장거리 선수가 경기 전 근육에 저장된 글리코겐의 양을 늘리기 위해 글리코겐 로딩이라는 방식을 적용한다. 이 이론에 따르면 우선 대회 7일 전 어느 정도 긴 거리의 고강도 훈련을 진행한다. 그 후 3일 동안 가볍게 훈련하는 한편 근육의 당분 흡수 능력을 높이기 위해 탄수화물 섭취를 자제하고 단백질과 지방 위주의 식단을 한다. 이를 통해 혈당 수치가 낮아진다. 그리고 대회 3일 전 오후부터 경기 당일까지 이번에는 탄수화물이 풍부한 식단으로 전환한다. 이 식단을 통해 평소보다 3~4배 글리코겐을 근육 안에 저장할 수 있다는 이론이다. 이 이론은 탄수화물을 절제하는 기간 동안 매우 피로감을 느끼게 되는 단점이 있지만, 최대한의 효과를 누리기 위해 식단을 고수해야 한다는 주장도 있다. 나는 선수들에게 굳이 이 방법을 사용하라고 권하지 않는다. 하지만 꼭 해야만 한다면 중요도가 낮은 대회에서 미리 시험해 보도록 하자.

유산소 운동에 있어 에너지 비율은 탄수화물 48%, 지방산 48%, 단백질 4% 정도이다. 무산소 운동의 에너지 비율은 탄수화물 60%, 지방산 25%, 단백질 15%이다. 즉 대회를 뛰는 동안 무산소 영역에서 운동할수록, 탄수화물을 에너지원으로 삼는 비율이 늘어난다. 그 때문에 선수들은 대회 중 에너지가 고갈되지 않도록 체내 글리코겐 양을 늘리려고 노력한다. 하지만 글리코겐 로딩으로 몸 속에 여분의 글리코겐을 저장한다는 이론은 논쟁의 여지가 있을 뿐 아니라 다른 문제를 야기할 가능성이 있다. 예를 들어 단백질과 지방산은 평소에도 우리 몸에 필요한 요소인데, 탄수화물 위주의 식단에 집착하면 단백질과 지방산이 부족해져서 어지럽거나 심한 근육통을 겪을 수 있다.

내가 추천하는 방법은 다음과 같다. 체내 글리코겐 양을 최대로 높이고 싶다면 우선 대회 6일 전에 농도가 연한 변비약을 복용해 장을 편안하게 만들면서 장 청소를 한다. 그 후 평소처럼 식사를 하되 대회 이틀 전부터 식사와 별도로 200g의 포도당 혹은 꿀을 섭취한다.

일반적으로 변비약의 효과는 간을 자극해 체내 글리코겐 저장량을 빠른 속도로 최대한까지 높여주는 것이다. 게다가 지난 이틀 동안 섭취한 당분은 체내 글리코겐이 충분히 저장되도록 방점을 찍을 것이다. 이로써 탄수화물, 단백질, 지방산의 균형을 무너뜨리지 않으면서 대량의 에너지원을 저장하게 된다. 이런 초과회복supercompensation으로 평소보다 많은 글리코겐을 저장하는 작업은 마치 4ℓ짜리 양동이에 5ℓ를 담으려고 하는 것과 같다.

프랑스의 생리학자 클로드 베르나르Claude Bernard가 발견한 바에 따르면, 식사 직후에는 간에서 내보내는 혈중 포도당 농도보다 다른 곳에서 간으로 들어오는 혈중 포도당 농도가 훨씬 더 높았다. 하지만 식사시간 사이에는 간 안에 존재하던 글리코겐이 포도당으로 재전환되면서 식사 직후와는 반대로, 간에서 내보내는 혈중 포도당 농도가 다른 곳에서 간으로 들어오는 혈중 포도당 농도보다 훨씬 높아졌다. 또한 클로드 베르나르는 간이 하루 동안 우리 몸의 포도당 농도를 일정하게 유지한다는 사실을 발견하기도 했다.

---

1. 우리 몸은 약 60%는 물로 이루어져 있으며, 그중 3분의 2가 세포 내, 3분의 1이 세포 바깥과 혈관 내 분배돼 있다. 전자의 세포 내 액체로는 칼륨이온, 후자의 세포 바깥 액체로는 나트륨이온이 많이 존재한다. 각각의 이온 농도를 일정하게 유지함으로써 우리 몸은 정상적으로 기능하게 된다.

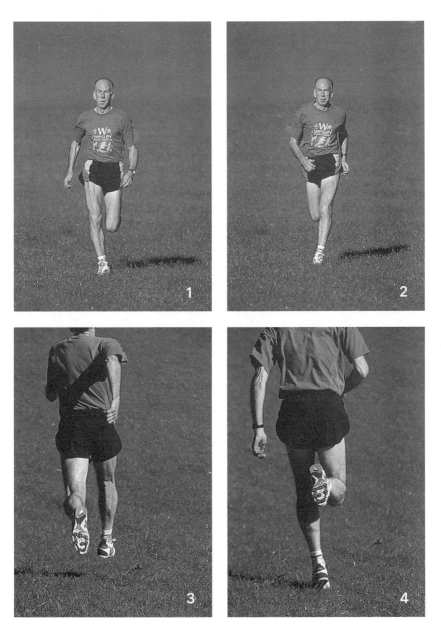

러닝 톨: 뒷꿈치가 엉덩이 부근까지 높이 올라와 있고 반대편 다리는 곧게 폄으로써 빠르고 편안한 달리기를 제공한다.

스트레칭 및 보강 운동: 스트레칭 및 보강 운동은 훈련 전후로 반드시 해야 하는 중요한 요소이다. 훈련 전에는 근육과 힘줄을 쉽게 늘리고 혈류를 자극하는 역할을 하며, 그 후에는 뭉친 근육을 풀어주고, 달리면서 발생한 노폐물을 몸 바깥으로 배출하도록 돕는다.

위 사진들은 좌측 위부터 각각 손 끝으로 반대편 발가락 만지기, 리듬감 있게 허리 돌려주기의 연속동작이다. 이밖에도 뒷발 들어 당기기, 다리를 앞뒤로 크게 차면서 휘두르기 등으로 몸통과 팔다리를 포함한 모든 부위에 자극을 줄 수 있을 것이다.

스트라이딩: 스프린트 트레이닝 시 사용하는 스트라이딩의 목적은 무릎을 높이 들어 올리고 팔을 크게 휘저으면서 뒷발로 지면을 박차 긴 보폭을 가져가는 것이다.

하이 니: 단거리 선수는 이 운동을 자주 하는데 사실 모든 선수가 꾸준히 해 주면 좋다. 거의 제자리에서 달리기 동작을 크게 취하는 한편 무릎은 높고 빠르게 들어 올려 앞으로 나아가는 전진 운동량은 느려지도록 실시한다.

빠르면서 힘을 뺀 달리기. 일자로 쭉 편 뒷발, 이상적인 상체 각도 및 팔치기에 신경쓰
도록 하자.

11.
부상 방지 및 대책

치료보다 예방이 더 중요하다는 말이 있다. 이는 달리기로 인한 부상에도 동일하게 적용된다. 부상 통증으로 괴로워하고, 치료에 많은 돈과 시간을 들이며, 우울한 기분에 젖어들고, 무엇보다 달리는 대신 치료하는 데 시간을 써야한다고 생각해 보라. 그 같은 상황에 처하기 전에 내게 맞는 신발을 신고, 올바른 자세로 뛰며, 하루 5분 정도 보강운동이나 스트레칭을 하면서 시간을 쓰는 편이 심적으로 부담이 훨씬 덜하다. 부상을 방지하기 위해서는 우선 주자들에게 자주 발생하는 부상에 관한 지식이 필요하다.

자세와 부상의 관계에 대해서 말할 수 있는 사실 하나는 유산소 운동 시 발뒤꿈치가 아닌 앞꿈치로 착지하면, 발뒤꿈치 바깥쪽부터 시작해서 발볼, 발끝으로 지면을 구르면서 달릴 때보다 부상 발생 확률이 높아진다는 것이다. 유산소 달리기를 하는 동안에는 신체 무게 중심이 디딤발 위를 자연스럽게 지나간다. 하지만 이때 앞꿈치로 착지하면 다리와 지면 사이에 더 큰 마찰력이 발생하고, 그 힘은 무게중심이 앞으로 이동하는 움직임에 제동을 걸게 된다. 그로 인해 물집이 생기거나 발톱이 손상되고, 중족골에 통증이 느껴지거나, 신스프린트 증상이 발생하기도 한다.

발끝으로 착지해서 달리는 원인은 다양하다. 팽팽해진 다리의 힘줄, 잘못된 훈련법, 또는 다른 착지법으로 달릴 수 없는 개인적인 신체조건이 있을 수도 있다. 이유야 어찌 되었든 발끝으로 뛰는 사람은 잔디나 모래 위를 뛰면서 가능한 한 마찰을 줄이고 부상을 방지하는 편이 좋다.

무릎 부상은 마라톤 컨디셔닝 기간 도중 대퇴사두근과 다리 힘줄에 피로가 쌓이고 팽팽해 졌을 때 발생하기 쉽다. 이를 방지하기 위해서는 힐 트레이닝이나 스쿼트 및 스트레칭으로 대퇴사두근을 강화해 주면 좋다.

내 발과 맞지 않거나 밑창이 닳은 신발은 앞장에서 언급한 대로 무릎과 엉덩이 부상을 일으킬 수 있는 요인이다. 이를 방지하기 위해서는 가급적 매주 신발 밑창을 점검하도록 하자. 올바른 자세로 균형감 있게 달린다면, 발뒤꿈치 바깥쪽 가장자리, 그리고 새끼 발가락 바깥쪽, 발끝의 순서로 닳을 것이다. 이는 양발 모두 동일하다. 만약 그렇지 않다면 어깨에 힘을 준 채 뛰고 있거나, 신발이 잘 맞지 않는다든가, 혹은 신체 구조상 어느 한쪽으로 치우쳤을 수 있다. 내 말대로 닳지 않는다고 해서 반드시 위험한 것은 아니다. 그렇지만 평소 꾸준히 신발 상태를 확인하는 습관을 들인다면, 신발을 좋은 상태로 유지하는 데 도움이 될 것이다.

달리는 데 있어 가장 많은 돈이 드는 용품은 신발이다. 오랫동안 잘 관리하고 신어서 비용을 절약하고 싶은 마음은 이해하나 러닝화는 너무 오래 신지 않는 편이 좋다. 발뒤꿈치 밑창이 다 닳은 러닝화를 신고 뛰면 발목, 무릎, 엉덩이가 받는 충격이 늘어나며 예상치 못한 부상을 초래할 수 있기 때문이다.

아킬레스건 부상은 힐 트레이닝 기간 도중 스트레칭 및 유연성 운동을 충분히 하지 않은 채 근육을 강화하려고 할 때 생기기 쉽다. 달리는 데 사용하는 근육을 강화하기 위해서는 근육과 힘줄의 가동 범위를 최대한으로 늘리는 게 중요한데, 웨이트 트레이닝만으로는 그와 같은 움직임을 재현하지 못한다. 가동 범위를 최대한 늘리는 움직임을 갖기 위해서는 웨이트 트레이닝에 스프린트 트레이닝을 더해주면 좋다. 하지만 웨이트 트레이닝만 한 몸으로는 스프린트 트레이닝을 할 만한 몸 상태를 갖췄다고 하기에는 충분치 못하다. 그러므로 힐 트레이닝에 앞서 마라톤 컨디셔닝 단계에서 유산소 달리기를 충분하게 쌓을 필요가 있다.

햄스트링 부상은 근육과 힘줄 부위가 스트레칭 부족으로 뭉쳐있거나, 근육을 골고루 단련하지 않은 사람이 스피드 훈련(레그 스피드 같은)을 실시했을 때 발생한다. 종종 햄스트링보다 대퇴사두근 근육이 더 튼튼한 사람을 볼 때가 있다. 그러한 유형은 대퇴사두근에 힘을 줘서 무릎을 높이 들어올릴 경우, 상대적으로 약한 햄스트링 근육이 강하게 당겨지면서 부상이 발생할 위험이 있다. 근육의 가동 범위를 최대한으로 사용할 때는 훈련에 앞서 스트레칭을 하면서 해당 부위 근육의 가동 범위를 미리 늘려줘야 한다. 내 훈련 일정에는 다양한 종류의 훈련법이 존재한다. 그것들을 전부 실행한다면 근육을 골고루 단련시키고 스트레칭도 충분히 할 수 있을 것이다.

근파열은 근섬유를 둘러싼 근막이 찢어지거나 근섬유 자체가 찢어진 것을 의미한다. 주요 원인은 워밍업이 소홀했거나 기초 체력이 부족한 데 있지만, 몸을 충분히 풀고 체력을 최대치로 끌어올렸더라도 오랜 시간 근육에 부하를 가하다 보면 근섬유가 찢어질 수 있다. 부상 방지에 심혈을 기울이는 운동선수조차 최고의 몸 상태에서 부상을 입을 때가 있다. 하지만 준비를 덜한 운동선수만큼 취약하냐고 묻는다면 그건 아니다.

근파열이 생기면 환부에 내출혈이 일어나므로 손상 부위를 금세 알아챌 수 있다. 만약 근파열이 발생했다면, 우선 환부를 물 또는 얼음으로 식히도록 하자(아이싱). 얼음은 해당 부위로 코르티솔을 끌어당기고 효소의 움직임을 자극해 혈액 순환을 촉진시킨다. 이와 같은 아이싱을 3일 동안 계속 하자.

3일이 지날 때 즈음이면 환부 주위로 흉터 조직scar tissue이 형성되기 시작하는데, 마사지로 해당 부위에 밀집한 피를 풀어주도록 하자. 이는 환부까지 영양소가 도달할 수 있도록 도와준다.

모든 부상은 스스로 대처하지 말고, 우선 의사와 트레이너 같은 전문가와 상담하도록 하자. 내 멋대로 치료하다가 더 심해지는 경우도 있기 때문이다. 예를 들어 무릎이 찌릿하다든가 발목에 이상한 느낌이 든다면, 비록 작은 부상일지라도 전문가의 조언과 치료를 받아보는 편이 좋다.

신 스프린트shin splint는 정강이 근육과 뼈 사이에 있는 근막이 손상됨으로써 생긴다. 주요 원인은 내리막을 뛰어 내려갈 때 오는 착지 충격과 보폭을 넓게 가져가면서 발에 충격이 축적될 때 종종 발생한다. 그 외에도 밑창이 평평하지 않고 앞쪽이 굽어진 신발을 신고 뛰다가 생기기도 한다. 이러한 신발을 신고 뛰면 발끝으로 지면을 탁탁탁 차게 되므로 정강이에 가해지는 부하가 커진다.

신 스프린트 부상을 방지하기 위해서는 내리막을 달릴 때 보폭이 너무 커지지 않도록 항상 신경써야 한다. 또한 보폭을 넓게 가져가는 주법으로 뛸 경우 신발 앞부분에 고무 조각 같은 밑창을 붙여 대처하는 방법이 있다. 신 스프린트는 냉수요법이나 콜드팩을 활용한 냉각요법 후 온찜질을 하는 등의 치료법이 있지만 빨리 낫기 힘든 부상이라는 사실을 명심하며 운동에 임해야 한다.

냉수요법은 신 스프린트뿐 아니라 다른 다리 부상을 낫게하는 데도 굉장히 효과적이다. 종류도 다양하다. 미지근한 수영장에 들어가서 킥보드를 붙잡고 물장구를 치거나, 수중에서 달리는 동작을 취해보는 것도 시도해 볼 만하다.

무릎 연골과 반월판 손상은 무릎 부상 중 가장 흔하게 일어난다. 하지만 너무 심해지기 전에 치료하면 쉽게 나으므로, 무릎에 원인 모를 조짐을 느낀다면 곧바로 병원을 방문하는 편이 좋다. 관절내시경[1]을 사용한 진단은 정확한데다 치료법도 많이 발달해 있으므로, 처방을 받은 후 며칠 만에 다시 뛰러 나갈 수 있다. 하지만 제대로 치료하지 않은 채 방치하면 관절염으로 이어진다. 그러면 정말 곤란해진다. 이 부상은 10대 청소년에게도 일어날 수 있으므로, 연령과 관계없이 무릎 통증을 가벼이 여기면 안 될 것이다.

관절과 뼈 부상은 대개 완충력이 부족한 신발을 신고 딱딱한 지면을 달릴 때, 혹은 팔을 너무 크게 휘두르는 등 관절을 회전하는 과정에서 발생한다. 그러니 그 부분을 바로 잡으면 부상은 머지않아 나을 것이다. 만약 당신이 늘 같은 길, 같은 방향만 고집하고 있다면 그건 곡선 코스에서도 속력을 유지하기 위해 항상 한쪽 다리를 다른쪽 다리보다 더 넓게 벌리며 뛰고 있다는 의미이다. 이럴 경우 몸의 균형이 망가지게 되므로 다양한 방향으로 코스를 변경하면서 뛰는 것이 좋다.

다리와 지면 사이에서 충격을 완화하는 고무의 탄성이 충분치 않다면, 발을 내디딜 때마다 신체 곳곳에 충격이 전해져서 엉덩이와 허리를 비롯한 예상치 못한 부위에서 통증이 발생할 수 있다. 오늘날 이러한 통증을 완화시켜주는 다양한 치료법이 있지만, 가장 효과적인 방법은 다리와 지면 사이에 반발력 있는 쿠션을 삽입해 부상을 방지하는 것이다. 즉, 적절하게 쿠션감이 있는 신발을 사는 것이다. 이를 충족하는 신발은 비용적으로 비싸다고 느낄 수도 있으나, 장기적인 관점에서 보면 저렴하게 샀다고 생각할 것이다.

1.   관절 안을 들여다보는 내시경. 관절내시경을 사용해 진단하고 치료하기 위해서는 마취가 필요하다.

"여기까지만 오려고
시작한 것이 아니다."

"You didn't get this far to only go this far." — Ben Alidis.

12.
훈련 일정

여기서 언급한 훈련 외에 추가로 가급적 오랜 시간 저강도 유산소 달리기를 하길 권한다. 이는 몸 상태를 유지하고 지구력을 쌓아가는 동시에 본 훈련 후에 쌓인 피로를 풀어주는 데 도움을 준다. 보조 훈련으로 15분만 조깅해도 나름의 효과를 가진다.

힐 트레이닝 기간이 끝난 후에도 정기적으로 오르막 훈련을 하면 속도를 향상시키고 유지하는 데 도움된다. 할 수 있는 범위 내에서 힐 스프링잉, 힐 바운딩, 스팁 힐 러닝, 또는 계단 훈련을 하되 무리하지 않길 바란다.

훈련 스케줄은 참고용일 뿐이다. 이는 특정 경기를 최고의 몸 상태로 맞이하기 위해 고안된 하나의 예시에 지나지 않는다. 따라서 이를 활용할 때는 개개인의 연령, 성별, 체력에 따라 유연하게 조정할 필요가 있다. 매일 훈련에 따른 신체 반응을 점검하고 몸이 무겁거나, 통증을 느끼는 부위가 있다면 회복할 시간을 충분히 주도록 하자.

근육통이 있거나 피로가 많이 쌓였을 때 결코 스피드 훈련을 하면 안 된다. 몸 상태가 안 좋을 경우에는, 그날 예정해 놓은 스케줄과 관계없이 가벼운 조깅으로 대체하길 바란다. 일반적으로 조깅은 몸에 피로가 쌓이지 않으며 근육통과 피로를 푸는 데 도움을 준다. 몸이 무거운데 무리하게 스피드 훈련을 하면 부상으로 이어질 수 있으며, 피로가 풀리지 않고 계속해서 쌓이게 될 뿐이다.

훈련 일정에서 정해 놓은 스피드 훈련을 제외한 모든 훈련은 속도를 일정하게 유지하는 데 신경써야 한다. 결코 대회처럼 경쟁하듯 뛰면 안 된다. 힘차게 뛰되 여력을 남기도록 몸에 힘을 뺀다. 그 후 기량이 향상되었다고 느끼면 점진적으로 훈련 강도를 높인다. 다만, 모든 힘을 다 쏟아부어서는 안 된다는 점을 명심하자.

훈련 일정 중 '가급적 오랜 기간' 뛰라는 말은 크로스컨트리 또는 로드 대회 시즌이 끝난 후, 본격적으로 트랙 훈련 준비에 들어갈 때(힐 트레이닝을 시작 하는)까지를 의미한다.[1] 편의상 A부터 Z까지 다양한 훈련 단계로 분류해 놓았으나 종목에 따라 사용하는 훈련이 각각 다를 수도 있음을 염두에 두자.

단거리 및 중장거리 종목

스프린트 선수를 위한 주간 훈련은 다음과 같다.

1. 정기적으로 유산소 달리기를 하면 유산소 최대 안정상태 수준이 올라가고, 지구력이 향상되므로 이후 진행하는 스프린트 훈련을 수월하게 소화할 수 있다. 이는 본 훈련 외 별도로 시간을 마련해 진행하든가, 본 훈련을 마친 후 쿨링다운용으로 진행하면 좋다. 쿨링다운 조깅은 15분만 달려도 충분한 효과를 얻을 수 있다.

2. 저강도 파틀렉은 완만한 기복이 있는 지형에서 보폭을 넓게 가져가거나, 질주하거나, 오르막을 뛰어 올라갔다 내려오는 등, 다양한 유형의 달리기를 조합해 진행하는 훈련이다. 이 훈련으로 무산소 운동 능력을 점진적으로 키울 수 있다.

3. 힐 스프링잉은 주자에게 있어 필수 요소인 발목 유연성과 근력을 습득하는 훈련이다. 이 훈련은 백색근을 효율적으로 발달시키는 동

시에, 다리 근육과 힘줄을 스트레칭하는 데도 도움된다. 힐 스프링잉 훈련을 꾸준히 하면, 근육과 힘줄이 과도하게 늘어나거나 팽팽하게 당길 위험이 줄어든다.

4. 스팁 힐 러닝으로 대퇴부 근육을 단련시켜 놓으면, 무릎을 높게 들어 올릴 수 있으며, 그로 인해 보폭이 넓어지고 회전수가 올라간다.

5. 주법 훈련은 마라톤 컨디셔닝 중 잘못된 동작으로 달리지 않기 위해 정기적으로 행해줘야 한다. 적어도 일주일에 한 번 무릎 높게 들어올리기(하이-니), 발목 탄성을 이용한 스트라이딩, 상체 곧게 펴고 높이 뛰며 달리기(러닝 톨)를 해주면 좋다.

6. 릴렉스 스트라이딩은 몸에 힘을 뺀 채 뛰기 위해 진행하는 훈련이다. 일주일에 한 번, 150~200m를 수차례 진행하며, 이때 보폭을 넓게 벌리도록 의식하면 좋다. 강풍이 불 때는 바람을 등진 상태에서 실시하도록 한다.

7. 보강 및 스트레칭 운동은 자주 해주도록 하자. 특히 스피드 훈련 전에는 더 유념해서 할 필요가 있다. 매일, 꾸준히 몸 전체를 풀어주도록 하자.

8. 장애물 연습은 스프린트 기량을 향상시킬 수 있으며, 장애물 종목에 대한 잠재적인 재능을 꽃피울 수 있게 해준다.

---

1. 뉴질랜드에서는 12월~3월에 트랙 경기 시즌이 열리며 4월~8월이 크로스컨트리 시즌, 9월~11월이 로드 레이스 시즌이다. 단, 마라톤을 포함한 로드 대회는 4월~6월에도 열리기도 한다.

훈련 종류	
A	장거리 유산소 달리기
B	저강도 파틀렉 달리기
C	고강도 파틀렉 달리기
D	힐 스프링잉
E	스팁 힐 러닝 또는 계단 훈련
F	레그 스피드
G	스프린트 트레이닝
H	100m마다 45m 윈드 스프린트(샤프너 1)
J	200m마다 100m 윈드 스프린트(샤프너 2)
K	레피티션
L	타임 트라이얼
M	페이스 저지먼트 러닝
N	릴렉스 스트라이딩
O	패스트 릴렉스 스트라이딩
P	하이-니 연습
Q	롱 스트라이딩 연습
R	러닝 톨 연습
S	보강 운동
T	스킵핑
U	사이클링
V	수영
W	조깅
X	스타트 연습
Y	장애물 넘기 연습
Z	물웅덩이 넘기 연습

단거리 훈련_ 청소년(남녀 공통)	
가급적 오랜 기간 동안:	
월	**BDE** 15~30분
화	**PQR** + (**N** 200m×4)
수	**BDE** 15~30분
목	**PQR** + (**N** 200m×4)
금	**F** 100m×4~6
토	400m×2~3 (75% 기량으로)
일	**B** 15~30분
6주간:	
월	**BDE** 15~30분
화	**PQR** 80m×2 (각각 세트 실시)
수	**N** 200m×4~6
목	(**X** 30m×4) + (**O** 100m×4)
금	**F** 100m×4~6
토	**L** 100m + 200m, 혹은 400m로 실시
일	**B** 20~40분
4주간:	
월	200m×2, 혹은 300m×1 (빠르게)
화	**XGS**
수	**L** 100m + 200m, 혹은 400m로 실시
목	**H**×8~12
금	**W** 15~20분
토	레이스 100m와 200m, 혹은 400m
일	**B** 20~40분

4주간:		
	월	H×8~12
	화	(O 100m×4) + (X 30m×6)
	수	(L 100m×2) + 200m
	목	GS
	금	W 15~20분
	토	레이스
	일	W 20~30분
1주간:		
	월	L 300m×1
	화	O 100m×4
	수	(레이스 100m×2) + 200m
	목	GS
	금	W 20분
	토	레이스 100m + 200m
	일	W 20~30분
1주간:		
	월	GS
	화	B 15~20분
	수	L 100m×2
	목	N 200m×2
	금	W 15분, 혹은 휴식
	토	첫 중요 대회
	일	B 15~30분

대회 주간 지속 훈련:	
월	**GS**
화	**H**×8~12
수	레이스 100m + 200m
목	**B** 15~30분
금	**N** 150m×3~4, 혹은 휴식
토	대회
일	**B** 15~30분

단거리 훈련_ 성인 남자	
가급적 오랜 기간 동안:	
월	**BDE** 30분
화	**PQR** + (**N** 300m×4)
수	**BDE** 30분
목	**PQR** + (**N** 300m×4)
금	**F** 120m×10
토	800m×3 (75% 기량으로)
일	**B** 1시간
6주간:	
월	**BDE** 30분
화	**PQR** 100m×3 (각각 세트 실시)
수	**N** 200m×8
목	(**X** 30m×6) + (**O** 100m×6)
금	**F** 120m×10
토	**L** 100m + 200m, 혹은 400m
일	**B** 1시간
4주간:	
월	300m×3, 혹은 500m×2 (빠르게)
화	**XGS**
수	**L** 100m + 200m, 혹은 400m
목	**H**×12~16
금	**W** 30분
토	레이스 100m + 200m, 혹은 400m
일	**B** 45분

4주간:

월	H×12, 혹은 300m×3
화	(**O** 100m×6) + (**X** 30m×6)
수	**L** 100m + 200m, 혹은 400m
목	**GS**
금	**W** 30분
토	레이스
일	**W** 45분

1주간:

월	**L** 500m×2
화	**O** 100m×6
수	레이스 (100m×2) + 200m
목	**G + S**
금	**W** 30분
토	레이스 100m + 200m, 혹은 400m
일	**W** 30분

1주간:

월	**G + S**
화	**B** 30분
수	**L** 100m×2
목	**N** 200m×3
금	**W** 30분, 혹은 휴식
토	대회
일	**B** 30분

대회 주간 지속 훈련:		
	월	**S + X**
	화	**B** 30~45분
	수	**L** (전력질주)
	목	**F** 100m×6~8
	금	휴식, 혹은 조깅
	토	대회
	일	**W** + (**N** 200m×4~6)

400미터_ 13~15세 남자		
가급적 오랜 기간 동안:		
월	**A** 20~30분	
화	**A** 30~45분	
수	**B** 20~30분	
목	**A** 30~45분	
금	**N** 150m×6	
토	**A** 30~45분	
일	**B** 20~30분	
4주간:		
월	**DE** 15~30분	
화	**A** 30~45분	
수	**B** 20~30분	
목	**A** 30~45분	
금	**B** 20~30분	
토	**DE** 15~30분	
일	**A** 30~1시간	
4주간:		
월	**DE** 15~30분	
화	**B** 30~45분	
수	**F** 100m×6~8	
목	**B** 30~45분	
금	**DE** 15~30분	
토	**F** 100m×6~8	
일	**W** 30~45분	

4주간:

월	**K** 200m×6~10
화	**GSX**×8
수	**B** 30~45분
목	**K** 150m×6~10
금	**GSX**×8
토	**N** 300m×4
일	**W** 30분~1시간

2주간:

월	300m×2 (15분 인터벌)
화	**GSX**×8
수	**L** 100m, 300m, 600m
목	**B** 30분
금	**O** 100m×6
토	**L** 800m×2
일	**W** 30분~1시간

2주간:

월	**J**×6~8
화	**GSX**×6
수	레이스 100m + 400m
목	**B** 30분
금	**N** 200m×4
토	레이스 200m + 400m
일	**W** 30분

1주간:

월	H×8~10
화	**GSX**×6
수	레이스 400m
목	**B** 30분
금	**N** 300m×2
토	레이스 100m + 200m
일	**W** 30분

1주간:

월	H×6~8
화	**B** 30분
수	레이스 100m + 200m
목	**W** 30분
금	**W** 15분, 혹은 휴식
토	첫 중요 대회
일	**W** 30분

대회 주간 지속 훈련:

월	H×8~10
화	**GSX**×6~8
수	대회
목	**B** 30분
금	**N** 200m×3
토	대회
일	**W** 30~45분

400미터_ 16~18세 남자

가급적 오랜 기간 동안:

월	A 30~45분
화	A 45분~1시간
수	B 30~45분
목	A 45분~1시간
금	N 200m×6
토	A 45분~1시간 15분
일	B 30분~1시간

2주간:

월	DE 30~45분
화	A 45분~1시간
수	B 45분~1시간
목	A 45분~1시간
금	B 30분
토	D + (E 30~45분)
일	A 45분~1시간 15분

2주간:

월	DE 30~45분
화	B 45분~1시간
수	F 100m×8
목	B 45분~1시간
금	DE 30분~45분
토	F 100m×8~10
일	W 1시간

4주간:

월	**K** 200m×8~12
화	**GSX**×8~10
수	**B** 45분~1시간
목	**K** 400m×6~8
금	**GSX**×8~10
토	**N** 300m×6
일	**W** 1시간

2주간:

월	300m×3, 혹은 500m×2
화	**GSX**×10
수	**L** 100m, 300m, 600m
목	**B** 45분
금	**O** 120m×6
토	**L** 800m×3
일	**W** 1시간

2주간:

월	**J**×8~10
화	**GSX**×8
수	레이스 100m + 400m
목	**B** 45분
금	**N** 200m×6
토	레이스 200m + 400m
일	**W** 45분

1주간:

월	H×12
화	**GSX**×8
수	레이스 400m
목	**B** 45분
금	**N** 300m×3
토	레이스 100m + 200m
일	**W** 45분

1주간:

월	H×12
화	**B** 30~45분
수	레이스 200m×2
목	**W** 30~45분
금	**W** 30분, 혹은 휴식
토	첫 중요 대회
일	**W** 45분

대회 주간 지속 훈련:

월	H×12
화	**GSX**×8
수	대회
목	**B** 30분~45분
금	**N** 200m×4
토	대회
일	**W** 45분~1시간

400미터_ 성인 남자

가급적 오랜 기간 동안:

월	**A** 30분
화	**A** 1시간
수	**B** 45분~1시간
목	**A** 1시간
금	**N** 200m×6
토	**A** 1시간~1시간30분
일	**B** 45분~1시간

2주간:

월	**DE** 45분
화	**A** 1시간
수	**B** 1시간
목	**A** 1시간
금	**B** 45분
토	**DE** 45분
일	**A** 1시간~1시간30분

2주간:

월	**DE** 45분
화	**B** 1시간
수	**F** 100m×10
목	**B** 1시간
금	**D** + (**E** 45분)
토	**F** 100m×10
일	**W** 1시간

4주간:

월	**K** 200m×10~12
화	**GS** + (**X**×10)
수	**B** 1시간
목	**K** 400m×6~10
금	**GS**
토	**N** 300m×6
일	**W** 1시간

2주간:

월	300m×3, 혹은 500m×2
화	**GSX**×10
수	100m, 300m, 600m
목	**B** 1시간
금	**O** 120m×6
토	**L** 800m×3
일	**W** 1시간

2주간:

월	**J**×10
화	**GSX**×10
수	레이스 100m + 400m
목	**B** 1시간
금	**N** 200m×6
토	레이스 200m + 400m
일	**W** 1시간

1주간:

월	H×16
화	**GSX**×10
수	레이스 400m×2
목	**B** 1시간
금	**N** 300m×3
토	레이스 100m + 200m
일	**W** 45분

1주간:

월	H×12
화	**B** 45분
수	레이스 200m×2
목	**W** 45분
금	**W** 1시간, 혹은 휴식
토	첫 중요 대회
일	**W** 1시간

대회 주간 지속 훈련:

월	H×12
화	**GSX**×10
수	대회
목	**B** 45분~1시간
금	**N** 200m×4
토	대회
일	**W** 1시간

400미터_ 성인 여자

가급적 오랜 기간 동안:

월	A 30분
화	A 45분
수	B 30~45분
목	A 45분
금	N 200m×6
토	A 45분~1시간 15분
일	B 30분~1시간

2주간:

월	DE 30~45분
화	A 45분~1시간
수	B 45분~1시간
목	A 45분~1시간
금	B 30분
토	DE 30~45분
일	A 45분~1시간 15분

2주간:

월	DE 30~45분
화	B 45분~1시간
수	F 100m×8
목	B 45분~1시간
금	DE 30~45분
토	F 100m×8~10
일	W 1시간

4주간:

월	**K** 200m×8~12
화	**GSX**×8~10
수	**B** 45분~1시간
목	**K** 400m×6~8
금	**GSX**×8~10
토	**N** 300m×6
일	**W** 1시간

2주간:

월	300m×3, 혹은 500m×2
화	**GSX**×10
수	100m, 300m, 600m
목	**B** 45분
금	**O** 120m×6
토	**L** 800m×3
일	**W** 1시간

2주간:

월	**J**×8~10
화	**GSX**×8
수	레이스 100m + 400m
목	**B** 45분
금	**N** 200m×6
토	레이스 200m + 400m
일	**W** 45분

1주간:

	월	H×12
	화	**GSX**×8
	수	레이스 400m
	목	**B** 45분
	금	**N** 300m×3
	토	레이스 100m + 200m
	일	**W** 45분

1주간:

	월	H×12
	화	**B** 30~45분
	수	레이스 200m×2
	목	**W** 30~45분
	금	**W** 30분, 혹은 휴식
	토	첫 중요 대회
	일	**W** 45분

대회 주간 지속 훈련:

	월	H×12
	화	**GSX**×8
	수	대회
	목	**B** 30~45분
	금	**N** 200m×4
	토	대회
	일	**W** 45분~1시간

중거리 트랙_ 13~14세 남자

가급적 오랜 기간 동안:

월	**A** 30~45분
화	**A** 45분~1시간 15분
수	**L** 3,000m
목	**A** 15분~1시간 15분
금	**B** 30분
토	**L** 5,000m
일	**A** 45분~1시간 30분

4주간:

월	**F** 80m×6~8
화	**A** 45분~1시간 15분
수	**D** + (**E** 30분)
목	**B** 30~45분
금	**F** 80m×6~8
토	**D** + (**E** 30분)
일	**A** 45분~1시간 15분

4주간:

월	**K** 200m×6~10
화	(**PQR** 80m×2) + (**O** 80m×2)
수	**B** 30~45분
목	**K** 200m×6~10
금	**F** 80m×4~6
토	**L** 3,000m
일	**A** 45분~1시간 15분

4주간:

월	**J**×6~8
화	**B** 30~45분
수	**L** 200m + 600m
목	**A** 30분
금	**O** 80m×3
토	레이스 800m, 혹은 1,500m
일	**W** 15분~1시간

1주간:

월	**H**×8~10
화	**B** 30분
수	**L** (대회 거리로), **M** (빠르게)
목	**B** 30~45분
금	**N** 200m×3
토	레이스 400m, 혹은 800m
일	**W** 45분~1시간

1주간:

월	**H**×8
화	**B** 30분
수	**L** 200m
목	**W** 30분
금	**W** 30분, 혹은 휴식
토	첫 중요 대회
일	**W** 45분~1시간

대회 주간 지속 훈련:		
월	**B** 30분
화	**N** 100m×3
수	대회, 혹은 **L** 400m
목	**B** 30분
금	**N** 100m×3
토	대회, 혹은 **L** 400m, 혹은 800m
일	**W** 45분~1시간

중거리 트랙_ 15~16세 남자	
가급적 오랜 기간 동안:	
월	**B** 30~45분
화	**A** 1시간~1시간 15분
수	**L** 3,000m
목	**A** 1시간~1시간 15분
금	**B** 30분
토	**L** 5,000m
일	**A** 1시간~1시간 30분
4주간:	
월	**F** 100m×6~8
화	**A** 1시간~1시간 15분
수	**D** + (**E** 30~45분)
목	**B** 30~45분
금	**F** 100m×6~8
토	**D** + (**E** 30~45분)
일	**A** 1시간~1시간 30분
4주간:	
월	**K** 400m×8~12
화	(**PQR** 100m×2) + (**O** 100m×2)
수	**B** 30분~45분
목	**K** 200m×8~12
금	**F** 100m×6
토	**L** 3,000m
일	**A** 1시간~1시간 30분

4주간:

월	J×6~8
화	B 30분~45분
수	L 200m + 600m
목	W 45분
금	O 100m×4
토	레이스 800m, 혹은 1,500m
일	W 1시간~1시간 30분

1주간:

월	H×12
화	B 30분
수	L (대회 거리로)
목	B 30분
금	N 200m×4
토	레이스 400m, 혹은 800m
일	W 1시간

1주간:

월	H×8~12
화	B 30분
수	L 100m + 400m
목	W 45분
금	W 30분
토	첫 중요 대회
일	W 1시간, 혹은 그 이상

대회 주간 지속 훈련:

월	**B** 30분
화	**N** 200m×4
수	대회, 혹은 **L**
목	**B** 30분
금	**N** 200m×4
토	대회, 혹은 **L**
일	**W** 1시간, 혹은 그 이상

중거리 트랙_ 17~18세 남자	
가급적 오랜 기간 동안:	
월	**B** 45분
화	**A** 1시간~1시간 15분
수	**L** 3,000m
목	**A** 1시간~1시간 15분
금	**B** 30분
토	**L** 5,000m
일	**A** 1시간 30분, 혹은 그 이상
4주간:	
월	**F** 100m×8~10
화	**A** 1시간~1시간 30분
수	**D** + (**E** 45분)
목	**B** 45분
금	**F** 100m×8~10
토	**D** + (**E** 45분)
일	**A** 1시간 30분, 혹은 그 이상
4주간:	
월	**K** 400m×10~15
화	(**PQR** 100m×2) + (**O** 100m×4)
수	**B** 45분
목	**K** 200m×12~16
금	**F** 100m×6~8
토	**L** 3,000m
일	**A** 1시간 30분, 혹은 그 이상

4주간:

월	**J**×8~10
화	**B** 45분
수	**L** 200m + 600m
목	**W** 45분
금	**O** 100m×6
토	레이스 800m, 혹은 1,500m
일	**W** 1시간~1시간 15분

1주간:

월	**H**×16
화	**B** 30분
수	**L** (대회 거리로)
목	**B** 45분
금	**N** 200m×4
토	레이스 400m, 혹은 800m
일	**W** 1시간

1주간:

월	**H**×12
화	**B** 30분
수	**L** 100m + 400m
목	**W** 45분
금	**W** 30분
토	첫 중요 대회
일	**W** 1시간, 혹은 그 이상

대회 주간 지속 훈련:		
월	**B** 45분
화	**N** 200m×4
수	대회, 혹은 **L**
목	**B** 45분
금	**N** 200m×4
토	대회, 혹은 **L**
일	**W** 1시간, 혹은 그 이상

중거리 트랙_ 19~20세 남자		
가급적 오랜 기간 동안:		
	월	**B** 45분~1시간
	화	**A** 1시간~1시간 30분
	수	**L** 5,000m
	목	**A** 1시간~1시간 30분
	금	**B** 45분
	토	**L** 10,000m
	일	**A** 1시간 30분~2시간
4주간:		
	월	**F** 100m×10
	화	**A** 1시간~1시간 30분
	수	**D** + (**E** 45분~1시간)
	목	**B** 45분~1시간
	금	**F** 100m×10
	토	**D** + (**E** 45분~1시간)
	일	**A** 1시간 30분~2시간
4주간:		
	월	**K** 400m×12~16
	화	(**PQR** 100m×2) + (**O** 100m×4)
	수	**B** 45분~1시간
	목	**K** 200m×15~20
	금	**F** 100m×8
	토	**L** 3,000m, 혹은 5,000m
	일	**A** 1시간 30분~2시간

4주간:		
월	J×10~12	
화	B 45분~1시간	
수	L 200m + 600m	
목	W 45분	
금	O 100m×6	
토	대회 800m, 혹은 1,500m	
일	W 1시간 30분	
1주간:		
월	H×16	
화	B 45분	
수	L (대회 거리로)	
목	B 45분	
금	N 200m×4	
토	레이스 400m, 혹은 800m	
일	W 1시간 30분	
1주간:		
월	H×12	
화	B 30분	
수	L 100m + 400m	
목	W 45분	
금	W 30분	
토	첫 중요 대회	
일	W 1시간 30분	

대회 주간 지속 훈련:

월	**B** 45분
화	**N** 200m×4
수	대회, 혹은 **L**
목	**B** 45분
금	**N** 200m×4
토	대회, 혹은 **L**
일	**W** 1시간 30분

중거리 트랙_ 성인 남자	
가급적 오랜 기간 동안:	
월	**B** 1시간
화	**A** 1시간 30분
수	**L** 5,000m
목	**A** 1시간 30분
금	(**B** 45분) + 언덕 달리기
토	**L** 10,000m
일	**A** 1시간 30분, 그 이상
4주간:	
월	**F** 120m×10
화	**A** 1시간 30분
수	**D** + (**E** 1시간)
목	**B** 1시간
금	**F** 120m×10
토	**D** + (**E** 1시간)
일	**A** 1시간 30분, 혹은 그 이상
4주간:	
월	**K** 400m×15~20
화	(**PQR** 100m×2) + (**O** 100m×4)
수	**B** 1시간
목	**K** 200m×15~20
금	**F** 100m×10
토	**L** 3,000m, 혹은 5,000m
일	**A** 1시간 30분, 혹은 그 이상

4주간:

월	**J**×12~14
화	**B** 1시간
수	**L** 200m + 600m
목	**A** 1시간
금	**O** 100m×6
토	레이스 800m 혹은 1,500m
일	**W** 1시간 30분

1주간:

월	**H**×20
화	**B** 1시간
수	**L** (대회 거리로)
목	**B** 45분
금	**N** 200m×6
토	레이스 400m, 혹은 800m
일	**W** 1시간 30분

1주간:

월	**H**×16
화	**B** 45분
수	**L** 100m + 400m
목	**W** 45분
금	**W** 30분
토	첫 중요 대회
일	**W** 1시간 30분

대회 주간 지속 훈련:	
월	**B** 1시간
화	**N** 200m×6
수	대회, 혹은 **J**×12
목	**B** 1시간
금	**N** 200m×6
토	대회, 혹은 **L**
일	**W** 1시간 30분

3,000미터_ 15~16세 남자	
가급적 오랜 기간 동안:	
월	**A** 1시간
화	**A** 1시간~1시간 30분
수	**L** 5,000m
목	**A** 1시간~1시간 30분
금	**B** 30~45분
토	**L** 10,000m
일	**A** 1시간 15분~1시간 30분
4주간:	
월	**D** + (**E** 45분)
화	**A** 1시간~1시간 30분
수	**B** 45분
목	**B** + (**E** 45분)
금	**F** 100m×8~10
토	**L** 5,000m
일	**A** 1시간 30분~2시간
4주간:	
월	**L** 3,000m
화	**K** 400m×8~12
수	**A** 1시간~1시간 30분
목	**K** 200m×10~16
금	**F** 100m×8~10
토	**L** 5,000m
일	**A** 1시간~1시간 30분

4주간:

월	J×6~10
화	B 45분
수	L 200m + MD
목	W 1시간
금	N 300m×3
토	레이스 1,500m, 혹은 3,000m
일	W 1시간~1시간 30분

1주간:

월	H×12~16
화	W 45분
수	L 3,000m (빠르게)
목	B 45분
금	N 200m×3
토	레이스 3,000m
일	W 1시간

1주간:

월	H×12
화	B 45분
수	L 800m
목	W 45분
금	W 30분
토	첫 중요 대회
일	W 1시간~1시간 30분

대회 주간 지속 훈련:	
월	**B** 45분
화	**N** 200m×4
수	레이스 200m + **MD**
목	**B** 45분
금	**W** 30분
토	대회, 혹은 **L**
일	**W** 1시간~1시간 30분

장거리 트랙_ 17~18세 남자	
가급적 오랜 기간 동안:	
월	**B** 45분~1시간
화	**A** 1시간~1시간 30분
수	**L** 5,000m
목	**A** 1시간~1시간 30분
금	**B** 45분~1시간
토	**L** 10,000m
일	**A** 1시간 30분, 그 이상
4주간:	
월	**F** 100m×8~10
화	**A** 1시간~1시간 30분
수	**D** + (**E** 45분)
목	**A** 1시간~1시간 30분
금	**F** 100m×8~10
토	**D** + (**E** 45분)
일	**A** 1시간 30분, 혹은 그 이상
4주간:	
월	**K** 400m×10~15
화	**A** 1시간~1시간 30분
수	**B** 45분
목	**K** 200m×12~16
금	**F** 100m×6~8
토	**L** 5,000m
일	**A** 1시간 30분, 혹은 그 이상

4주간:

월	**J**×8~10
화	**A** 1시간~1시간 30분
수	**L** 200m + 800m, 혹은 1,500m
목	**B** 45분
금	**O** 100m×4
토	레이스 3,000m, 혹은 1,500m
일	**W** 1시간, 혹은 그 이상

1주간:

월	**H**×16
화	**B** 45분
수	**L** (대회 거리로)
목	**B** 30분
금	**N** 200m×4
토	레이스 1,500m
일	**A** 1시간

1주간:

월	**H**×12~16
화	**B** 30분
수	**L** 800m
목	**W** 30분
금	**W** 30분
토	첫 중요 대회
일	**W** 1시간~1시간 30분

대회 주간 지속 훈련:	
월	**B** 45분
화	**N** 200m×4
수	대회, 혹은 **L**
목	**B** 45분
금	**N** 200m×4
토	대회, 혹은 **L**
일	**W** 1시간~1시간 30분

장거리 트랙_ 19~20세 남자		
가급적 오랜 기간 동안:		
	월	**B** 45분~1시간
	화	**A** 1시간 30분
	수	**L** 5,000m
	목	**A** 1시간 30분
	금	**B** 45분
	토	**L** 10,000m
	일	**A** 2시간
4주간:		
	월	**F** 100m×10
	화	**A** 1시간 30분
	수	**D** + (**E** 45분~1시간)
	목	**A** 1시간 30분
	금	**F** 100m×10
	토	**DE** 45분~1시간
	일	**A** 2시간
4주간:		
	월	**K** 400m×12~16
	화	**A** 1시간 30분
	수	**B** 45분~1시간
	목	**K** 200m×15~20
	금	**F** 100m×8
	토	**L** 5,000m
	일	**A** 2시간

4주간:

월	**J**×10~12
화	**A** 1시간 30분
수	**L** 200m + 800m, 혹은 1,500m
목	**B** 45분
금	**O** 100m×4
토	레이스 3,000m, 혹은 5,000m
일	**W** 1시간 30분

1주간:

월	**H**×16~20
화	**B** 45분
수	**L** (대회 거리로)
목	**B** 45분
금	**N** 200m×4
토	레이스 1,500m
일	**W** 1시간 30분

1주간:

월	**H**×12~16
화	**B** 45분
수	**L** 800m
목	**W** 45분
금	**W** 30분
토	첫 중요 대회
일	**W** 1시간 30분

대회 주간 지속 훈련:

월	**B** 1시간
화	**N** 200m×4
수	대회, 혹은 **L**
목	**B** 45분
금	**N** 200m×4
토	대회, 혹은 **L**
일	**W** 1시간 30분, 혹은 그 이상

장거리 트랙_ 성인 남자

가급적 오렌 기간 동안:

월	**B** 1시간
화	**A** 1시간 30분
수	**L** 10,000m
목	**A** 1시간 30분
금	**B** 1시간
토	**L** 10,000m
일	**A** 2시간, 혹은 그 이상

4주간:

월	**F** 120m×10
화	**A** 1시간 30분
수	**D** + (**E** 1시간)
목	**A** 1시간 30분
금	**F** 120m×10
토	**D** + (**E** 1시간)
일	**A** 2시간, 혹은 그 이상

4주간:

월	**K** 400m×15~20
화	**A** 1시간 30분
수	**B** 1시간
목	**K** 200m×15~20
금	**F** 100m×10
토	**L** 5,000m, 혹은 10,000m
일	**A** 2시간, 혹은 그 이상

4주간:

월	**J**×12~14
화	**A** 1시간 30분
수	**L** 200m + 800m, 혹은 1,500m
목	**B** 1시간
금	**O** 100m×6
토	레이스 3,000m + 5,000m, 혹은 10,000m
일	**W** 1시간 30분~2시간

1주간:

월	**H**×20
화	**B** 1시간
수	**L** (대회 거리로)
목	**B** 45분
금	**N** 200m×6
토	레이스 1,500m
일	**W** 1시간 30분

1주간:

월	**H**×16
화	**B** 45분
수	**L** 800m
목	**W** 45분
금	**W** 30분
토	첫 중요 대회
일	**W** 1시간 30분

대회 주간 지속 훈련:

월	**B** 1시간
화	**N** 200m×6
수	대회, 혹은 **L** 3,000m
목	**B** 1시간
금	**N** 200m×6
토	대회, 혹은 **L** 5,000m
일	**W** 1시간 30분, 혹은 그 이상

중거리 트랙_ 10~12세 남녀	
가급적 오랜 기간 동안:	
월	**A** 15~30분
화	**A** 15~45분
수	**L** 2,000m
목	**A** 30~45분
금	**B** 15~30분
토	**L** 3,000m
일	**A** 30분~1시간
4주간:	
월	**F** 60m×6
화	**A** 15~45분
수	**D** + (**E** 15~30분)
목	**B** 15~30분
금	**F** 60m×6
토	**D** + (**E** 15~30분)
일	**A** 30분~1시간
4주간:	
월	**J**×4~6
화	**PQR** 60m×2
수	**B** 15~30분
목	**K** 150m×2~4
금	**F** 60m×4~6
토	**L** 1,600m
일	**A** 30분~1시간

4주간:

월	H×4~8
화	B 15분~30분
수	L 100m + 400m
목	A 15분~30분
금	휴식
토	레이스 400m, 혹은 800m
일	W 30~45분

1주간:

월	MH×4~8
화	B 15분
수	L (대회 거리로)
목	B 15분
금	휴식
토	레이스 200m, 혹은 400m
일	W 30분~1시간

1주간:

월	H×4~8
화	B 15분
수	L 200m
목	W 15~30분
금	휴식
토	첫 중요 대회
일	W 30분~1시간

대회 주간 지속 훈련:

월	**B** 15~30분
화	**N** 100m×2
수	대회, 혹은 **L** 200m
목	**B** 15분
금	휴식
토	대회, 혹은 **L** 400m, 혹은 800m
일	**W** 30분~1시간

중거리 트랙_ **13~14세 여자**

가급적 오랜 기간 동안:

월	**B** 30~45분
화	**A** 30분~1시간
수	**L** 2,400m
목	**A** 30분~1시간
금	**B** 30분~45분
토	**L** 4,000m
일	**A** 45분~1시간 15분

4주간:

월	**F** 80m×6~8
화	**A** 30분~1시간
수	**DE** 20~30분
목	**B** 30~45분
금	**F** 80m×6~8
토	**DE** 20~30분
일	**A** 45분~1시간 15분

4주간:

월	**K** 200m×4~6
화	**(PQR** 80m×2) + **(O** 100m×2)
수	**B** 30~45분
목	**K** 200m×4~6
금	**F** 80m×4~6
토	**L** 2,000m
일	**A** 45분~1시간 15분

4주간:

월	H×8~12
화	B 30~45분
수	L 100m + 400m
목	A 30분
금	N 100m×3
토	레이스 400m, 혹은 800m
일	W 30분~1시간

1주간:

월	H×8
화	B 20~30분
수	L (대회 거리로)
목	B 20~30분
금	N 100m×3
토	레이스 200m, 혹은 400m
일	W 45분~1시간

1주간:

월	H×6~8
화	B 20분~30분
수	L 200m
목	W 30분
금	W 30분, 혹은 휴식
토	첫 중요 대회
일	W 45분~1시간

대회 주간 지속 훈련:

월	**B** 20~30분
화	**N** 100m×3
수	대회, 혹은 **L** 400m
목	**B** 20분~30분
금	**N** 100m×3
토	대회, 혹은 **L** 400m, 혹은 800m
일	**W** 30~45분

중거리 트랙_ 15~17세 여자	
가급적 오랜 기간 동안:	
월	**B** 45분~1시간
화	**A** 45분~1시간 15분
수	**L** 3,000m
목	**A** 45분~1시간 15분
금	**B** 30~45분 (언덕에서)
토	**L** 5,000m
일	**A** 1시간~1시간 30분
4주간:	
월	**F** 100m×8~10
화	**A** 45분~1시간 15분
수	**D** + (**E** 30~45분)
목	**B** 45분~1시간
금	**F** 100m×8~10
토	**D** + (**E** 30~45분)
일	**A** 1시간~1시간 30분
4주간:	
월	**K** 200m×8~12
화	(**PQR** 100m×2) + (**O** 100m×3)
수	**B** 45분~1시간
목	**K** 200m×8~12
금	**F** 100m×6
토	**L** 3,000m
일	**A** 1시간~1시간 30분

4주간:

월	J×8~10
화	B 45분~1시간
수	L 200m + 600m
목	A 45분
금	O 100m×4
토	레이스 800m, 혹은 1,500m
일	W 45분~1시간 15분

1주간:

월	H×8~12
화	B 30분~45분
수	L (대회 거리로)
목	B 30분~45분
금	N 200m×4
토	레이스 400m, 혹은 800m
일	W 45분~1시간

1주간:

월	H×8~12
화	B 30분
수	L 100m + 400m
목	W 30분
금	W 30분
토	첫 중요 대회
일	W 45분~1시간 15분

대회 주간 지속 훈련:	
월	**B** 30~45분
화	**N** 200m×4
수	대회, 혹은 **J**×8
목	**B** 30~45분
금	**N** 200m×4
토	대회, 혹은 **L** 800m, 혹은 1,500m
일	**W** 45분~1시간

중거리 트랙_ 성인 여자

가급적 오랜 기간 동안:

월	**B** 45분~1시간
화	**A** 1시간~1시간 30분
수	**L** 3,000m
목	**A** 1시간~1시간 30분
금	**B** 45분
토	**L** 5,000m
일	**A** 1시간 30분, 혹은 그 이상

4주간:

월	**F** 100m×10
화	**A** 1시간~1시간 30분
수	**D** + (**E** 45분~1시간)
목	**B** 45분~1시간
금	**F** 100m×10
토	**D** + (**E** 45분~1시간)
일	**A** 1시간 30분, 혹은 그 이상

4주간:

월	**K** 400m×10~15
화	(**PQR** 100m×2) + (**O** 100m×4)
수	**B** 45분~1시간
목	**K** 200m×12~18
금	**F** 100m×8
토	**L** 3,000m
일	**A** 1시간 30분, 혹은 그 이상

4주간:

월	J×8~10
화	B 45분~1시간
수	L 200m + 600m
목	A 45분
금	O 100m×6
토	레이스 800m, 혹은 1,500m
일	W 1시간~1시간 30분

1주간:

월	H×12~16
화	B 45분
수	L (대회 거리로)
목	B 45분
금	N 200m×4
토	레이스 400m, 혹은 800m
일	W 1시간~1시간 30분

1주간:

월	H×12
화	B 45분
수	L 100m + 400m
목	W 45분
금	W 30분
토	첫 중요 대회
일	W 1시간, 혹은 그 이상

대회 주간 지속 훈련:

월	**B** 45분
화	**N** 200m×4
수	대회, 혹은 **L**
목	**B** 45분
금	**N** 200m×4
토	대회, 혹은 **L**
일	**W** 1시간, 혹은 그 이상

3,000미터 트랙_ 15~17세 여자

가급적 오랜 기간 동안:

월	**B** 30~45분
화	**A** 1시간~1시간 15분
수	**L** 5,000m
목	**A** 1시간~1시간 15분
금	**B** 30분
토	**L** 5,000m
일	**A** 1시간 15분, 혹은 그 이상

4주간:

월	**D** + (**E** 30~45분)
화	**A** 1시간~1시간 15분
수	**B** 30~45분
목	**D** + (**E** 30~45분)
금	**F** 100m×6~8
토	**L** 5,000m
일	**A** 1시간 30분, 혹은 그 이상

4주간:

월	**L** 3,000m
화	**K** 400m×8~12
수	**A** 1시간~1시간 15분
목	**K** 200m×10~16
금	**F** 100m×6~8
토	**L** 5,000m
일	**A** 1시간 30분, 혹은 그 이상

4주간:		
	월	**J**×6~8
	화	**B** 30~45분
	수	**L** 200m + 중거리
	목	**W** 1시간
	금	**N** 300m×3
	토	레이스 1,500m, 혹은 3,000m
	일	**A** 1시간, 혹은 그 이상
1주간:		
	월	**H**×12~16
	화	**B** 45분
	수	**L** 3,000m (빠르게)
	목	**B** 30분
	금	**N** 200m×3
	토	레이스 1,500m
	일	**W** 1시간
1주간:		
	월	**H**×12
	화	**B** 30분
	수	**L** 800m
	목	**W** 30분
	금	**W** 30분
	토	첫 중요 대회
	일	**W** 1시간, 혹은 그 이상

대회 주간 지속 훈련:

월	**B** 30~45분
화	**N** 200m×4
수	레이스 200m, 혹은 중거리
목	**B** 30~45분
금	**W** 30분
토	대회, 혹은 **L**
일	**W** 1시간, 혹은 그 이상

3,000미터 트랙_ 성인 여자	
가급적 오랜 기간 동안:	
월	**B** 45분~1시간
화	**A** 1시간~1시간 30분
수	**L** 5,000m
목	**A** 1시간~1시간 30분
금	**B** 45분
토	**L** 10,000m
일	**A** 1시간 30분, 혹은 그 이상
4주간:	
월	**D** + (**E** 45분~1시간)
화	**A** 1시간~1시간 30분
수	**B** 45분~1시간
목	**D** + (**E** 45분~1시간)
금	**F** 100m×10
토	**L** 5,000m
일	**A** 1시간 30분~2시간
4주간:	
월	**L** 3,000m
화	**K** 400m×10~15
수	**A** 1시간~1시간 30분
목	**K** 200m×12~18
금	**F** 100m×10
토	**L** 5,000m
일	**A** 1시간 30분, 혹은 그 이상

4주간:

월	**J** ×8~10
화	**B** 45분~1시간
수	**L** 200m + 중거리
목	**W** 1시간
금	**N** 300m×3
토	레이스 1,500m, 혹은 3,000m
일	**A** 1시간 30분, 혹은 그 이상

1주간:

월	**H** ×12~16
화	**B** 1시간
수	**L** 3,000m
목	**B** 30~45분
금	**N** 200m×3
토	레이스 1,500m
일	**W** 1시간

1주간:

월	**H** ×12
화	**B** 45분
수	**L** 800m
목	**W** 45분
금	**W** 30분
토	첫 중요 대회
일	**W** 1시간~1시간 30분

대회 주간 지속 훈련:

월	**B** 45분
화	**N** 200m×4
수	레이스 200m, 혹은 중거리
목	**B** 45분
금	**W** 30분
토	대회, 혹은 **L**
일	**W** 1시간~1시간 30분

1,500미터 장애물_ 성인 남자

가급적 오랜 기간 동안:

	월	**B** 30~45분
	화	**A** 45분~1시간
	수	**L** 3,000m
	목	**A** 45분~1시간
	금	**B** 30~45분 (언덕에서)
	토	**L** 5,000m
	일	**A** 1시간, 혹은 그 이상

4주간:

	월	**F** 100m×8
	화	**A** 1시간
	수	**DE** 30~45분
	목	**B** 45분
	금	**F** 100m×8
	토	**DE** 30~45분
	일	**A** 1시간, 혹은 그 이상

4주간:

	월	**K** 400m×8~12
	화	**L** 2,000m + **Y** (75% 기량으로)
	수	**B** 45분
	목	**K** 200m×8~12
	금	(**PQR** 100m×2) + (**O** 100m×3)
	토	**L** 3,000m, 혹은 2,000m + **Y**
	일	**A** 1시간, 혹은 그 이상

4주간:

월	J×8~10
화	L 1,500m + Y (75% 기량으로)
수	L 200m + 600m
목	B 30분
금	YZ 30분
토	레이스 1,500m + 800m, 혹은 Y 1,500m
일	W 1시간, 혹은 그 이상

1주간:

월	H×16
화	B 30분
수	L 1,500m + Y (빠르게)
목	B (75% 기량으로)
금	(N 200m×3) + YZ
토	레이스 800m
일	W 1시간

1주간:

월	H×12
화	B 30분
수	L 100m + 400m
목	Y + W 30분
금	W 30분
토	첫 중요 대회
일	W 1시간

대회 주간 지속 훈련:

월	**B** 30분
화	(**N** 200m×3) + **Y**
수	대회, 혹은 **L**
목	**B** 45분
금	(**N** 200m×3) + **Y**
토	대회, 혹은 **L**
일	**W** 1시간, 혹은 그 이상

2,000미터 장애물_ 성인 남자

가급적 오랜 기간 동안:

월	**B** 30~45분
화	**A** 30분~1시간 15분
수	**L** 3,000m
목	**A** 45분~1시간 15분
금	**B** 30~45분 (언덕에서)
토	**L** 5,000m
일	**A** 1시간 15분, 혹은 그 이상

4주간:

월	**F** 100m×8~10
화	**A** 45분~1시간 15분
수	**DE** 30~45분
목	**B** 45분
금	**F** 100m×8~10
토	**DE** 30~45분
일	**A** 1시간 15분, 혹은 그 이상

4주간:

월	**K** 400m×10~15
화	**L** 3,000m + **Y** (75% 기량으로)
수	**B** 45분
목	**K** 200m×12~18
금	(**PQR** 100m×2) + (**O** 100m×4)
토	**L** 5,000m, 혹은 **YZ** 3,000m
일	**A** 1시간 30분, 혹은 그 이상

4주간:

월	**J**×8~10
화	**L** 2,000m + **Y** (75% 기량으로)
수	**L** 200m + 800m
목	**B** 45분
금	**YZ** 30분
토	레이스 1,500m + 3,000m, 혹은 **YZ** 2,000m
일	**W** 1시간, 혹은 그 이상

1주간:

월	**H**×16
화	**B** 45분
수	**L** 2,000m + **Y** (빠르게)
목	**B** 30분
금	(**N** 200m×4) + **YX**
토	레이스 800m, 혹은 1,500m
일	**W** 1시간

1주간:

월	**H**×12
화	**B** 30분
수	**L** 100m + 400m
목	**Y** + **W** 30분
금	**W** 30분
토	첫 중요 대회
일	**W** 1시간, 혹은 그 이상

대회 주간 지속 훈련:	
월	**B** 45분
화	(**N** 200m×4) + **YZ**
수	대회, 혹은 **L**
목	**B** 15분
금	(**N** 200m×4) + **Y**
토	대회, 혹은 **L**
일	**W** 1시간, 혹은 그 이상

3,000미터 장애물_ 성인 남자		
가급적 오랜 기간 동안:		
	월	**B** 1시간
	화	**A** 1시간 30분
	수	**L** 5,000m
	목	**A** 1시간 30분
	금	**B** 45분 (언덕에서)
	토	**L** 10,000m
	일	**A** 1시간 30분, 혹은 그 이상
4주간:		
	월	**F** 100m×10
	화	**A** 1시간 30분
	수	**DE** 1시간
	목	**B** 1시간
	금	**F** 100m×10
	토	**DE** 1시간
	일	**A** 1시간 30분, 혹은 그 이상
4주간:		
	월	**K** 400m×15~20
	화	**L** 3,000m + **Y** (75% 기량으로)
	수	**B** 1시간
	목	**K** 200m×15~20
	금	(**PQR** 100m×2) + (**O** 100m×6)
	토	**L** 5,000m, 혹은 **YZ** 3,000m
	일	**A** 1시간 30분, 혹은 그 이상

4주간:

월	**J**×10~12
화	**L** 2,000m + **Y** (75% 기량으로)
수	**L** 200m + 800m
목	**B** 1시간
금	**YZ** 30분
토	레이스 1,500m + 3,000m, 혹은 5,000m
일	**W** 1시간 30분

1주간:

월	**H**×20
화	**B** 1시간
수	**L** 3,000m + **Y** (빠르게)
목	**B** 45분
금	**N** 200m×4 + **YZ**
토	레이스 800m, 혹은 1,500m
일	**W** 1시간~1시간 30분

1주간:

월	**H**×12~16
화	**B** 45분
수	**L** 100m + 400m
목	**Y** + **W** 30분
금	**W** 30분
토	첫 중요 대회
일	**W** 1시간 30분

대회 주간 지속 훈련:

월	**B** 45분~1시간
화	(**N** 200m×4) + **YZ**
수	대회, 혹은 **L**
목	**B** 45분
금	(**N** 200m×4) + **Y**
토	대회, 혹은 **L**
일	**W** 1시간~1시간 30분

크로스컨트리

크로스컨트리 선수들은 클럽 팀을 지원하기 위해 시즌 초반에 경기해야 하는 경우가 많다. 전반적으로 몸 상태를 향상시키기 위해 힘쓰는 동시에 무산소 능력도 키워야 하는 것이다. 이와 같은 상황에 대처하기 위해서는 마라톤 컨디셔닝 초기 일정에 저강도 파틀렉 훈련과 타임 트라이얼을 넣어 실시하는 게 좋다. 이는 가장 이상적인 훈련법은 아니지만, 일찍 대회를 참여하는 크로스컨트리 선수들에게는 필수적일 수 있다.

파틀렉은 개개인의 약점을 보완하는 데 집중하는 동시에 비교적 저강도로 진행하도록 하자. 훈련 내용으로는 다리, 특히 대퇴사두근 및 발목을 강화하기 위한 무릎 높이 들어올리기(하이-니)와 가파른 오르막 달리기가 포함된다. 그 외 발목 유연성 및 근력 강화를 위한 힐 스프링잉과 내리막 혹은 비탈 및 평지를 가로지르는 스트라이딩을 하기도 한다. 훈련 시에는 고강도 무산소 운동으로 전환되지 않도록 필요 이상의 무산소 스프린트는 자제하도록 하자.

타임 트라이얼은 본 대회장과 유사한 지형에서 실시하면 좋다. 전속력의 90% 정도로 힘차고 일관된 속도를 유지하는 데 집중하자. 항상 여분의 힘을 남겨 놓으며 뛰길 바란다.

이 스케줄은 단순한 지침에 지나지 않는다. 훈련 시에는 개개인의 몸 상태에 따라 적절하게 적용하자. 경기를 마친 후 다리에 피로가 쌓일 수 있다. 그런 느낌이 든다면 며칠 동안 회복 조깅을 넣어주고 스피드 훈련은 자제하는 게 좋다. 크로스컨트리에서는 다양한 지형을 달리는 관계로 다리가 당기는 경우가 많으므로 무엇보다 회복에 신경쓰는 게 중요하다.

무산소 훈련은 신중하게, 무리 없이 진행하도록 하자. 대회장에 설치된 것과 유사한 울타리나 장애물을 뛰어넘는 연습을 해 놓으면 자신감이 붙으므로, 가급적 대회 전에 그와 같은 곳을 찾아 연습하도록 하자.

잔디 또는 모래 같은 부드러운 지면을 자주 달리면 이전보다 자연스러운 자세로 달리는 법을 익히게 된다. 드라이버 유형보다 풀러 유형의 주법을 몸에 각인시키기 위해서는 허리를 자연스럽게 앞으로 가져가고 보폭을 약간 짧게 하는 대신 회전수를 올리는 방법을 쓰면 좋다.

본 훈련 외 보조 훈련의 일환으로 조깅을 실시할 때, 잠깐이어도 좋으니 힐 스프링잉을 같이 넣어주면 좋다. 15분 정도의 힐 트레이닝만으로도 다리 근력 강화에 도움이 되며, 훗날 스피드 향상으로 이어지기 때문이다.

훈련 종류	
A	장거리 유산소 달리기
B	저강도 파틀렉 달리기
C	고강도 파틀렉 달리기
D	힐 스프링잉
E	스팁 힐 러닝 또는 계단 훈련
F	레그 스피드
G	스프린트 트레이닝
H	100m마다 45m 윈드 스프린트(샤프너 1)
J	200m마다 100m 윈드 스프린트(샤프너 2)
K	레피티션
L	타임 트라이얼
M	페이스 저지먼트 러닝
N	릴렉스 스트라이딩
O	패스트 릴렉스 스트라이딩
P	하이-니 연습
Q	롱 스트라이딩 연습
R	러닝 톨 연습
S	보강 운동
T	스킵핑
U	사이클링
V	수영
W	조깅
X	스타트 연습
Y	장애물 넘기 연습
Z	물웅덩이 넘기 연습

크로스컨트리_ 12세 이하 남자		
가급적 오랜 기간 동안:		
	월	**A** 15분~30분
	화	**B** 15분~30분
	수	**L** 2,000m
	목	**A** 15분~30분
	금	**W** 15분, 혹은 휴식
	토	**L** 2,000m
	일	**A** 30분, 혹은 그 이상
4주간:		
	월	**B** 15분~30분
	화	**A** 15분~30분
	수	**L** 2,000m
	목	**N** 150m×4
	금	**W** 15분, 혹은 휴식
	토	**L** 2,000m
	일	**A** 30분, 혹은 그 이상
4주간:		
	월	**H**×6~8
	화	**B** 15분~30분
	수	**L** 1,500m
	목	**B** 15분~30분
	금	**W** 15분, 혹은 휴식
	토	도약 단계 대회
	일	**A** 30분, 혹은 그 이상

1주간:

월	**H**×6~8
화	**B** 30분
수	**L** 800m
목	**N** 150m×4
금	휴식
토	레이스 2,000m
일	**W** 30~45분

1주간:

월	**H**×6~8
화	**B** 15분~30분
수	**L** 800m
목	**W** 30분
금	**W** 15분, 혹은 휴식
토	레이스 1,000m
일	**W** 30~45분

1주간:

월	**H**×6~8
화	**W** 30분
수	**L** 600m
목	**W** 15분
금	휴식
토	첫 중요 대회
일	**W** 30분, 혹은 그 이상

대회 주간 지속 훈련:

월	**H**×6~8
화	**W** 15분~30분
수	**L** 800m
목	**B** 15분~30분
금	**W** 15분, 혹은 휴식
토	대회
일	**W** 30분, 혹은 그 이상

크로스컨트리_ 12~13세 남자

가급적 오랜 기간 동안:

월	**A** 30~45분
화	**B** 30분
수	**L** 3,000m
목	**A** 30~45분
금	**F** 80m×4~6
토	**L** 3,000m
일	**A** 45분~1시간 15분

4주간:

월	**DE** 30분
화	**A** 30분~1시간
수	**L** 3,000m
목	**K** 200m×4~6
금	**F** 80m×4~6
토	**L** 3,000m
일	**A** 45분~1시간 15분

4주간:

월	**J**×4~6
화	**B** 30~45분
수	**L** 3,000m
목	**B** 30분
금	**W** 30분
토	도약 단계 대회
일	**A** 45분~1시간 15분

1주간:

월	**H**×8~10
화	**B** 30분
수	**L** 1,000m
목	**N** 200m×3
금	**W** 30분
토	레이스 2,500m
일	**W** 45분

1주간:

월	**H**×8
화	**B** 30분
수	**L** 800m
목	**B** 30분
금	**W** 30분
토	레이스 1,500m
일	**W** 30~45분

1주간:

월	**H**×8
화	**A** 30분
수	**L** 600m
목	**W** 30분
금	**W** 30분, 혹은 휴식
토	첫 중요 대회
일	**W** 45분, 혹은 그 이상

대회 주간 지속 훈련:

월	H×8
화	**B** 30분
수	**L** 800m
목	**B** 30분
금	**W** 30분
토	대회
일	**W** 45분, 혹은 그 이상

크로스컨트리_ 14~15세 남자	
가급적 오랜 기간 동안:	
월	**B** 30분~45분
화	**A** 45분~1시간
수	**L** 5,000m
목	**A** 45분~1시간
금	**F** 100m×6
토	**L** 3,000m
일	**A** 1시간, 혹은 그 이상
4주간:	
월	**DE** 30~45분
화	**A** 45분~1시간
수	**L** 3,000m
목	**K** 200m×6~8
금	**F** 100m×6
토	**L** 3,000m
일	**A** 1시간 혹은, 그 이상
4주간:	
월	**J**×6~8
화	**B** 30~45분
수	**L** 3,000m
목	**B** 30분
금	**N** 200m×4
토	도약 단계 대회
일	**A** 45분, 혹은 그 이상

1주간:

월	H×10~12
화	B 30분
수	L 1,000m
목	B 30분
금	W 30분
토	레이스 3,000m
일	W 15분

1주간:

월	H×8~10
화	B 30분
수	L 1,000m
목	B 30분
금	N 200m×3
토	레이스 2,000m
일	W 45분

1주간:

월	H×8
화	B 30분
수	L 800m
목	W 30분
금	W 30분, 혹은 휴식
토	첫 중요 대회
일	W 45분, 혹은 그 이상

대회 주간 지속 훈련:	
월	**H**×8~10
화	**B** 30~45분
수	**L** 1,000m
목	**B** 30분
금	**W** 30분
토	대회
일	**W** 45분, 혹은 그 이상

크로스컨트리_ 16~17세 남자

가급적 오랜 기간 동안:

월	**B** 45분~1시간
화	**A** 1시간~1시간 30분
수	**L** 5,000m
목	**A** 1시간~1시간 30분
금	**F** 100m×8~10
토	**L** 5,000m
일	**A** 1시간 30분, 혹은 그 이상

4주간:

월	**DE** 45분
화	**A** 1시간~1시간 30분
수	**L** 5,000m
목	**DE** 45분
금	**F** 100m×8~10
토	**L** 5,000m
일	**A** 1시간 30분, 혹은 그 이상

4주간:

월	**J**×6~8
화	**B** 45분~1시간
수	**L** 3,000m
목	**K** 200m×8~10
금	**N** 300m×4
토	도약 단계 대회
일	**A** 1시간 30분, 혹은 그 이상

1주간:

월	H×16
화	B 45분~1시간
수	L 3,000m
목	K 300m×3 (빠르게)
금	W 30분
토	레이스 5,000m
일	W 1시간~1시간 30분

1주간:

월	H×16
화	B 45분
수	L 2,000m
목	B 30분
금	O 200m×3
토	레이스 3,000m
일	W 1시간

1주간:

월	H×12
화	B 30~45분
수	L 1,500m
목	W 45분
금	W 30분
토	첫 중요 대회
일	W 1시간~1시간 30분

대회 주간 지속 훈련:		
	월	H×12~16
	화	B 45분
	수	L 3,000m
	목	B 30분
	금	W 30분
	토	대회
	일	W 1시간~1시간 30분

크로스컨트리_ 18~19세 남자		
가급적 오랜 기간 동안:		
	월	**B** 1시간
	화	**A** 1시간~1시간 30분
	수	**L** 5,000m
	목	**A** 1시간~1시간 30분
	금	**F** 100m×10
	토	**L** 10,000m
	일	**A** 1시간 30분, 혹은 그 이상
4주간:		
	월	**DE** 45분~1시간
	화	**A** 1시간~1시간 30분
	수	**L** 5,000m
	목	**DE** 45분~1시간
	금	**F** 100m×10
	토	**L** 5,000m
	일	**A** 1시간 30분, 혹은 그 이상
4주간:		
	월	**J**×8~12
	화	**B** 1시간
	수	**L** 5,000m
	목	**K** 200m×10~12
	금	**N** 200m×4
	토	도약 단계 대회
	일	**A** 1시간 30분, 혹은 그 이상

1주간:

월	H×16~20
화	B 1시간
수	L 3,000m
목	B 45분
금	W 30분
토	레이스 5,000m
일	W 1시간 30분

1주간:

월	H×16
화	B 45분
수	L 2,000m
목	B 30분
금	O 200m×3
토	레이스 3,000m
일	W 1시간

1주간:

월	H×16
화	B 45분
수	L 1,500m
목	W 45분
금	W 30분
토	첫 중요 대회
일	W 1시간 30분

대회 주간 지속 훈련:	
월	**H**×16
화	**B** 45분
수	**L** 3,000m
목	**B** 30분
금	**W** 30분
토	대회
일	**W** 1시간 30분

크로스컨트리_ 성인 남자

가급적 오랜 기간 동안:

월	**B** 1시간
화	**A** 1시간 30분
수	**L** 5,000m
목	**A** 1시간 30분
금	**F** 100m×10
토	**L** 10,000m
일	**A** 2시간, 혹은 그 이상

4주간:

월	**DE** 1시간
화	**A** 1시간 30분
수	**L** 5,000m
목	**DE** 1시간
금	**G** 100m×10
토	**L** 10,000m
일	**A** 2시간, 혹은 그 이상

4주간:

월	**J**×10~12
화	**B** 1시간
수	**L** 5,000m
목	**K** 200m×10~15
금	**N** 300m×4
토	도약 단계 대회
일	**A** 2시간

1주간:

월	**H** ×20
화	**B** 1시간
수	**L** 3,000m
목	**B** 45분
금	**W** 30분
토	레이스 10,000m
일	**W** 1시간 30분

1주간:

월	**H** ×20
화	**B** 45분
수	**L** 2,000m
목	**B** 30분
금	**O** 200m×3
토	레이스 3,000m
일	**W** 1시간

1주간:

월	**H** ×16
화	**B** 45분
수	**L** 1,500m
목	**W** 45분
금	**W** 30분
토	첫 중요 대회
일	**W** 1시간 30분

대회 주간 지속 훈련:		
월	**H**×16
화	**B** 45분
수	**L** 3,000m
목	**B** 30분
금	**W** 30분
토	대회
일	**W** 1시간 30분, 혹은 그 이상

크로스컨트리_ 12세 이하 여자

가급적 오랜 기간 동안:

월	**A** 15분~30분
화	**B** 15분~30분
수	**L** 2,000미터
목	**A** 15분~30분
금	**W** 15분, 혹은 휴식
토	**L** 2,000미터
일	**A** 20분, 혹은 그 이상

4주간:

월	**B** 15분~30분
화	**A** 15분~30분
수	**L** 2,000m
목	**N** 150m×4
금	**W** 15분, 혹은 휴식
토	**L** 2,000m
일	**A** 20분, 혹은 그 이상

4주간:

월	**H**×6~8
화	**B** 15분~30분
수	**L** 1,500m
목	**B** 15분~30분
금	**W** 15분, 혹은 휴식
토	도약 단계 대회
일	**H** 30분

1주간:

월	H×6~8
화	B 15분~30분
수	L 800m
목	N 105m×3
금	W 15분, 혹은 휴식
토	레이스 2,000m
일	W 30분

1주간:

월	H×6~8
화	B 15분~30분
수	L 600m
목	W 15분
금	W 15분, 혹은 휴식
토	레이스 1,000m
일	W 30분

1주간:

월	H×6
화	W 15분
수	L 600m
목	W 15분
금	휴식
토	첫 중요 대회
일	W 30분

대회 주간 지속 훈련:	
월	**H**×6
화	**B** 15분~30분
수	**L** 800m
목	**B** 15분~30분
금	**W** 15분, 혹은 휴식
토	대회
일	**W** 30분

크로스컨트리_ 12~13세 여자

가급적 오랜 기간 동안:

월	**A** 30분~45분
화	**B** 15분~30분
수	**L** 2,500m
목	**A** 30분~45분
금	**F** 80m×4~6
토	**L** 3,000m
일	**A** 30분, 혹은 그 이상

4주간:

월	**DE** 15분
화	**A** 30분~45분
수	**L** 2,500m
목	**K** 200m×4~6
금	**F** 80m×4~6
토	**L** 3,000m
일	**A** 30분, 혹은 그 이상

4주간:

월	**J**×4~6
화	**B** 15분~30분
수	**L** 2,000m
목	**B** 15분~30분
금	**W** 15분, 혹은 휴식
토	도약 단계 대회
일	**A** 30분, 혹은 그 이상

1주간:

월	**H**×8~10
화	**B** 15분~30분
수	**L** 800m
목	**N** 150m×3
금	**W** 15분, 혹은 휴식
토	레이스 2,000m
일	**W** 30분, 혹은 그 이상

1주간:

월	**H**×6~8
화	**B** 15분~30분
수	**L** 600m
목	**B** 15분~30분
금	**W** 15분, 혹은 휴식
토	레이스 1,000m
일	**W** 30분

1주간:

월	**H**×6
화	**W** 30분
수	**L** 600m
목	**W** 15분
금	휴식
토	첫 중요 대회
일	**W** 30분, 혹은 그 이상

대회 주간 지속 훈련:		
	월	H×6~8
	화	B 15분~30분
	수	L 600m
	목	B 15분~30분
	금	W 15분, 혹은 휴식
	토	대회
	일	W 30분, 혹은 그 이상

크로스컨트리_ 14~15세 여자

가급적 오랜 기간 동안:

월	**B** 30분
화	**A** 45분~1시간
수	**L** 3,000m
목	**A** 45분~1시간
금	**F** 80m×4~6
토	**L** 3,000m
일	**A** 45분, 혹은 그 이상

4주간:

월	**DE** 30분
화	**A** 45분~1시간
수	**L** 3,000m
목	**K** 200m×6~8
금	**F** 80m×6~8
토	**L** 3,000m, 혹은 클럽 런
일	**A** 45분, 혹은 그 이상

4주간:

월	**J**×6~8
화	**B** 30~45분
수	**L** 2,000m
목	**B** 30분
금	**N** 200m×4
토	도약 단계 대회
일	**A** 45분, 혹은 그 이상

1주간:

월	**H**×8~10
화	**B** 30분
수	**L** 1,000m
목	**B** 30분
금	**W** 30분
토	레이스 2,500m
일	**W** 45분~1시간

1주간:

월	**H**×6~8
화	**B** 30분
수	**L** 800m
목	**B** 30분
금	**N** 200m×3
토	레이스 1,000m
일	**W** 45분

1주간:

월	**H**×6
화	**B** 30분
수	**L** 600m
목	**W** 30분
금	**W** 15분, 혹은 휴식
토	첫 중요 대회
일	**W** 1시간

대회 주간 지속 훈련:	
월	**H**×6~8
화	**B** 30~45분
수	**L** 800m, 혹은 1,000m
목	**B** 30분
금	**W** 30분
토	대회
일	**W** 1시간

크로스컨트리_ 16~17세 여자		
가급적 오랜 기간 동안:		
	월	B 45분
	화	A 1시간, 혹은 그 이상
	수	L 4,000m
	목	A 1시간, 혹은 그 이상
	금	F 80m×6~8
	토	L 5,000m
	일	A 1시간, 혹은 그 이상
4주간:		
	월	DE 30~45분
	화	A 1시간, 혹은 그 이상
	수	L 3,000m
	목	K 200m×8~10
	금	F 80m×8~10
	토	L 4,000m
	일	A 1시간, 혹은 그 이상
4주간:		
	월	J×6~8
	화	B 45분
	수	L 3,000m
	목	B 30분
	금	N 200m×4~6
	토	도약 단계 대회
	일	A 1시간, 혹은 그 이상

1주간:

월	**H**×12~16
화	**B** 45분
수	**L** 1,500m
목	**B** 30분
금	**W** 30분
토	레이스 3,000m
일	**W** 1시간

1주간:

월	**H**×12~16
화	**B** 45분
수	**L** 1,000m
목	**B** 30분
금	**N** 200m×3
토	레이스 2,000m
일	**W** 1시간

1주간:

월	**H**×12
화	**B** 30분
수	**L** 600m
목	**W** 30분
금	**W** 30분, 혹은 휴식
토	첫 중요 대회
일	**W** 1시간

대회 주간 지속 훈련:

월	**H**×6~8
화	**B** 30분~45분
수	**L** 1,000m
목	**B** 30분
금	**W** 30분
토	대회
일	**W** 1시간, 혹은 그 이상

크로스컨트리_ 성인 여자	
가급적 오랜 기간 동안:	
월	**B** 45분~1시간
화	**A** 1시간~1시간 30분
수	**L** 5,000m
목	**A** 1시간~1시간 30분
금	**F** 100m×8~10
토	**L** 5,000m
일	**A** 1시간 30분, 그 이상
4주간:	
월	**DE** 45분~1시간
화	**A** 1시간~1시간 30분
수	**L** 3,000m
목	**DE** 45분~1시간
금	**F** 100m×8~10
토	**L** 5,000m
일	**A** 30분, 혹은 그 이상
4주간:	
월	**J** 100m×10~12
화	**B** 45분~1시간
수	**L** 3,000m
목	**K** 300m (빠르게)
금	**N** 300m×4
토	도약 단계 대회
일	**A** 1시간 30분, 혹은 그 이상

1주간:

월	**H** ×16~20
화	**B** 45분~1시간
수	**L** 2,000m
목	**B** 45분
금	**W** 30분
토	레이스 5,000m
일	**W** 1시간

1주간:

월	**H** ×16
화	**B** 45분
수	**L** 2,000m
목	**B** 30분
금	**O** 200m×3
토	레이스 2,000m
일	**W** 1시간

1주간:

월	**H** ×16
화	**B** 30분
수	**L** 1,000m
목	**W** 45분
금	**W** 30분
토	첫 중요 대회
일	**W** 1시간 30분

대회 주간 지속 훈련:	
월	**H**×16
화	**B** 45분
수	**L** 3,000m
목	**B** 30분
금	**W** 30분
토	대회
일	**W** 1시간, 혹은 그 이상

마라톤

마라톤 훈련의 핵심은 전반적인 심폐 기능 향상에 있다. 이는 기본적으로 산소 섭취, 산소 운반 및 사용 능력의 향상을 의미한다. 꾸준히 훈련하면 산소 섭취량과 운반능력은 빠른 속도로 발달한다. 하지만 근육의 산소 사용 능력이 발달하는 데는 그보다 오랜 시간이 걸린다. 근지구력 발달은 장기간에 걸쳐 근육군에 지속적으로 자극을 주어야 달성할 수 있기 때문이다.

특히 2시간 이상 뛰면 근육군에 자극을 가하면서 모세혈관 확장에 영향을 미친다. 그뿐 아니라 새로운 모세혈관을 만들어 내 근지구력이 크게 증가한다. 그러므로 마라톤 대회나 트랙 경기에서 좋은 성적을 내기 위해서는 훈련 시 오래 달릴수록 좋다. 그 결과 혈액 내 글리코겐을 효율적으로 사용하고 노폐물을 제거할 수 있기 때문이다.

훈련 프로그램 중 가장 중요한 부분은 마라톤 컨디셔닝 기간 중 실시하는 주 3회 장거리 유산소 달리기이다. 그 외 다른 날에 진행하는 훈련은 거리는 짧지만 가능하면 언덕이 많은 지형을 달리도록 하자. 마라톤에서는 빠른 속도로 뛴다고 해도 그중 대부분이 유산소 달리기이므로, 무산소 훈련을 많이 할 필요는 없다. 마라톤을 위한 무산소 능력 개발은 5,000m와 10,000m 타임 트라이얼만으로 충분하다.

모든 종류의 달리기를 혼합한 파틀렉은 그날 몸 상태와 기분에 따라 훈련 방식에 변화를 준다면 상당한 효과를 얻을 수 있다.

마라톤 훈련을 시작한다면 특정 주행 거리를 목표로 삼기보다 시간 단위로 훈련하도록 하자. 이는 자기 스스로 훈련 방식을 계획해 나가게 도와주고, 무리해서라도 훈련을 해야 한다는 강박을 줄어들게 해 준다. 또한 정해진 코스 없이 어디든 달릴 수 있어 오랜 시간 달리는 데 흥미를 느낄 수 있다. 매일 달리는 코스를 뛰다 보면 무의식 중에 시간을 정하고 과거의 나와 경쟁하는 싶은 마음이 든다. 훈련 막바지에 시간을 단축하기 위해 빨리 달리거나 그날 몸 상태가 좋아서 개인 최고 기록을 달성하려는 유혹이 들 수 있다. 하지만 그런 달리기는 자칫하면 무산소 운동으로 이어질 수 있으므로 가능한 한 자제하도록 하자. 본래 훈련의 목적을 파괴하는 행위이기 때문이다.

설령 다른 사람들과 같이 뛰고 있어도, 앞서 기재한 주의사항은 동일하게 적용된다. 다른 사람이 아닌 항상 나 자신의 체력 수준에 맞춰 뛰어야 한다. 마라톤 컨디셔닝 기간 중, 산소섭취량을 향상시키기 위해 너무 느리게 달린다는 것은 어불성설이지만 너무 빠르게 달릴 가능성은 존재하므로 항상 자신의 속도를 잘 살펴야 한다.

더위에 익숙해지는 것도 중요하다. 만약 더위에 대한 준비가 안 되어 있다면 언젠간 낭패를 당하게 될 수 있다. 무더운 날에 훈련하면 우리 몸은 한껏 올라간 체온을 떨어뜨리기 위해 피부 세동맥을 자극해 더 많은 혈액을 피부 표면으로 보내는 작용이 발달된다. 사우나는 열 적응을 하는 데 좋은 방법이긴 하나, 너무 오래 머물지 않도록 하자.

항상 본인이 가진 기량 내에서 훈련하고 경기에 나가길 바란다. 꾸준히 노력하되 시작부터 훈련 단계를 너무 빨리 진행하려는 함정에 빠지지 말자.

여성을 위한 마라톤 훈련에 대해서는 14장에 따로 써 놓았다.

특히 마라톤 대회에 처음 참가하는 사람은, 다음 언급하는 18가지 포인트를 주의 깊게 확인하길 바란다.

1. 경기 전날은 평소대로 균형 잡힌 식사를 하자. 마라톤에서는 원활한 신진대사를 위해 단백질, 탄수화물, 지방 모두 필요하다.

2. 대회를 이틀 앞두고는 평소대로 식사한 후 추가로 200g의 꿀 또는 그에 상응하는 당분을 섭취한다.

3. 대회 당일은 가급적 출발 3시간 전까지 식사를 마치도록 하자. 혹시 그 이후에 먹게 되면 평소보다 양을 적게 먹는다.

4. 대회 당일 아침 식사는 시리얼, 꿀, 토스트에 커피 혹은 홍차처럼 가벼운 식사를 하도록 하자.

5. 본인에게 잘 맞는 러닝화을 신어야 하며 대회 당일 날씨에 대비해 적절한 옷을 입도록 하자.

6. 겨드랑이, 가랑이, 유두 등 마찰을 일으키기 쉬운 부위에 올리브 오일이나 라놀린 오일(양털에서 추출한 기름), 또는 바셀린이나 러닝 전용 크림을 발라 마찰을 방지하도록 하자.

7. 러닝화를 신을 때 발뒤꿈치를 신발 뒷부분 끝까지 밀어 넣은 다음, 끈을 꽉 조이지 않되 튼튼하게 묶는다. 이렇게 함으로써 신발 속 발의 움직임을 고정시키고, 물집이나 발톱 부상을 예방할 수 있다.

8. 출발 전에 너무 많이 뛰지 않도록 하자. 에너지는 아껴 놓아야 한다.

9. 출발 전 스트레칭으로 긴장한 몸을 풀어주자.

10. 처음에는 워밍업한다는 생각으로 본인이 가진 기량 내에서 달리자. 초반부터 몸 상태를 살피면서 뛰면, 대회 후반에 보상받을 것이다.

11. 초반부터 몸에 힘을 빼는 데 신경쓰자. 억지로 힘을 주면서까지 필요 이상으로 무릎을 높이 들어올리면 안된다. 다리를 들어올리는 근육의 에너지 사용을 줄여야 한다.

12. 다른 주자들의 달리기는 무시하고 내게 맞는 속도로 달리자.

13. 무더운 날 열리는 대회에서는 전해질 음료를 준비하도록 하자. 시중에서 파는 분말 형태는 희석한 후 약간의 꿀을 넣으면 좋다.

14. 대회 도중 염분제를 섭취해서는 안 된다. 열사병을 방지하기 위해서라면 칼륨을 권장한다.

15. 무더운 날은 물과 스포츠 음료를 틈틈이 섭취한다. 출발 전에 물을 한 컵 마셔두면 좋다. 익숙한 개인 음료통을 준비하지 못했다면, 사레 들리지 않도록 멈춰 서서 마시도록 하자.

16. 무더운 날은 어느 정도 몸을 젖은 상태로 유지하자. 스펀지는 탈수와 체온 상승을 막기 위한 최고의 보험이다. 스펀지를 한 손에 쥘 만한 크기로 자른 다음, 테이프로 손에 붙여 놓으면 급수대를 지나서도 물을 휴대할 수 있다.

17. 경기 중 갑작스럽게 속도에 변화를 주면 안 된다. 이는 에너지 낭비일 뿐이다.

18. 데오드란트 같은 발한 억제제를 사용하면 안 된다. 땀은 흘려야 하기 때문이다.

	훈련 종류
A	장거리 유산소 달리기
B	저강도 파틀렉 달리기
C	고강도 파틀렉 달리기
D	힐 스프링잉
E	스팁 힐 러닝 또는 계단 훈련
F	레그 스피드
G	스프린트 트레이닝
H	100m마다 45m 윈드 스프린트(샤프너 1)
J	200m마다 100m 윈드 스프린트(샤프너 2)
K	레피티션
L	타임 트라이얼
M	페이스 저지먼트 러닝
N	릴렉스 스트라이딩
O	패스트 릴렉스 스트라이딩
P	하이-니 연습
Q	롱 스트라이딩 연습
R	러닝 톨 연습
S	보강 운동
T	스킵핑
U	사이클링
V	수영
W	조깅
X	스타트 연습
Y	장애물 넘기 연습
Z	물웅덩이 넘기 연습

마라톤_ 초보자		
가급적 오랜 기간 동안:	**<마라톤 컨디셔닝>**	
	월	**A** 30분~45분
	화	**A** 1시간
	수	**A** 30분~45분
	목	**A** 1시간
	금	**A** 30분~45분
	토	**A** 1시간~2시간
	일	**A** 45분~1시간
6주간:	**<마라톤 컨디셔닝>**	
	월	**A** 45분~1시간
	화	**A** 1시간~1시간 30분
	수	**B** 30분~45분
	목	**A** 1시간~1시간 30분
	금	**B** 30분
	토	**A** 1시간 30분~2시간
	일	**A** 45분~1시간
6주간:	**<마라톤 컨디셔닝>**	
	월	**L** 5,000m
	화	**A** 1시간~1시간 30분
	수	**L** 10,000m
	목	**A** 1시간~1시간 30분
	금	**B** 30분~45분
	토	**A** 1시간 30분~2시간 30분
	일	**W** 1시간

4주간:		<무산소 트레이닝 & 코디네이션>
	월	O 200m×8
	화	A 1시간~1시간 30분
	수	L 5,000m
	목	B 30분~1시간
	금	N 200m×6
	토	A 1시간 30분~2시간 30분
	일	W 1시간
1주간:		<테이퍼링(릴렉스 러닝)>
	월	B 30분~45분
	화	A 1시간
	수	L 3,000m
	목	B 30분~45분
	금	W 30분
	토	A 1시간
	일	B 30분
1주간:		<대회 주간>
	월	W 45분
	화	L 2,000m
	수	W 45분
	목	W 45분
	금	W 30분, 혹은 휴식
	토	마라톤 대회
	일	W 45분~1시간

지속 훈련: 7~10일간 편한 속도로 조깅, 그 이후에:	
월	**B** 45분~1시간
화	**A** 1시간~1시간 30분
수	**L** 3,000m
목	**A** 1시간~1시간 30분
금	**W** 1시간
토	5,000m
일	**A** 1시간 30분, 혹은 그 이상

마라톤_ 유경험자		
가급적 오랜 기간:		**<마라톤 컨디셔닝>**
	월	**A** 1시간
	화	**A** 1시간 30분
	수	**B** 1시간 (언덕에서)
	목	**A** 1시간 30분
	금	**W** 1시간
	토	**A** 2시간, 혹은 그 이상
	일	**A** 1시간 30분
4주간:		**<힐 트레이닝>**
	월	**DE** 1시간
	화	**A** 1시간 30분
	수	**L** 5,000m
	목	**D** + (**E** 1시간)
	금	**F** 100m×10
	토	**B** 1시간
	일	**A** 2시간, 혹은 그 이상
4주간:		**<무산소 트레이닝>**
	월	**K** 200m×15~20
	화	**A** 1시간 30분
	수	**L** 5,000m
	목	**B** 1시간
	금	**F** 100m×10
	토	**L** 10,000m
	일	**A** 2시간, 혹은 그 이상

2주간:		<코디네이션(협응력 트레이닝)>
	월	J×10~12
	화	A 1시간 30분
	수	L 5,000m
	목	A 1시간 30분
	금	B 30분
	토	L 25km
	일	W 1시간 30분
1주간:		<코디네이션(협응력 트레이닝)>
	월	J×10~12
	화	A 1시간 30분
	수	L 3,000m
	목	B 1시간
	금	W 30분
	토	L 20km
	일	W 1시간 30분
1주간:		<코디네이션(협응력 트레이닝)>
	월	H×20
	화	B 45분
	수	W 1시간
	목	W 1시간
	금	W 30분
	토	L (풀 마라톤 거리)
	일	W 1시간

1주간:		<코디네이션(협응력 트레이닝)>
	월	**W** 1시간
	화	**W** 1시간
	수	**L** 5,000m
	목	**W** 1시간 30분
	금	**W** 1시간
	토	**L** 5,000m
	일	**A** 2시간
1주간:		<테이퍼링(릴렉스 러닝)>
	월	**J**×10
	화	**A** 1시간 30분
	수	**L** 3,000m
	목	**B** 1시간
	금	**W** 30분
	토	**L** 10,000m
	일	**W** 1시간 30분
1주간:		<테이퍼링(릴렉스 러닝)>
	월	**B**×20
	화	**B** 1시간
	수	**L** 3,000m
	목	**W** 1시간
	금	**W** 30분
	토	**L** 5,000m
	일	**W** 1시간 30분

1주간:		<대회 주간>
	월	**B** 45분
	화	**L** 2,000m
	수	**W** 1시간
	목	**W** 30분
	금	**W** 30분, 혹은 휴식
	토	마라톤 대회
	일	**W** 1시간
지속 훈련 (회복용):		
	월	**W** 1시간
	화	**W** 1시간 30분
	수	**W** 1시간
	목	**B** 1시간
	금	**W** 30분
	토	**W** 1시간
	일	**W** 1시간 30분
지속 훈련 (트랙 경기용):		
	월	**J**×10
	화	**A** 1시간 30분
	수	**L** 3,000m
	목	**B** 1시간
	금	**W** 30분
	토	레이스 5km, 혹은 10km
	일	**A** 1시간 30분, 혹은 그 이상

13.
청소년을 위한 달리기

청소년은 몇 세부터 달리기 훈련을 시작하면 좋을까? 내 경험과 여러 나라의 연구 및 실험 결과에 따르면, 신체에 악영향 없이 어느 정도 많은 양의 장거리 달리기를 소화할 수 있는 나이는 7세 정도부터인 듯하다.

15세 미만의 청소년은 체중이 가볍고 1kg당 산소섭취량이 성인보다 뛰어나므로 많은 양의 유산소 달리기를 할 수 있다. 대신 그들의 신체는 아직 발달 중인 상태로 매우 민감한 신경계를 갖고 있기 때문에 많은 양의 무산소 훈련을 소화하기는 어렵다. 10세에서 12세의 청소년이 매주 120km, 심지어 160km까지 뛰면서 운동선수로서 거듭나는 것은 종종 듣는 이야기이다.

거리만 줄인다면 나이와 관계없이 모든 연령의 청소년이 대회에 참가해도 크게 문제될 일은 없다. 청소년이 참여할 만한 대회로 적절한 거리는 단거리의 경우 200m 이하, 중장거리라면 800m 이상도 괜찮다. 청소년 선수 대부분은 200m까지라면 몸이 상당한 양의 산소 부채를 떠안더라도 매우 빨리 뛸 수 있다. 하지만 그 거리가 300~400m 늘어나면 문제가 발생한다. 그 정도의 거리를 빠른 속도로 뛰면 달리기로 인해 발생하는 산소 부채가 감당 가능한 수준을 넘어서게 되므로 구역질할 것 같은 기분이 들거나, 기절하거나, 아니면 상당히 오랜 시간 고통에 몸부림치게 된다.

예를 들어 400m 경기에서 청소년들은 마지막 직선구간에 다다르기 전부터 이미 피로가 극에 달해 있을 것이다. 그럼에도 관객석에서 보내는 응원 소리를 들으면 억지로라도 힘을 내게 되고, 본인의 기량 이상으로 안간힘을 쏟게 될 것이다. 400m 종목이 청소년에게 위험하다고 하는 이유는 이와 같이 지점 때문이다.

하지만 800m가 되면 이야기는 달라진다. 800m 선수들은 400m와 같은 단거리 종목과 같은 방식으로 뛰면 안 된다고 판단하고 몸이 산소 부채를 크게 겪지 않고 뛸 수 있는 속도로 설정해서 달리기 때문이다.

뉴질랜드의 청소년들은 어려서부터 숲길, 산길 같은 자연 속을 뛰어 다닌다. 남자 아이들은 약 8세부터 3,000m에서 5,000m의 거리를 달린다. 이는 청소년에게 엄청난 부담으로 보일 수 있으나, 심장 질환이 없는 한 크로스컨트리가 청소년에게 해를 끼칠 일은 전혀 없다는 사실을 우리는 이미 증명했다. 청소년이 부상을 입는 요인은 오랜 시간 뛰는 게 아닌 빠른 속도로 뛸 때이다. 이 점을 간과한 나머지, 현재까지 전 세계의 수많은 젊은 재능이 꽃피우지 못하고 사라졌다. 그 수는 뉴질랜드보다 다른 나라에서 더 많아 보인다.

나는 군데르 해그Gundar Haegg[1]의 코치인 괴스타 홀메르Gösta Holmér[2]가 한 말을 항상 떠올린다. "당신이 10대 청소년을 지도한다고 가정하자. 만약 당신이 선수들의 훈련을 독려하는 동시에 선수들이 성숙해질 때까지 대회를 안 내보낼 수 있다면 그 선수는 올림픽 금메달리스트로 커 가기 위한 발판을 마련한 것이다."

그의 말에는 청소년을 가르칠 때 필요한 모든 내용이 담겨 있다고 생각한다. 어린 선수들을 격려하되 강요하지 않도록 하자. 어릴 때는 즐겁게 놀면서 승패에 연연하지 말고 육상 경기에 친숙하게 만드는 게 우선이다. 만약 그들이 즐기는 마음으로 운동하게 하고 경쟁심리를 누그러뜨릴 수 있다면, 그들은 예상 이상의 능력을 발휘해서 훗날 훌륭한 업적을 쌓아갈 것이다.

나는 수천 명의 청소년이 신선한 공기를 듬뿍 들이마시고, 햇빛과 비를 온몸으로 맞으면서 무리 지어 자연 속을 누비는 모습을 지켜 보았다. 개울과 울타리를 뛰어넘고, 진흙탕이 눈 앞에 보여도 망설임 없이 뛰어든다. 그들은 육상 트랙처럼 그들을 속박시키는 요소가 일절 없는 공간에서 스포츠를 즐기고 있었다. 지금껏 나는 그들 중 누구 한 명이 지쳐 쓰러져 있는 모습을 본 적이 없다. 그들 모두는 훗날 더 진지하게 임해야 할 달리기를 위해 기초 체력을 쌓고 있었다.

크로스컨트리의 또 한 가지 좋은 점은 부모가 코스 내내 따라 다니면서 더 빨리 뛰라고 한다든가, 더 힘내라고 말하면서 육체적, 정신적으로 그들의 한계를 넘어서도록 말을 걸거나 다그칠 수 없는 환경이라는 사실이다. 스포츠에서도 부모의 성원은 어린 선수에게 엄청난 힘이 된다. 하지만 종종 성장을 지체시키거나 재능을 망가뜨리기도 한다. 너무나 많은 부모가 자녀들이 스포츠를 즐기도록 두기보다, 다른 아이에게 이기는 모습을 보는 데 더 관심을 갖는다. 그들은 자녀를 통해 우월감에 느끼고 싶은 마음에 아이를 다그친다. 하지만 그 업보는 경기에 진 아이들이 아니라 경기에서 이긴 자신의 아이들이 지불해야 할 몫으로 다가올 것이다.

그 때문에 나는 더더욱 청소년들에게 크로스컨트리를 권하고 싶다. 무턱대고 산과 들을 뛰는 게 아닌 계획적으로 훈련을 실시함으로써 최고의 성과를 이끌어내는 것이다. 오클랜드의 많은 청소년은 매주 한 바퀴에 약

35km에 이르는 와이타케레 산맥을 달린다. 이 코스는 한때 스넬, 할버그, 매기를 포함한 내 제자들도 뛴 곳으로, 성인 선수들도 어려워할 정도로 가파른 언덕이 연이어지는 훈련이다. 하지만 청소년들은 스스로에게 알맞은 속도를 정하고, 그를 유지하면서 즐겁게 달린다. 이를 가능케 하는 이유는 그들 스스로 원하고, 자신의 한계를 넘지 않는 선에서 딱 맞는 부하를 부여하며 뛰기 때문이다.

여학생이라면 사춘기부터 15세 정도까지, 남학생이라면 사춘기부터 17~18세 정도까지 특별한 훈련을 하지 않아도 타고난 지구력을 갖고 운동해도 큰 문제는 없다. 하지만 그 후부터는 타고난 지구력이 더 이상 향상되지 않으므로 유산소 달리기로 거리량을 쌓지 않는 한, 그 이상 좋아지지 않는다. 즉 타고난 지구력을 가진 선수가 착실하게 훈련을 쌓은 선수를 종종 앞지르고 좋은 성적을 거두다가도 이 시기를 지나면 착실하게 훈련을 쌓은 선수들에게 추월당하게 된다. 여학생은 16세, 남학생은 18~19세 즈음부터이다.

여성 및 여학생은 남성 및 남학생과 동일한 양과 강도로 훈련할 수 있다는 사실이 명백해 졌다. 하지만 근지구력의 차이로 인해 궁극적으로 동일한 경기력을 달성하기는 어렵다. 또 한 가지, 남성과 동일한 양과 강도로 훈련해도 고유의 성향에는 아무런 영향을 미치지 않는다는 사실도 증명되었다. 평생 운동만 해 온 여성일지라도 신체적인 외형만 바뀔 뿐 호르몬은 변하지 않는다는 것이다.

1. **군데르 해그:** 스웨덴의 육상 선수. 1940년대 초반 1500m부터 5000m까지, 그리고 6000m 이어달리기 경기에서 15차례나 세계 신기록을 경신했다. 개인 최고 기록은 1500m가 3분 43초 00(1944년), 5000m가 13분 58초 02(1942년)이다.

2. **괴스타 홀메르:** 자연 속에서 인간성을 속박받지 않는 상태에서 훈련하는 방법을 고안한 자연주의자 코치. 훗날 이 방법이 파틀렉의 형태로 자리잡게 된다.

14.
여성의 달리기에 대해

여성의 중장거리 경기가 허용되고 권장되기까지 상당히 오랜 시간이 걸렸다. 1990년대에 들어서도 1,500m 이상을 달리는 데 대한 반대의 목소리가 있었다. 하지만 앞서 1984년 로스앤젤레스 올림픽에서 여자 마라톤 종목이 채택되었으며, 그 후 여성들은 그동안 중장거리 육상계가 꽁꽁 문을 걸어 잠근 것에 대한 울분이라도 터트릴 듯한 기세로 마라톤에 진지하게 임하고 있다. 생리학적으로도 여성이 마라톤을 뛰지 말아야 할 이유는 하나도 없다. 오히려 90년대부터 여성들이 마라톤을 경쟁적으로 잘 달릴 수 있다는 사실이 속속 밝혀지는 중이다.

소녀 선수가 육상 종목에 참여하는 모습을 내가 처음 보게 된 것은 1973년부터였다. 장소는 오클랜드였으며, 800m 종목에 참가한 연령층은 13세부터 19세까지였다. 하지만 가장 나이가 어린 선수에게 적합한 중거리 종목은 없었다. 13세 선수가 대회에 참가하고자 할 경우, 그들은 자신보다 훨씬 나이 든 선수들과 함께 경기해야만 했다. 어떤 소녀 선수는 그녀보다 나이 많은 선수들을 따라가다가 첫 번째 바퀴를 돌고 난 후 그만 넘어지고 말았다. 왜냐하면 다른 선수들이 설정한 속도가 그녀에게 너무 빨랐기 때문이다.

나는 대회를 기획한 위원회의 교사에게 다가가 말했다. 위원회가 짜놓은 비현실적인 프로그램 때문에 소녀가 쓰러졌으며, 그에 대한 책임을 져야 한다고 말이다. 다음 해에는 다양한 연령층을 위해 세분된 중거리 종목들이 생겼다는 소식을 들은 나는 입가에 흡족한 미소를 지었다.

사실, 중고등학생 연령대의 소녀 선수들에게는 3,000m처럼 더 거리가 긴 종목이 필요하다. 그렇지 않고서야 어리고 상대적으로 기초 스피드가 부족한 선수들이 어떻게 자신들의 재능을 꽃 피울 수도 있는 종목을 찾아가게 하고, 훈련에 참여하도록 격려할 수 있겠는가? 타고난 단거리 선수 유형이 아닌 사람들 가운데, 중장거리에서 우승할 만한 재목이 있을 수 있다.

1990년 전후로 전 세계 여성 선수들 특히 러시아, 독일, 루마니아의 여성 선수들이 훌륭한 중장거리 경기를 펼치는 모습을 볼 수 있다.[1] 이들은 남성과 동일한 방법으로 훈련하며, 1주일에 최대 200km를 뛴다. 이에 비해 다른 국가의 여성 선수들은 아직 그만큼 많은 양의 훈련을 소화하고 있진 않다. 나는 앞으로 많은 여성 선수들이 더 많은 거리를 뛰는 동시에 주의 깊게 체중 관리를 할 것을 제안하고 싶다.

1978년에 출판한 『Run the Lydiard Way』에서 나는 이미 여성 선수가 마라톤을 2시간 40분대로 완주하고 있다는 점을 언급했다. 그러면서 2시간 30분대의 기록을 세우는 것도 시간 문제라고 예언했다. 그로부터 2년 후 내 말은 현실이 되었다. 이는 놀랄 만한 일이 아니다. 단순히 완주하는 것이 아니라 기록과 순위를 다투며 달리는 것이 가능하다는 사실을 여성들 스스로 깨닫기 시작하면서 여자 마라톤 기록이 급격하게 빨라졌기 때문이다.

여성이 장거리를 달리면 그들의 몸이 아마조네스 같이 된다는 허무맹랑한 이야기도 요즘에는 거의 들리지 않는다. 이는 신화상으로도, 생리학적인 측면에서 봐도 틀린 얘기다. 여성이 달리기를 한다고 해서 외형이 남성처럼 변하거나 근육이 울퉁불퉁해지지 않는다. 애초에 남성이 뛰어도 알통이 생길 일이 없는데 여성한테는 왜 그러한 편견이 씌워졌을까? 근육이 생긴다 하더라도 남성처럼 두꺼워 지지 않는다. 세계 최고 수준의 기량을 가진 여성 선수는 남성과 동일한 훈련을 소화하고 매우 수준 높은 경기를 펼친다. 동시에 그녀들은 매우 우아하며 매력적이기도 하다. 취미 생활의 하나로 스포츠를 즐기는 여성은 항상 밝고 아름답다. 그러니 아마조네스가 된다는 낭설은 걱정할 필요가 없는 것이다.

체격은 뼈, 근육 및 지방으로 이루어진 몸의 외관이자 구조이다. 그 구성 요소 중 근육에 관해 말하자면 여성은 아무리 중량을 높여서 웨이트 운동을 하거나 고강도의 훈련을 소화해도 남성만큼 근육 크기가 증가되지 않는다. 남성에 비해 근섬유가 커지지 않으므로, 여성들의 몸이 울퉁불퉁해질 걱정은 하지 않아도 된다는 말이다.

여성이 각종 스포츠 종목에서 남성 못지 않게 탁월한 능력을 발휘하는 이유는, 그들의 남성다움 때문이 아닌 여성이 가진 해부학적 특성 때문이다. 여성들은 남성에 비해 부족한 근육을 효율적인 기술로 보완하는 몸을 갖고 태어났다. 그 특성 덕분에 여성들이 스포츠 분야에서 뛰어난 모습을 보이기 시작한 것이다.

예를 들어 여성은 평균적으로 남성보다 체지방률이 높은데, 이로 인해 마라톤에서 어느 정도 유리한 점이 있다. 대다수의 남성 주자가 20마일(32km) 지점에서 에너지(글리코겐)가 고갈되면서 높은 '벽'에 맞닥뜨린다. 하지만 여성은 남성보다 높은 체지방 덕분에 20마일 후에도 비축한 에너지를 꺼내 써서 달리므로, 그 '벽'을 경험하지 않고 골인하는 경우가 많은 것이다. 실제로 완주할 때 모습을 보면 여성이 훨씬 더 밝은 표정으로 골인하며, 남녀 혼성으로 치러지는 경기에서는 수많은 여성이 상위권을 차지하기도 한다.

운동과 스포츠 참여가 월경에 미치는 영향을 두고 잘못된 정보가 범람하고 있는 듯하다. 80년대만 해도 여성은 생리 중일 때와 그 전후로 격렬한 활동을 피해야 한다고 여겨졌다. 하지만 이는 터무니없는 억측에 지나지 않는다. 월경은 혈액 생산 시스템에 특정 부담을 주는 생물학적 현상이다. 과거에는 월경 중 필요 이상의 육체적 스트레스가 가해지면 내장 전체, 특히 조혈 기능에 지장이 생겨 생리 기능에 과부하가 걸리고 그로 인해 생리 주기를 방해할 것으로 생각했다.

월경 중 여성의 몸에 변화가 일어나는 것은 사실이다. 하지만 그 반응은 개개인마다 다르며 좋은 방향으로 영향이 미치는 사람이 있는가 하면, 나쁜 방향으로 미치는 사람도 있다. 또한 같은 인물이 동일한 운동을 해도 몸에 피로를 느낄 때가 있는가 하면, 아무렇지 않을 때도 있다. 다른 연구에 따르면 격렬한 운동으로 인한 피로감이 월경 기간과 출혈량에 긍정적인 영향을 미친다는 결과와 나쁜 영향을 미친다는 결과가 거의 동수를 이뤘다. 즉 월경에 관한 문제는 전적으로 개인차가 존재한다 할 수 있다.

이렇듯 월경에 따른 신체 변화는 개개인의 정신적, 육체적 특성, 혹은 전반적인 생활습관과 관련 있는 것으로 보인다. 그러므로 월경 중 운동을 하는 데 있어서 일괄적인 원칙을 적용하지 말고 개개인의 과거 사례를 토대로 각자 신중하게 대처하도록 하자.

다음과 같은 사항을 충족시킬 수 있는 사람은 월경 중 평소 하던 운동을 제한하지 않아도 된다. 신체적으로 건강하며 운동 가능한 몸 상태일 것. 복부를 과하게 수축하거나 힘을 주는 운동 또는 신체에 과도한 충격을 주거나 튕기는 운동을 하지 않을 것. 포환던지기, 원반던지기 등 폭발적인 동작이 필요한 운동을 하지 않을 것. 너무 덥거나 너무 추운 날에 운동하지 않을 것. 개인의 의지와 무관하게 참여하도록 강요받거나 강제로 해야 할 상황이 아닐 것.

마찬가지로 오늘날 경쟁적인 성격을 띠는 스포츠의 대부분은 생물학적, 의학적으로도 임신 및 출산 후 여성들의 몸에 긍정적인 영향을 끼친다는 사실이 증명되었다.

분명 여성은 남성에 비해 근육량이 적고, 가벼우며 왜소한 체격을 지녔다. 거기다 일반적으로 근력이 남성의 3분의 1 수준이며, 심폐 기능 면에서도 3분의 2 수준이다. 따라서 여성은 남성과 동일한 훈련을 소화해도 최대 산소섭취량, 환기량 및 심박출량이 동일하게 향상되지 않는다. 남성에 비해 느슨하게 구성된 복부 기관(장기), 복부 면적에서 큰 부분을 차지하는 경사진 골반 및 넓은 골반 또한 달리기를 할 때 약점이 될 수 있다. 그럼에도 여성은 남성과 동일한 동작과 신체 활동이 가능한 자질 및 모든 생리적 능력을 갖추고 있다. 즉 힘의 세기만 따로 떼서 보면 속도, 지구력, 기술을 필요로 하는 운동에서는 얼마든지 두각을 나타낼 수 있다.

처음으로 10대 청소년을 가르쳤을 당시 나는 그들의 훈련량에 대해 신중히 고민했다. 당시 나는 성인 남성에 관해서는 최적의 훈련량을 알고 있었으나, 청소년들은 가늠하지 못한 상태였기 때문이다. 그 후 수년 간 경험을 쌓으면서 청소년도 속도를 조절하면서 뛰면 주당 160km까지 유산소 달리기가 가능하며, 그 외 보조적인 조깅도 추가할 수 있다는 결론에 다다랐다. 오늘날 동일한 현상이 여성들의 훈련에서도 일어나고 있다. 즉, 개개인에게 알맞는 수준의 속도로 뛰면 여성도 남성도 동일한 양적, 질적 훈련을 소화할 수 있다는 말이다.

구체적으로는 먼저 공원과 잔디밭 위를 매일 조깅하는 것부터 시작하도록 하자. 이는 근육을 편안하게 풀어주는 동시에 호흡 및 순환기계 기능을 발달시키도록 도와준다. 처음에는 하루 15분으로 충분하다. 훈련 초기 근육통이 사라지면 한 회 달리는 시간이 나날이 늘어날 것이다. 그렇게 될 경우 달리는 시간을 길고, 짧게 번갈아 가면서 강화 훈련과 회복의 균형을 맞추고, 동시에 점진적으로 주행 시간을 늘려나가도록 하자.

이 방법으로 훈련을 진행하면, 체력과 전반적인 몸 상태가 놀라울 정도로 좋아지게 되므로, 예상보다 훨씬 수월하게 주행 시간을 늘릴 수 있다. 그리고 마라톤 컨디셔닝, 힐 트레이닝, 트랙 트레이닝과 같은 본격적인 훈련에 돌입하면 몸에 상당한 피로가 쌓이므로, 본 훈련을 진행하기 전에 크로스컨트리 코스에서 훈련하거나 크로스컨트리 경기에 나갈 것을 권한다. 이를 통해 강인한 체력을 쌓고 빠르게 피로에서 회복하는 힘을 길러 놓으면, 그 후 진행하는 본 훈련에서 실력을 충분히 늘려 나갈 수 있을 것이다.

본 책에서는 종목별로 여성을 위한 훈련 일정을 안내하고 있다. 그런데 12장의 마라톤 컨디셔닝 일정은 남성의 훈련 일정에 해당하므로 여성은 다음과 같이 바꿔서 적용하도록 하자.

월요일: 1시간 지속주

화요일: 30분 파틀렉

수요일: 1시간 30분 지속주

목요일: 1시간 지속주

금요일: 30분 파틀렉

토요일: 1시간 30분 지속주

일요일: 1시간 지속주

한편 이 단계의 파틀렉 훈련은 전력질주를 하기보다 윈드 스프린트처럼 몸에 힘을 뺀 상태에서 많이 실시하자. 30분 동안, 일정한 속도로 뛰다가 주기적으로 최대 200m까지 다양한 거리를 다양한 속도로 달려보거나, 속도를 올려서 완만한 오르막을 달리거나, 몸에 힘을 뺀 채 넓은 보폭으로 완만한 비탈을 내려가 보는 식이다.

1. 1984년 처음으로 여성 마라톤 종목이 도입되면서 기존의 800m, 1500m에 더해 3000m 종목도 새로 개설되었다. 그리고 1984년부터 1992년까지 열린 올림픽에서 여성 중장거리 부문을 소련, 독일, 루마니아 이렇게 세 국가가 나눠 가지듯 메달을 독식했다. 오늘날 중장거리의 절대 강자는 케냐, 에티오피아를 비롯한 아프리카계 선수들이다.

오르막 훈련 연속 동작. 뒷발을 일자로 쭉 뻗으며 오르막을 오르면 중력에 대항하는
저항 운동을 하게 되는데 이는 대퇴사두근 발달에 중요하다.

저자에 대하여

아서 리디아드는 1917년 뉴질랜드에서 태어났다. 1960년 로마 올림픽에서 아무도 주목하지 않았던 뉴질랜드 육상팀을 이끌어 금메달리스트 2명과 동메달리스트 1명을 탄생시키며 일약 스타 코치로 이름을 떨쳤다. 이후 전 세계적인 지도 활동을 통해 중장거리 러닝의 패러다임을 전환하여 현대적인 훈련법의 기초를 마련하였으며, 특히 조깅의 전도사로 불릴 만큼 러닝의 대중화에 결정적인 역할을 했다. 한때 동네를 뛰어다니면 이상한 사람 취급을 받았던 시절도 있었지만 어느덧 건강한 생활을 위한 자연스러운 풍경으로 받아들여지게 된 것은 모두 그의 공로라고 해도 과언이 아니다. 아서 리디아드는 2004년 미국 텍사스에서 있었던 코칭 강연 도중 별세했다. 마지막 순간까지 달리기와 함께였던 셈이다.

가스 길모어는 저널리스트이자 1960년부터 아서 리디아드와 함께 러닝 대중화를 위한 저작 활동을 이어온 작가이다.

역자에 대하여

이중현은 서울에서 나고 자라, 군 전역 후 일본으로 유학을 떠났다. 릿쿄 대학교에서 경영학을 전공했으나, 사회학부 수업에 관심이 더 많은 조금 유별난 학생이었다. 2013년 4월, 일본에서 회사 생활과 동시에 시작한 달리기로 삶의 전환점을 맞이한다. 마라톤 풀코스를 12회 완주했으며, 친구들과 함께 'The Speed Project'라는 LA에서 라스베이거스까지 달리는 여행을 떠나기도 했다. 현재는 강릉의 동네 책방 '아물다' 대표이며, 달리기에 관한 다양한 정보를 제공하는 유튜브 '책방러너' 채널을 운영 중이다.

LYDIARD
·FOUNDATION·

리디아드™ 재단은 전설적인 코치 아서 리디아드의 업적을 보존하고 알리는 데 힘쓰는 비영리 단체입니다. 우리 재단의 역할은 모든 연령 및 재능을 가진 주자들에게 아서 리디아드의 검증된 '마라톤 컨디셔닝'을 제공함으로써 그들이 목표로 한 최상의 경기력 뿐 아니라 건강 및 높은 체력 수준에 도달하도록 돕는 것입니다. 리디아드™ 코칭 자격 클리닉에서는 리디아드 방식이라 할 수 있는 '왜, 그리고, 어떻게' 훈련의 실제 적용 방법, 그리고 온라인 리디아드 훈련 프로그램인 러닝 위저드(www.runningwizard.com)의 장점에 대해 자세히 설명하고 있습니다. 러닝 위저드는 유산소 토대 구축, 그리고 주기화 및 최적화 스케줄을 통해 주자 및 코치가 리디아드 방식의 장점을 직접 경험하도록 특별히 개발한 온라인 훈련 프로그램입니다. 리디아드의 훈련법은 중장거리 선수들에게 범세계적으로 표준이 되었으며, 이는 현대 훈련 방식의 기초가 되었다고 볼 수 있습니다. 더 자세한 내용은 리디아드 재단을 방문하거나 아래 주소로 이메일을 보내주십시오.

info@lydiardfoundation.org.

"1마일이든 마라톤이든,
당신은 같은 방식으로 거기에 도착한다...
한 번에 한 걸음씩. 인생이 그렇다."

"Whether a mile or a marathon, you get there the same way...
one step at a time. Such is life."
– Baylor Barbee

러닝 위드 리디아드

초판 발행 2024년 11월 15일
2쇄 발행 2024년 11월 22일

지은이 아서 리디아드 · 가스 길모어
옮긴이 이중현
펴낸이 이송준
펴낸곳 인간희극
등록 2005년 1월 11일 제319-2005-2호
주소 서울특별시 동작구 사당동 1028-22
전화 02-599-0229
팩스 0505-599-0230
이메일 humancomedy@paran.com

ISBN 978-89-93784-84-8 13690